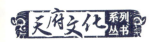

 # 蜀钱史话

SHUQIAN SHIHUA

舒大刚　马明宗　著

四川大学出版社
SICHUAN UNIVERSITY PRESS

项目策划：王　军　段悟吾　杨岳峰
责任编辑：袁　捷
责任校对：李　耕
封面设计：墨创文化
责任印制：王　炜

图书在版编目（CIP）数据

蜀钱史话 / 舒大刚，马明宗著 . — 成都 ：四川大
学出版社，2021.9
　ISBN 978-7-5690-5024-0

　Ⅰ . ①蜀… Ⅱ . ①舒… ②马… Ⅲ . ①古钱（考古）—
巴蜀（历史地名）—先秦 - 民国 Ⅳ . ① K875.6

中国版本图书馆 CIP 数据核字 (2021) 第 195194 号

书名　蜀钱史话

著　　者	舒大刚　马明宗	
出　　版	四川大学出版社	
地　　址	成都市一环路南一段 24 号（610065）	
发　　行	四川大学出版社	
书　　号	ISBN 978-7-5690-5024-0	
印前制作	四川胜翔数码印务设计有限公司	
印　　刷	成都市金雅迪彩色印刷有限公司	
成品尺寸	170mm×240mm	
印　　张	18.75	
字　　数	334 千字	
版　　次	2021 年 9 月第 1 版	
印　　次	2021 年 9 月第 1 次印刷	
定　　价	118.00 元	

◆ 读者邮购本书，请与本社发行科联系。
　电话：(028)85408408/(028)85401670/
　(028)86408023　邮政编码：610065
◆ 本社图书如有印装质量问题，请寄回出版社调换。
◆ 网址：http://press.scu.edu.cn

四川大学出版社
微信公众号

天府文化系列丛书
编纂工作机构

一、 编纂委员会

名誉主任　杨泉明　四川省社科联主席、教授

　　　　　杨继瑞　成都市社科联名誉主席、教授

主　　任　李后强　四川省社科院党委书记、成都市社科联主席、教授

　　　　　陈　蛇　成都市社科联（院）党组书记、院长、研究员

副 主 任　王　军　四川大学出版社社长

　　　　　廖德斌　成都市社科联（院）副主席、副院长

　　　　　阎　星　成都市社科联（院）副主席、副院长、研究员

成　　员（按姓氏笔画排序）：

　　　　　王　川　四川师范大学副校长、教授

　　　　　王　苹　中共成都市委党校副校长、研究员

　　　　　朴钟茂　韩国学者

　　　　　刘平中　成都师范学院研究员

　　　　　刘兴全　西南民族大学艺术学院院长、教授

　　　　　许蓉生　成都市社科院历史与文化研究所研究员

　　　　　李　菲　四川大学中国俗文化研究所副所长、副教授

　　　　　何　平　四川大学历史文化学院教授

　　　　　何一民　四川大学城市研究所所长、教授

　　　　　黄宗贤　四川大学艺术学院教授

　　　　　彭邦本　四川大学历史文化学院教授

　　　　　舒大刚　四川大学古籍所所长、教授

　　　　　谭　平　成都大学文学与新闻传播学院教授、天府文化研究院院长

二、 专家指导委员会

谭继和　巴蜀文化学者、四川省社科院研究员

熊　瑜　四川大学出版社原社长、教授

段　渝　四川师范大学巴蜀文化研究中心主任、教授

陈廷湘　四川大学历史文化学院教授

李　怡　四川大学文学与新闻学院院长、教授

苏　宁　四川省社科院文学与艺术研究所研究员

三、 编务组

尹　宏　成都市社科院经济研究所所长、研究员

冯　婵　成都市社科院历史与文化研究所所长、副研究员

孙　艳　成都市社科院历史与文化研究所副研究员

李单晶　成都市社科院历史与文化研究所副研究员

张羽军　成都市社科院历史与文化研究所助理研究员

总　序

谭继和

　　天府文化是在中华广域文化共同体内，植根于巴蜀文明沃土而生长起来的奇葩满枝、蓉花似锦的地域文化常青树。她有百万年以上的文化根系，由"肇于人皇，与巴同囿"，源于秦陇古羌的上万年的文明起步，有4500年以上"都广之野""优越秀冠"的农桑文明的发展历程，具有城乡一体、神韵独特、历时弥久、与时俱进，不断进行创新性转型和发展的特征。

　　天府文化是从"天府之国""天府之土"得名的。"天府"一词最早源于《周礼·天官》，由天官管理王室祖宗牌位、宝器和图书的阆苑被称为"天府"。后来，民间就把沃野千里、物产丰盈的土地称为"天府之国"。最初"天府"是指周、秦和汉初的京师关中之地，也包括视同京畿的汉中平原和成都平原。到汉代中期，特别是东汉以后，"都广之野"被开垦为优越秀冠、天下第一的农桑文化之地，于是"天府之国""天府之土""天府陆海"这些称呼，就成为以成都为中心的巴蜀一方独享的光辉桂冠了。时至今日，天府文化的文脉已经发展演变了四千多年，经历了六大发展阶段。

一、天府农桑文明起源和形成阶段

　　巴蜀人是从秦陇古羌发展来的。古羌人在7000年前从秦陇、河湟地域分两支向南迁移。天水秦州大地湾6000年前的新石器时代遗址，就是他们的根据地。其中，向东移徙的一支，以伏羲氏为祖先，由黄帝系高辛氏部族集团迁徙发展到秦岭和秦巴山地，直到汉水、武陵源，是为巴人，以游牧渔猎为业，后来才发展起农业。向西移徙的这一支，从秦陇到岷山，直到都广之野，是为蜀人，以产牧为业，"蜀之先，肇于人皇之际"，以黄帝系高阳氏部族集团为祖先。从今已发掘的茂县营盘山遗址、什邡桂圆桥遗址、成都平

1

原宝墩文化六座古城遗址，再到三星堆遗址、十二桥文化金沙遗址、新都马家大墓和彭州竹瓦街遗址、羊子山土台遗址，直到商业街战国船棺葬遗址、岷山饭店遗址，这就是蜀人从岷山、岷江走入都广之野的发展之路。《史记·天官书》专门有记载："中国山川东北流，其维首在陇蜀，尾没于勃碣。"蜀人就是在这样优越的地理环境中逐步创造出高级农业文明来的，进而形成古蜀方国。天府文化就是这样起源的。

这个阶段有三大特征：

一是"都广之野"经"水润天府"发展为中国三大农业起源地之一，并且成为中国高级农业发展的一个重要中心。它的初曙起于成都平原宝墩文化六座古城遗址所展示的"古城"中心聚落开始的时代。这些遗址所创造的农业文化都是在森林和林盘围绕的农业聚落中发展起来的。今天的天府人享受的以小桥流水、竹林茅舍为特点的"林盘仙居"人居方式和"逍遥自在似神仙，行云流水随自然"的生活方式，就是宝墩文化奠定的基础。

这一阶段的辉煌时代则是以三星堆为标志性符号的古蜀青铜文明时期。三星堆是富有神奇生态、神秘文化、神妙心灵的古蜀文明的结晶，尤其是从1号到8号祭祀坑的新旧发掘，展现出的光芒震惊世界，不同凡响。一方面，它既有中原文化传来的圆头方尊、顶尊跪坐人像和顶尊跪坐女神像、簋、簠等礼器，表明它是在中原礼制文化影响下发展起来的，是以"河洛古国"为根的中华广域文化共同体的一部分。它为天府文化的发展和转型，留下了"心向中原"的根脉。另一方面，它又有自己独特的地域神韵。高大的青铜神像、青铜面具、青铜神树、各型青铜鸟、黄金面罩、黄金杖，以及人面鸟身、线刻羽人和太阳神鸟图案，又展现出巴蜀祖源崇拜中独有的羽化成仙的浪漫梦想特征。古蜀文明重仙、重神器的浪漫主义特征与中原文明重礼、重礼器的现实主义特征，在三星堆那里得到完美会通和融合，为天府文化留下了理想精神与现实奋斗精神相结合的三千年文脉。

总之，以宝墩文化与三星堆文化为代表的古蜀文明，早在文明启蒙时代就已是长江文明的生长点，是长江上游古文明起源和发展的中心，是以岷山、岷江为文化地标的"江源文明"诞生的摇篮，是孕育锦江文明的源头，是培育天府文化之根和魂的肥壤沃土。

二是天府丝绸成为培育中华丝绸文明的重要基础。丝绸文明是中华文明的特色。它的起源在中华大地上如满天星斗，多地域、多源头而又同归于黄帝嫘祖一脉，具有"多源一脉"的特征，而巴蜀是其重要的发源地。

早在《山海经·海外北经》就有"欧丝之野"的记载，说跪据桑树的女子发现野蚕啖桑呕丝，可以丛养缲丝。"欧丝之野"指的就是"都广之野"，这是天府养蚕缲丝最早的文献记载。五帝时代，黄帝嫘祖一族与蜀山氏世代联姻，嫘祖之子昌意娶蜀山氏女昌仆。昌意之子韩流娶蜀山氏女淖子生高阳氏颛顼，成为"五帝"之一。高阳孙子大禹生于西蜀羌乡，娶巴蜀女子涂山氏。大禹后裔君主季杼从中原回归蜀山石纽祭祖，"术禹石纽，汶川之会"。末代君主夏桀娶岷山庄王二女婉和琰，这些史料均说明从五帝时代到整个夏代，蜀山氏与黄帝嫘祖部族的高阳氏集团长期联盟，互为姻亲。蜀山氏集团后来出现的古蜀第一位有名字的先祖是蚕丛，蚕丛即蜀山氏部族对其首领是栽桑丛聚养蚕技术发明者的尊称。其祖地在岷山蚕陵，后迁到成都平原，双流牧马山是他的祖源文化地标符号。而与蜀山氏联姻的高阳氏则给蜀山氏带来了嫘祖缲丝织绸的绝妙技术。嫘祖的"嫘"，有女性缲丝累结一团之意，是轩辕氏部族对最先发明缲丝织绸高超技艺的母系领袖的尊称。蚕丛氏的栽桑养蚕技术与嫘祖族的缲丝织绸技术完美结合，广泛应用于都广"欧丝之野"，这就是从岷山到成都平原一带中华丝绸文明培育和出现的历程。2021年3月20日，"考古中国"重大项目进展会通报，在三星堆4号祭祀坑的灰烬层中新发现了丝绸蛋白的痕迹，联想到三星堆青铜立人像飘逸垂裳的丝衣形象，这就是从五帝时代到夏商时代天府丝绸发明和传承的实证。汉代出现的"蜀锦""蜀绣"则进一步传承发展了五帝至夏商周时代天府丝绸的根脉与基因。

三是茶文化也发祥于天府文化起源阶段。早在巢居渔猎时代，蜀人就发现嚼吃茶树叶可以代替盐调味，由此最早发现了茶树。到西汉，吴理真首次人工种植蒙顶茶树。由嚼茶到煮茶，遂逐渐形成蜀人敢为人先的精神。"茶"字在中唐以前还没出现过。有关茶的各种字词，最早都出现在蜀方言里，如"荈"（音"接"）（司马相如《凡将篇》）、"荼"（《诗经·谷风》"谁谓荼苦，其甘如荠"，疏"蜀人作荼"。宋苏轼："周诗记苦荼，茗饮出近世。"）、"槚"（《尔雅》）、"蔎"（扬雄《方言》："蜀西南人谓茶为蔎。"）等。"茗"字出现在唐宋时期，也指茶叶，因茶叶经煮之后发出香味，蜀人方言叫"mǐn-mǐn"，遂写作"茗"。这些例子都证明茶之源在蜀。到汉唐时代，饮茶"冠六清"已成为巴蜀民间习俗。最早的盖碗茶、最早的茶馆僧寮和文武茶道，都诞生在巴蜀。

二、秦汉魏晋时期天府农桑文明发展到"优越秀冠"阶段

《战国策》首讲"天府"称号，指以关中八百里秦川为中心，包含京辅、汉中与蜀中三大平原区域。东汉以后，最早记载巴蜀是"天府之土"的文献是陈寿的《三国志》，到西晋左思作《蜀都赋》时，则干脆不把"天府"桂冠戴在关中头上了，而是讲关中还差了一点，只能说是接近"天府"，"号为近蜀"，从此，"天府"之号便移到了四川头上，沿用至今。

这一阶段天府文化最大的特征有三：一是天府农桑文化获得创新性的转型升级，成为美丽乡村生态与"既丽且崇"的城市文态相结合的标本，也是中华城乡一体农桑文明发展的"首席提琴手"，千里沃野，物产丰盈，不知饥馑，享有"天府陆海"的专称（《华阳国志》）。当时的成都已发展成仅次于长安的全国第二大城市，"列备五都"，建立起了巴蜀城乡一体化的以成都为中心的大小城镇商业网络体系。二是江源文明孕育了天府丝绸，而天府丝绸反过来推动了秦汉锦江文明的发展，出现了蜀锦、蜀绣的品牌专称。成都也成为与临淄、襄邑比肩齐名的全国三大丝绸中心之一。"锦江""锦里""锦官城""锦城"这些美名，皆因江水洗濯蜀锦特别鲜明好看而得来，其地标符号一直留存至今。司马相如的大赋被称为"锦绣文章"，也是因为司马相如善于观察和学习蜀锦工匠的高超手艺，写出了文如锦绣、音韵神来的典范作品。成都老官山汉墓出土了4座高楼双蹑织锦机与14个纺织工匠木俑，这是世界上发现最早的提花织机，沿用至今。新疆民丰县尼雅墓地出土的织有"五星出东方利中国"字样的蜀锦肩膊，体现了汉代成都人善于以丝绸为宣传手段，向丝绸之路沿线宣传中华大一统理念的"文化创意智慧"。总之，蜀锦、蜀绣在秦汉时期已成为成都以丝绸之路为平台进行国际交流的代表性产品。三是"文翁倡其教，相如为之师"。文翁兴教化蜀创石室与讲堂，他既是地方公学与"文庙官学"的创始人，又是传承孔子私学传统，以"温故"与"时习"二讲堂开启后世书院之学的创始人。文翁教化的结果是将巴蜀本土文化转型升级为国家主流之学，成为以儒为本、以"儒化中国"为主旨的蜀学的滥觞，后来蜀学与齐鲁之学比肩发展，蜀地出现司马相如、扬雄等大文学家，这是天府城市精神文化的第一次飞跃发展。

三、唐宋时期天府经济大发展、文化大繁荣阶段

这一时期的唐剑南西川与宋川峡四路是全国最富庶的地区，是唐宋两朝重要的财源地，时有"扬一益二"之称。反观当时欧洲很多城市已逐渐衰落，成都则发展成当时世界财富聚集与经济文化繁荣的国际化大都市，已经是"天下第一名镇"（卢求《成都记》）。这一时期经济文化最亮眼的成就，是雕版印刷术起源于成都。宋代《开宝大藏经》在成都首次结集印制。道藏也由杜光庭第一次结集。儒家的《九经》在五代时期得以结集印刷，表明儒释道三教融会潮流在天府兴起。城市商业已突破了传统坊市制度，商人们破墙开店、临街设店成为新的商业风习。随着通向长安的"蜀道网"的兴起，成都作为西部土特产集散中心，发展出以"十二月市"为标志的自由集市和专业性的手工作坊街道。货币史上的划时代变革，则是在唐代交易信用券"飞钱"基础上，于宋初发明和使用纸币"交子"，这是世界上最早使用的纸币。

唐宋时期天府文学和艺术的发展，成就了成都作为古代东方世界文化之都、书香之都、诗意之都、音乐之都和美术之都的城市形象。陈子昂、李白、杜甫、苏轼、陆游等"秀冠华夏"的文化巨人的出现，进一步强化了"文宗在蜀""表仪百代"的传统。而薛涛、黄崇嘏、花蕊夫人等一批才女的出现，则是汉唐以后"才女在蜀"文化传统的赓续。"文宗在蜀"与"才女在蜀"的规律性出现与发展，均是巴蜀山川秀气与诗意书香灵气孕育明珠的结果。唐代大慈寺壁画"精绝冠世"，留下了古代东方美学之都的文化基因。蜀派古琴"蜀国弦"和始于巴蜀的竹枝词、前蜀永陵二十四伎乐石刻形象，显示出天府成都管弦歌舞之盛。这一时期成都人观景游乐的特征是游赏习俗的人文化与艺术化，如浣花大游江、小游江，锦江"遨头""遨床"，锦江之畔梨园乐坊选乐伎状元，这是天府旅游发展史上第一次将文化融入旅游习俗。又如孟蜀石经、中国第一部词集《花间集》、唐宋蜀刻本、龙爪本、薛涛笺与十色笺、蜀锦蜀绣以及专为文人考举夜读设计的邛窑省油灯等，是天府书香诗意生活方式普及化而留下的艺术瑰宝。

四、元明清时期天府文化由精英文化转型为城乡平民文化阶段

这一时期天府城市工商业获得了长足发展，"蜀锦、蜀扇、蜀杉，古今以为奇产"（《广志绎》卷五），成为交换苏杭文绮锦绣、山珍海错等"下江货物"的畅销商品。新制蜀折扇不仅用来进贡，而且还行销全社会。岷山的蜀杉木被采伐来修建北京故宫。

这一时期"川味"特色的下层群众文化开始兴盛，其最高成就是由成都"唐杂剧"、元北曲、明南曲、清雅部戏发展而来的花部戏地方剧种之一——川剧。同时，一些著名文人对川剧剧本加以文学性、诗意性改造，出现"五袍、四柱、江湖十八本"等诗化剧本，使川剧由粗糙的市民艺术变为声腔宏富、文辞典雅、俚俗并兼、雅俗共赏、亦庄亦谐的精致艺术，进一步推动了天府市民社会习俗的文雅化、书香化与诗意化。元明清时期天府教育事业也获得了新发展，主要体现为书院制度的创新。元代有草堂书院，明代有子云、大益、浣花等书院，清代有锦江、墨池、芙蓉、潜溪等书院，均驰名全国。社会上兴起的评书、扬琴、古琴、竹琴、金钱板、皮影、木偶、围鼓、口技、相声、清音等，是这一时期活跃于社会群众舞台的重要文化活动。今天四川评出的多种非物质文化遗产，大多产生于这一时期。

五、近代天府文化由古典形态向近代形态蹒跚转化阶段

1840年后，以农桑文明为特征的天府地域文化，在外国资本主义、帝国主义侵入的影响下，受到近代文明的冲击，在阵痛中迈着蹒跚的步伐缓慢地向近代形态转化。特别是19世纪末期和20世纪初期，新旧文化激荡冲突，天府地域文化围绕着对传统文化的破与立、对中西文化的体与用激烈论争的主题，开始了加速转型。其中最重要的六大事件：

一是19世纪末的戊戌维新运动，"是一阵思想的巨浪"，开创了地域文化"新的思想意识时代"。1875年四川省城尊经书院创建，倡导"绍先哲，起蜀学"的新风，以湘学巨子王闿运为山长，兼容中学经史与西学时尚，会

通湘学与蜀学，先后培育出以廖平、吴之英、宋育仁、张森楷、刘光第、杨锐以及传承尊经书院文脉的郭沫若、蒙文通、周太玄等为代表的一大批通经致用、新旧会通而又重今文经学传统的新蜀学人才，在四川开启了近代启蒙思想意识发展的新阶段。

二是 20 世纪初的四川保路运动，它不仅是政治、经济运动，也是文化变革的运动。从旧绅士阶层走出来的城市精英组成立宪派与下层民众组织哥老会相结合，"引起中华革命先"（朱德评价语），开启了四川人对西方民主意识的吐纳与民族革命精神新觉醒的历程。

三是五四新文化运动在四川，出现了对"科学与民主"新思潮的追求，先进知识分子则开始了对马克思主义的新探索。1920 年四川人陈豹隐在北大首讲"马克思主义经济学概论"，郭沫若在 1930 年提出以恩格斯《家庭、私有制和国家的起源》为指导，编写《中国古代社会研究》的构想，以填补恩格斯"起源论"没有写中国的"下半页空白"。1922 年，王右木首先在成都建立早期党组织。1924 年杨闇公、吴玉章在成都成立"中国青年共产党"，开展革命活动。在党的百年奋斗史上，天府四川人以敢为人先的精神做出了杰出的贡献。

四是中国工农红军创建川陕、湘鄂川黔革命根据地，传播红色革命文化火种，建成全国第二大苏区。红军长征过四川，铸就伟大的长征精神。四川是红军长征历程中活动范围最广、历时最长、行程最远、战斗最密集、翻雪山过草地境遇最恶劣的省份，同时也是建立第一个少数民族苏维埃政权——博巴苏维埃政府的地方。

五是抗日战争时期抗日救亡运动在四川兴起，成立各界救国联合会。川军出川抗战，四川人民为抗战做出了巨大的人力、物力和财力贡献。沦陷区大量高校内迁四川，为天府文化注入了新的活力。四川成为大后方民族复兴的根据地和中华文艺复兴的基地。

六是解放战争时期，四川地下党在极其严酷的形势下，组织广大爱国学生和人民群众开展各种斗争，迎接四川解放，掀开了四川历史的新篇章。

六、新中国、新时期、新时代七十年天府文化开创新面貌新格局阶段

新中国七十年是社会主义在中国奠基、建立，到开创和发展中国特色社

会主义宏伟史诗进程的七十年，是中华民族从站起来、富起来到强起来的伟大历史飞跃的七十年。1949 年新中国成立，社会主义制度在中国确立。1978 年党的十一届三中全会开启了改革开放宏伟历程，我国进入开创和发展中国特色社会主义的历史新时期。2012 年党的十八大以来，以习近平同志为核心的党中央统揽伟大斗争、伟大工程、伟大事业、伟大梦想，中国特色社会主义进入伟大的历史新时代。在这个新时代的历史方位上，在中国特色社会主义基本架构和四梁八柱已经铸就的基础上，在习近平新时代中国特色社会主义思想指导下，中国人民正进一步完善和发展中国特色社会主义，百年大党，世纪伟业，迎来了实现中华民族伟大复兴中国梦的光明前景。

七十年来，传统的天府文化，伴随着共和国不同时期的成长步伐，在创新性转型为中国特色社会主义文化的过程中，不断书写出新的篇章。新中国成立，解放后的新四川，人民当家作主，社会革故鼎新，天府文化获得创新性转化与创造性发展的机遇。其中，党中央"三线建设"的英明决策，不仅奠定了四川现代工业化的经济基础，而且为巴蜀文化、天府文化优良传统的创新和发展，注入了"三线精神"的优质内涵。进入改革开放新时期，天府四川更开拓出"改革之乡""富民兴川"的社会主义现代化建设的全新局面。社会主义天府文化在新时期也随着改革开放实现跨越式发展，传承巴蜀老祖宗"非常之人"（司马相如语）和"敢为天下先"的精神，助推治蜀兴川再上新台阶。党的十八大以来，天府人深入学习贯彻习近平新时代中国特色社会主义思想和习近平总书记对四川工作系列重要指示精神，认真践行"公园城市""构建长江上游生态屏障"、保护发展"从巴山蜀水到江南水乡的千年文脉"等新发展理念，同心共筑中国梦，阔步走进新时代。

成都市秉承上述天府文化 4500 年文脉传承的基因，于 2017 年全市第十三次党代会上提出了"弘扬中华文化，传承巴蜀文明，发展天府文化，努力建设世界文化名城"的宏伟目标和塑造"三城三都"的有力措施。当前，成都深入贯彻中央"成渝地区双城经济圈"战略部署，正掀起对成渝巴蜀文化共同体、成渝城市群文化圈和成渝文化旅游走廊研究、推动和构筑的热潮。

从上述天府文化起源、形成、发展和创新的六大阶段，我们可以清晰地看出天府文化 4000 多年文脉基因的形成和发展历程，它贯穿历史、当下与未来，历史文化与现代文明错综发展，每个历史时代或历史阶段都有创新性转化和创造性发展的硕果。每个时代的天府人都把传承祖宗文脉薪火，开拓天府文化新路，培育和维护这棵天府文化常青树，作为造福当代、泽被后人的历史责任与担当。

当今新时代赋予天府文化新的历史方位和特征，是天府成都人开创社会主义天府新文化新文明的难得机遇。今天总结出的新时代天府文化有四大特征——创新创造、优雅时尚、乐观包容、友善公益，这既是天府历史发展的产物，是天府人历史智慧与历史经验的结晶，也源自当今时代最深刻的需要，是当代天府成都人传承和创建现代天府文明的努力方向。这四个特征都有它的渊源、文脉基因和历史底蕴：

第一个特征"创新创造"是指精神内核。今天的创新创造同历史上的"非常精神"是一脉相承的。早在汉代，巴蜀第一位"天下文宗"司马相如就总结出巴蜀父老具有"非常之人做非常之事成非常之功"的"非凡"精神，用今天的话讲就是巴蜀培育出了许多善于创新创造的人才。对这种精神，司马相如给它总结了三大内涵：一是"苞括宇宙，总览人物"的宇宙思维和世界眼光。二是"控引天地"，要有在天地之间自由翱翔、探索宇宙奥秘的浪漫主义梦想精神。三是"错综古今"，善于把古老文明与今天的生活交错、综合、融会，这需要将高超的文化想象力与理念思辨力相结合。司马相如的这些概括，既是对三星堆古蜀人羽化成仙、翱翔宇宙的创造精神的提炼，又启迪了相如之后两千余年蜀人生生不息的浪漫主义文学传统。

第二个特征"优雅时尚"是指天府文化的生活美学与诗意风尚，是创新创造精神指导下的生活方式，也是指天府文化时代价值的生活体验。"优雅"，早在文翁化蜀以后成都就是"好文雅""以文辞显于世""文章冠天下"，出的文坛领袖很多的城市，不仅知识精英追求优雅，即使是城乡居民也以耕读传家为荣耀，以崇时尚、优品质的生活美学价值追求为风尚。

第三个特征"乐观包容"是指天府人的器识胸怀具有乐观开放与和谐包容的特点。它以古蜀人历来信奉的"中庸和谐，乐莫大焉"的理念为哲理基础。它的本质是"怡人文化"。《中庸》讲："诚者，天之道也。诚之者，人之道也。""反身而诚，乐莫大焉。""诚者"是对天地能包容万物的自然规律的认识和信仰。"诚之者"，是指能遵循自然发展规律，并能笃信奉行。有了"诚"的信念并加以"诚之"实践，就可以尽性知天，获得怡人怡己、"乐莫大焉"的最大快乐。

第四个特征"友善公益"是指天府人的情商操守。"友善"是情商，"公益"是品质操守。我们知道，天府文化的学术内核是蜀学。蜀学的本质特征是重今文经学，就是重经世致用，通经济世，公忠体国，友爱善良。诸葛亮、杜甫、苏轼、刘沅、尹昌龄等人就是这方面的典范，他们都是天府文化养育出来的优秀践行者。

如何做一个美好的成都人？这就要从上述精神内核、生活方式、器识胸怀、情商操守四大方面入手，既善于传承古代天府人的精神薪火，又善于开拓创新。孙中山曾赞扬天府人才："惟蜀有材，奇瑰磊落"，"奇瑰"是才智，"磊落"是品格。德才兼备，以明德引领风尚，以才智报效祖国，是天府文化孕育出来的蜀中人才的传统。今天的成都作为天府文化再次辉煌的首选地和首发地，凭借深厚的历史文化优势与优越的地理环境，定能实现建设新型"三城三都"，创建新型世界文化名城的奋斗目标，培育出更多天府文化的合格传承人、新天府文化的优秀建设者。

呈现在读者面前的这套"天府文化系列丛书"就是为阐释成体系、有系统、有特色、有魅力的天府文化，增强对本土文化保持自信的热力，而由成都市社科院精心筹划、深入研究、建立平台、严格挑选出来的。它对于聚集天府文化研究队伍，组织协调海内外研究力量，推动人文与科学的跨学科研究，培育巴蜀文化名家，推出天府精品力作，讲好成都故事，传播成都声音，让人文成都、社科成都勇立时代潮头，开启天府文化新征程，必将起到它应有的作用。作为本丛书的第一读者，我被该丛书的魅力所吸引，为使众多读者能更深刻地认识和理解本丛书的编纂宗旨，领会编者的良苦用心，我谨以个人对天府文化学术体系、概念体系和话语体系的粗浅认识，加上我对这套丛书的粗浅体会，作为序言，以示祝贺、祝福和期望。同时对编者、作者、组织者深表谢意。

2021 年 4 月 15 日

天府文化系列丛书
编纂说明

　　成都市第十三次党代会提出"传承巴蜀文明，发展天府文化，努力建设世界文化名城"，让天府文化成为彰显成都魅力的一面旗帜。发展"创新创造、优雅时尚、乐观包容、友善公益"的天府文化，让人文成都别样精彩！

　　2018年6月，四川省社科联主席杨泉明教授率队来成都市社科联视察调研，提出让我联深入研究天府文化，组织力量编纂天府文化系列丛书的殷切希望。在四川省社科联的关心和指导下，成都市社科联贯彻落实市委第十三次党代会精神以及世界文化名城建设大会精神，创新组织方式，利用成都研究院的新型智库平台，广泛汲取国内外社科界力量，组织各领域研究者，培育巴蜀文化名家，力争推出天府文化精品力作，讲好成都故事，传播成都声音。丛书编纂工作组上下齐心、通力合作，历时三年，终于将"天府文化系列丛书"奉献到读者面前。

　　本丛书以习近平新时代中国特色社会主义思想为指引，力推天府文化的创造性转化、创新性发展，是加快建设践行新发展理念的公园城市示范区的重大文化工程。丛书从文化交流与传承的视角，在历史、现实、未来三个层面，探寻成都悠久的历史文化积淀，以及独具人文魅力的地域文化特征。对于弘扬中华文明，传承巴蜀文明，发展天府文化，具有深远的历史意义。丛书涉及经济、教育、历史、文化、水利、农业、手工业等多学科领域。在严谨务实的基础上，丛书作者们充分考虑当代大众特别是青少年的阅读习惯，创新写作方式，在确保学术质量和注重社会效益的前提下，努力提升可读性、趣味性和通俗性，做到文字生动、图文并茂，并特别推出了符合青少年读者审美的动漫绘本。丛书还涉及中、英、韩三种语言，既有外国学者用中文描述成都，又有中国学者用英文介绍成都，注重国际传播效果，在一定程度上满足了国外读者的阅读需求，为天府文化走向世界搭建了桥梁。

丛书得以顺利出版，要感谢四川大学出版社的大力支持，以及多位编辑老师的辛苦付出。丛书的组织编纂是成都市社科联围绕天府文化研究进行的探索性实践，难免存在疏误，恳请读者谅解指正。未来我们将会进一步总结经验、增强力量、深化研究，为推动天府文化的繁荣发展做出应有的贡献。

"天府文化系列丛书" 编务组

2021 年 3 月

序

　　《洪范》八政，一曰食，二曰货。"食"乃粮食生产；"货"即物资交换。交换久之，遂生货币，于是钱币之物生焉。人类为了生存或更好地生存，开展经济活动当然是非常必要的。利用通商，互通有无，大约是人类解决温饱之后面临着的最为紧要的需求。货币是一般的等价物，也就是最具有普遍性的商品。它的出现和固定化是人类社会发展和商业进步重要的标志。我国是世界上历史最为久远的文明古国之一，以历史的长度和文明的厚度享誉世界。我国也是世界上最早使用货币的国家，从金银、玉器、贝壳，到固定化的铸造货币，漫长的历史孕育出了灿烂的货币文化，形成了独具特色的铸造货币体系，并且影响到了整个东亚文明圈和"一带一路"沿线国家。

　　作为多元一体中华文明的重要起源地之一的蜀地，其货币文化的丰富性、多样性以及重要性是非常突出的。从三星堆的金银和贝壳，到秦代的半两，经蜀汉、隋唐、两宋，一直到近现代的特色货币，其货币使用历史长达数千年。蜀地的货币文化独树一帜，其"宇宙之大，品类之丰"，不仅令人"游目骋怀"，还足以让人"睹物思史"，知世事之兴衰。

　　蜀人对货币的研究，可以说早已有之。宋代井研人李心传《建炎以来系年要录》《建炎以来朝野杂记》两书就对宋代铸钱之事多有关注。大约生活在元代的双流人费著有《楮币谱》一书，记载两宋纸币，是今日研究宋代纸币无法避开的材料。近世以来，钱币学在乾嘉考据学的影响下兴起，蜀地收藏研究钱币的风气也非常兴盛。在蜀为官的刘喜海研究巴蜀铁钱，开铁钱著录研究之先河。清末戊戌六君子之一的杨锐，也对钱币有较为深入的研究。另外，最值得提起的是民国时期川籍古泉大家罗伯昭，他可以说是近代钱币学界最重要的奠基人之一。他不仅嗜好巴蜀钱币的收藏，还利用钱币实物进行学术研究，诸多钱币譬如"太平百钱""定平一百"，就是经过他的研究才终于拨开蒙昧，正式厘清为蜀钱的。20世纪40年代，在他的支持下，上海成立了以"研究古今泉币，沟通中外学界，交换知识，联络同志"为宗旨的中国泉币学社，发行《泉币》杂志，极大地推动了中国钱币学的研究。这些都是蜀地学人对钱币学研究的贡献。可以说，蜀地不仅有丰富的特色钱币，更有光辉的钱币研究历史。

就是这样一个重要的课题，却鲜有学者进行系统的梳理和细致的研究，这诚然是学术界的缺憾，也十分不利于对巴蜀历史感兴趣的读者了解巴蜀文化。也正是在此时，适逢"天府文化系列丛书"立项，我与马明宗便以"蜀地钱币历史"为主题进行了申请，蒙多方协助，给予了巴蜀钱币历史萃兹一编的机会。唯有统筹全局、上下求索，方能溯流追源、推器成道，这也是断代研究、专项研究所不具备的优势。

同时，因为学科分化，传统的金石学面临着各个学科的冲击和解构，甚至化整为零，成为徘徊在各个学科边缘的"碎片"，作为传统金石学中一个分支的钱币学更是如此。随着经济的发展和文化的开放，民间的钱币学研究悄然兴起。但民间的钱币研究，因为材料的欠缺或者研究方法的不当，甚至是为了适应经济的需要，往往曲解了学术的本真。因此新时代的钱币学研究必须是一个多学科交叉的领域，它牵扯到历史学、考古学、经济学，甚至金属冶炼学和材料学。钱币的研究并不是平面的、单一的，而是立体的、丰满的，钱币研究是一条发现历史，认识过去，展望未来的重要途径。

明宗明敏好学，勤学善思，2011年自山东负笈来川，先入四川大学历史学基地班学习，继又推荐免试攻读研究生，从本科做毕业论文到硕士研究生学习，都曾与我共学，其于经学文献、出土文献俱有兴趣。研究生毕业后，又前往浙江大学跟随曹锦炎先生学习出土文献和古文字。他的志向是今古互证，以求经典之本真。读研期间，曾经参与我主编的《儒藏精华》中《周易》与《孝经》的校点，曹先生又指导他继前功而为学，从出土文献与传世经学文献互相参证的角度研究《易》学史，这确实是一条期于远大的学术路径。钱币学是他闲暇时的爱好，他平时注意古币及史料收集，积累甚多，本编即由他执笔完成，我只参与体例制定和样稿通读等工作。

今《蜀钱史话》书稿已成，即将付梓，聊述数语，以见本相。其有未备，识者教焉。

是为序。

舒大刚

于川大花园

2020年11月27日

前　言

────────────────────────────

　　蜀地形势，华阳黑水，高山大川，自成一体；蜀地文化，源远流长，集杂为纯，博大精深。蜀地特色历史钱币作为蜀地历史文化的重要组成部分，同样具有鲜明的特色，不仅在全国范围内独树一帜，有的还具有世界意义。将蜀地作为独立单元，梳理、探讨、研究该区域的钱币历史具有重要价值。

　　关于"蜀"，有广义、中义和狭义之分。秦灭巴蜀后，于公元前277年设置蜀郡，此时的蜀郡，其地望大体就与今天的川西盆地相当，这是狭义的"蜀"。晋代常璩《华阳国志》载，蜀地"东接于巴，南接于越，北与秦分，西奄峨嶓。地称天府"①，其地理位置北起汉中、南达云南、黔北，这是中义的"蜀"。还有广义的蜀，指广阔的巴蜀地区和受其影响的周边地域。及汉武帝元封五年（前106），始置益州刺史部，巴、蜀、汉中皆属焉，巴蜀遂成一体。刘备之蜀汉，李氏之成汉，无不尽有益州之地。唐贞观元年（627）改益州为剑南道，治所位于成都府。至前后蜀，疆域皆跨东西二川，国号皆曰"蜀"。北宋设益州、梓州、利州、夔州四路，合称"川峡四路"或"四川路"。南宋在成都设四川制置使，"四川"之名由此得来。元代将汉中划归陕西行中书省管辖，在古南中地设云南行中书省；至元二十三年（1286）合川峡四路，设四川等处行中书省，简称四川行省，是为四川建省之始，"四川省"之名自此问世，行省衙门驻成都府路。明代洪武四年（1371）明太祖设置四川承宣布政使司，又于云贵高原东北部设贵州承宣布政使司，清代雍正时又将川南的遵义地区划归贵

────────────────────────────

① 【晋】常璩撰，任乃强校注：《华阳国志校补图注》，上海：上海古籍出版社，1987年，第113页。

州，至此大体形成今日的格局。在长期的历史发展中，巴、蜀在文化上、政治上逐渐合为一体，称为"蜀"或"川"，人称蜀人，士称蜀士，地为蜀地，钱号蜀钱。

整个西南地区的政治文化中心在蜀地，而蜀地的政治文化中心又在以成都为核心的天府地区。可以说，所谓蜀地，就是以狭义的"蜀"为核心，以中义的"蜀"为辅翼，以广义的"蜀"为归宗的地域范围。

这本小书名曰"蜀钱史话"，其范围不限于狭义的蜀地，同时也涉及以蜀地为基础的更为广阔的巴蜀地区。这不仅仅是本书写作的需要，也是历史和学术的客观事实。

何谓蜀钱？蜀钱，是指诞生在蜀地，为蜀地所独有的历史货币，广义上也包括蜀地历史货币的衍生物。从材质上来讲，有金属货币、纸币、布币等；从性质上来讲，有政府发行的正用流通货币，还有代用币、赏功币、纪念币、压胜钱等。蜀地钱币历史源远流长，时间跨越两千余年，在我国各个文化区域中独领风骚。蜀地钱币的发展，萌芽于古蜀，发端于战国，经历两汉三国、唐五代、两宋、明清、民国五个高峰，最终凝聚成四大特色：

一是源远流长，绵延不绝。从古蜀国的金玉珠贝，一直到民国时期机制币、纸币，每个时期都有自己独具特色的货币。二是品种丰富，百花齐放。在绵延近三千年的历史中，蜀地诞生了上千种特色钱币，品类丰富，性质广泛，材质多样。三是独具特色，勇于创新。蜀地钱币富有极强的创新性，有的钱币不仅在我国历史上具有开创性，而且还具有世界性的意义。四是既富有地域特色，又与主流货币互为补充。蜀地钱币都是从中央政权的统一货币中发展而来的，却总能在蜀地创造出自己的特色，最后又为整个统一国家的货币发展做出重要的贡献。

总之，蜀地钱币文化是对"创新创造、优雅时尚、乐观包容、友善公益"的天府文化的极好印证。将广义上的蜀地，或者说巴蜀地区作为一个独立的文化单元，研究其钱币历史，介绍其钱币文化，具有极其重要的学术意义和社会价值。这也是作者想要通过这本小书努力呈现给读者的。希望这本小书能够抛砖引玉，以钱币历史为视角，引导大家更深入地发掘蜀地历史内涵与文化价值。

目录

C O N T E N T S

金贝珠玉——古蜀国的货币

噫吁嚱，危乎高哉！蜀道之难，难于上青天！

蚕丛及鱼凫，开国何茫然！尔来四万八千岁，不与秦塞通人烟。

这是唐代伟大诗人李白《蜀道难》中的诗句，诗人在感慨蜀道之难的同时，也吟咏了古蜀悠久的历史。古蜀历史悠久，并且具有独立的发展序列。先秦时期，在今四川地区存在着数百个酋邦，其中较大的两个就是蜀国和巴国，两者之中又以古蜀国文明程度为高。关于古蜀国历史，晋代常璩《华阳国志》记载：

蜀之为国，肇于人皇，与巴同囿。至黄帝，为其子昌意娶蜀山氏之女，生子高阳，是为帝喾。封其支庶于蜀，世为侯伯。历夏、商、周。武王伐纣，蜀与焉。[1]

常璩认为古蜀国来源于人皇，人皇是巴蜀地区独特的"三皇五帝"系统中天、地、人三皇之一。人皇之前是天皇、地皇，代表人类崇尚自然的蛮荒时代。一说人皇即伏羲氏，这说明蜀人与中原的炎黄有共同的祖先[2]。常璩又说，其后黄帝之子昌意娶蜀山氏之女，生高阳，高阳即帝喾，帝喾将其后代中的一支分封到蜀地。这一支长期在蜀地生活，世世代代为蜀地侯王。之后又有柏灌、鱼凫、蚕丛、杜宇、开明等相继统治蜀地。

整体上来看，古蜀文明的形成和发展体现出"多元一体"的趋势。近

---

[1] 【晋】常璩撰，任乃强校注：《华阳国志校补图注》，上海：上海古籍出版社，1987年，第113页。

[2] 巴蜀地区特有的"三皇五帝"系统是指的"三才皇"和"五色帝"，与中原的三皇五帝系统有所区别。三皇是指天、地、人三皇；五帝是指青帝、赤帝、黑帝、黄帝、白帝。请参见舒大刚、尤潇潇、霞绍辉：《"三才皇"与"五色帝"——巴蜀的古史体系与古老信仰》，《蜀学论衡：舒大刚学术论集》，贵阳：孔学堂书局，2018年，第44页。

代四川史学大家蒙文通先生提出，夏商周时期在成都平原及其周边曾经存在着数百个邦国和部落①，这就是古蜀文明的开端。《华阳国志》所记载的蜀山氏，就是这数百个邦国和部落之一。

从考古发现来看，先秦时期的成都平原确实存在很多城址。成都平原共发现9座先秦时期的大型城址：宝墩古城、郫县古城、芒城古城、鱼凫城、双河古城、紫竹古城、盐店古城、高山古城和三星堆古城。②小型的城址和遗迹更是不计其数。

成都平原可追溯最早的考古学文化类型是宝墩文化，属新石器时代晚期。蜀地自三星堆文化开始进入青铜时代，一直延续到战国晚期，前后持续了两千年以上。其间各个时期虽然不同程度地受到外来文化的影响，但其浓厚的地域特色始终是文化发展的主流。③

发达的古蜀文明，到底有没有自己的货币？这是一个大家都关心的问题。货币的本质是一种固定化的一般等价物，也是一个衡量文明发展程度高低的重要标志。货币的产生是一般等价物的固定化的过程，其材质往往是金、银、铜等贵金属，也有一些区域使用海贝作为货币。

蜀地自古以来就与外界有广泛的经济和文化联系。在三星堆遗址中，发现了大量带有中原特征的青铜器；在金沙遗址中，发现了一件玉琮，玉琮是长江中下游地区良渚文化的典型器形；在金沙遗址出土的太阳神鸟金箔也与长江中下游安徽含山县凌家滩遗址出土的八角太阳神鹰有着相近的造型；汉代张骞出使西域，"在大夏时，见邛竹杖、蜀布"④，蜀地早有一条经过身毒（印度）前往中亚的商道，即今天所谓的南方丝绸之路。这些都证明古蜀时期蜀文化与外界有着广泛的交流。按照常理推测，这样一个与外界有广泛商业、文化交流的发达文明应该有自己成熟的货币。但迄今为止，巴蜀地区尚未发现古蜀时期真正意义上的货币。

但三星堆遗址出土了大量的贝壳，有虎斑贝、环纹贝、齿贝、拟枣贝

---

① 参见蒙文通：《巴蜀古史论述》，成都：四川人民出版社，1981年，35—48页。
② 冉宏林、雷雨：《浅析成都平原先秦时期城址特征的变迁》，《四川文物》2014年第3期。
③ 江章华、王毅、张擎：《成都平原先秦文化初论》，《考古学报》2002年第1期。
④ 【汉】司马迁：《史记》卷一百二十三《大宛列传》，北京：中华书局，1982年，第3166页。

　　中华人民共和国成立以来，四川发掘了大批先秦及秦汉墓葬，发现了大量的秦半两钱，还发现了两枚较为稀少的两甾钱。这些考古发掘的钱币实物是我们了解巴蜀历史钱币重要的一手资料。

　　1979年至1980年，四川省博物馆和青川县文化馆一起对四川青川县郝家坪战国墓群进行了3次发掘，共清理墓葬72座。其中M50号墓出土秦半两钱，同时出土"四年十二月"和"二年十一月"的法令木椟。经考证，"四年"为秦武王四年（前307），墓葬埋葬年代应当在此后不久。《史记·货殖列传》有"秦破赵，迁卓氏……诸迁虏少有余财，争与吏，求近处，处葭萌"[1]的记载。M50号墓发现有刻有小篆"赵志"的陶釜，其出土器物及埋葬风格均与中原相近，故墓主人或许就是秦破赵之后，由赵地迁来的"移民"。[2]

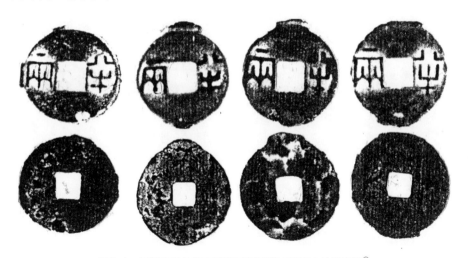

图2-1　四川青川县郝家坪战国墓葬群M50出土的半两钱[3]

　　1998年9月，考古人员在蒲江县鹤山镇飞龙村西侧的小河边发现一处船棺墓，葬具为船棺，长近六米，宽一米有余。船棺用圆木制成，上半部

────────────

① 【汉】司马迁：《史记》卷一百二十九《货殖列传》，北京：中华书局，1982年，第3277页。

② 左培鼎：《四川青川县郝家坪战国墓群 M50 发掘简报》，《四川文物》2014年第3期。

③ 图中半两直径2.70厘米左右，图片取自左培鼎：《四川青川县郝家坪战国墓群 M50 发掘简报》，《四川文物》2014年第3期。

截去形成平顶，正中一段挖空形成棺室，底部削平，尾端从底部向上斜削翘起，棺盖板与棺具有合扣连接，棺内放置尸体和随葬品，这是蜀地典型的船棺。在这座墓葬中出土"半两"铜钱20枚。2006年12月，蒲江县鹤山镇飞龙村又发现船棺墓一座，其墓葬形制与之前发现的战国船棺墓相似，在这座墓葬中出土半两钱13枚。[①]

图2-2　成都蒲江船棺墓出土的半两钱[②]

　　考古工作者在川北广元的宝轮院曾经发掘了六座船棺墓、两个狭长坑墓，八个墓坑共出土秦半两钱22枚。[③]

　　2002年9月，成都市新都区龙安镇清镇村村民在取土时，发现几件铜器。经过新都区文物管理所现场抢救性发掘，确定其为秦代土坑墓，墓中出土了66枚半两钱。[④]

---

①　曾咏霞、夏辉：《成都蒲江县战国船棺墓出土"战国半两"钱》，《中国钱币》2015年第4期。
②　钱币直径3.0厘米左右。图片取自曾咏霞、夏辉：《成都蒲江县战国船棺墓出土"战国半两"钱》，《中国钱币》2015年第4期。
③　朱活：《谈巴蜀秦半两》，《四川文物》1990年第1期。
④　成都市新都区文物管理所：《成都新都秦墓发掘简报》，《文物》2014年第10期。

图2-3　成都新都秦墓中出土的半两钱①

此外，近年来汶川也多批次出土大量秦半两钱。因为汶川气候相对干燥，出土的半两钱保存完整，锈蚀轻微，有的甚至带有铜光。但这些半两钱大多是民间盗掘所得，没有经过正规的考古发掘和著录，其伴随出土的状况尚不明确，大量考古信息遗失，殊为可惜。行文至此，笔者不禁要赘言几句：一件古代器物除却其本身所具有的艺术、美学、历史价值外，它的出土地点、埋藏环境、出土位置、伴随出土的状况，都包含着大量的珍贵历史信息，甚至具有比文物本身更重要的价值。民间盗掘往往破坏了这些重要的历史信息，从而导致不可挽回的损失。

半两钱的使用，是伴随着秦人统治巴蜀地区的进程而逐渐推行的，是巴蜀经济史、货币史上的一件大事。这是巴蜀地区经济模式的巨大进步，巴蜀地区从使用金贝珠玉等一般等价物和物物交换的贸易方式转变为使用金属铸币作为货币的贸易方式，标志着巴蜀地区已融入中原地区的铸造货币体系中。②半两钱的流通伴随着蜀地居民和外来移民的融合进程，而商业的发展、钱币的使用，大大促进了这种文化融合的进程。

目前在巴蜀地区尚未发现先秦钱币的钱范和铸造遗迹，因此还不能确定巴蜀地区所发现的秦半两是从关中平原流入的，还是由巴蜀地区本地铸造的。这一问题的答案只有期待更多的考古发现。

---

① 钱币直径2.3～3.2厘米。图片取自成都市新都区文物管理所：《成都新都秦墓发掘简报》，《文物》2014年第10期。

② 世界范围内古代的货币存在两大体系：东方体系以东亚文明圈为主要代表，货币是从生产和生活工具演变而来，以青铜铸造技术为基础，钱币生产工艺为铸造；西方体系以地中海世界和中亚国家为主要代表，货币本身是由金、银、铜等贵金属演变而来，钱币的生产工艺为打制。巴蜀地区使用半两钱代表着巴蜀地区融入东方的铸造货币体系中。

另外，在秦代的巴蜀地区，中央政权所能够控制的仅仅是四川盆地的一些核心城市，在广大边缘地带还生活着大量巴蜀古族，因此秦半两钱的出土地大多聚集在成都平原。不过，在川南的宜宾、川西的汶川，以及川北的广元、川东的重庆等地，都偶见秦半两钱出土。这证明钱币的流通打破了政治、文化和族群的边界，对于文化交流、族群融合、经济开发，意义深远。

（二）蜀地两甾钱

除了较为常见的秦半两之外，巴蜀地区还发现了较为少见的两甾钱。

1954年，原西南博物院在巴县冬笋坝先后两次发掘了土坑墓52座。其中在49号战国船棺葬中，与几十个秦半两钱一起出土了一枚两甾钱，在59号墓中也出土了一枚两甾钱。[1]

关于两甾钱的铸造时间，学术界尚无定论。目前有多种说法：钱币学家郑家相先生认为其可能是秦汉之际魏王豹所铸。[2]钱币学家王献唐先生则认为是秦汉之际的齐国田儋到田广时期所铸。[3]货币史学家彭信威先生认为两甾钱即半两钱，两者币值相等，其铸造当在秦半两钱之后，与八铢半两钱形制相当，铸造时代在汉初。[4]朱活先生从巴县冬笋坝两甾钱与几十枚秦半两钱相伴出土的情形进行分析，认为两甾钱应该是战国晚期秦国的圜钱。[5]两甾钱大小、形制、铸造工艺与半两钱类似，钱背肉好[6]无郭，钱面多有肉郭而无好郭，"两甾"二字文字古朴，略兼古隶之意，当为战国晚期或汉初所铸。

两甾钱在南宋即有著录，南宋洪遵《泉志》引敦素[7]曰："（两甾钱）微有外轮，背面无好郭。其文篆书，右曰两，左曰甾，形质大抵似半两，制作古

---

[1] 王家祐等：《四川巴县冬笋坝战国和汉墓清理简报》，《考古通讯》1958年第1期。

[2] 郑家相：《两甾钱考》，《泉币》第32期。

[3] 王献唐：《中国古代货币通考》，济南：齐鲁书社，1879年，第546页。

[4] 彭信威：《中国货币史》，上海：上海人民出版社，1958年，第49页。

[5] 朱活：《谈巴蜀秦半两》，《四川文物》1990年第1期。

[6] 肉，钱币外侧；好，钱币内侧。肉好皆有郭，就是指钱币内外皆有钱郭。

[7] 敦素，古代钱币学家，有《钱说》一书，已佚。洪遵《泉志》引敦素《钱说》，其所引皆为唐以前货币，故敦素或为唐人，其余事迹不详。

异，源流莫知。"北宋董逌疑此钱铸于南梁、北齐间。[1]清代学者初尚龄《吉金所见录》载："'甾'即籀文'锱'字省去'钅'旁，《说文》六铢为锱，二十四铢为一两，今曰两甾，即半两也。"[2]两甾钱的出土地点主要集中在河南地区，冬笋坝战国墓出土的两甾钱是四川地区仅见的有明确出土地的两甾钱。

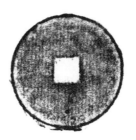

图2-4　两甾钱[3]

在冬笋坝的墓葬当中，还出土了许多巴蜀图语印章、汉文印章以及带有巴国风格的青铜炊具和兵器。冬笋坝第49号墓为船棺葬，墓主人也应该是生活在当地的巴人。这证明在战国时期，巴地的风俗文化得到了较好的保存，巴文化与汉文化也产生了相当程度的融合。

图2-5　冬笋坝出土的巴蜀图语印章和汉文印章[4]

---

① 【宋】洪遵等：《泉志（外三种）》，上海：上海书店出版社，2018年，第94页。
② 【清】初尚龄：《吉金所见录》，嘉庆二十五年刻本。
③ 直径3.1厘米，上海博物馆藏。图片取自《中国历代货币大系》。
④ 非原大，图片取自沈仲常、王家祐：《记四川巴县冬笋坝出土的古印及古货币》，《考古通讯》1955年第6期。

在这座墓葬当中，还出土了成串的铜璜，其摆放位置有的与半两钱一起紧邻墓主。有学者认为，这种铜璜不仅是起装饰作用的饰品，而且还是一种流通的货币。[①]铜璜，是模仿玉璜用金属铸造而成的货币或饰品（也可能为明器），在中原地区的战国墓葬中常有出土，其纹饰常有虎纹、方格纹、饕餮纹等，中部常有悬挂所用的孔，因为形状类似于桥梁，因此又被称为"桥梁币"或"桥形币"。其实这种铜璜的性质应该如铜贝一样，都是由装饰品或者礼器演变而来的，因其材质为青铜，具有一定的价值，所以有可能专门用作陪葬品，也可能在使用中逐渐兼具一般等价物的作用。

---

① 沈仲常、王家祐：《记四川巴县冬笋坝出土的古印及古货币》，《考古通讯》1955年第6期。

富埒王侯——邓通铸钱与汉代蜀地铸币

炎汉西京制作工，章山严道产青铜。

四铢半两纷纷起，孰辨吴王与邓通。①

秦末连年战争导致民生凋敝，汉代建立之后，统治者借鉴秦国灭亡的教训，采取休养生息的政策。汉初，民间皆得铸钱，很多郡县的地方豪强即山铸钱，富者侔于王侯。其时蜀地也有一位因铸钱而成巨富的传奇人物——邓通。

（一）邓通铸钱

邓通，蜀郡南安（今四川乐山）人，因为与文帝所梦之人穿戴相似而受重视。文帝赏赐邓通蜀郡严道铜山，于是邓通即山铸钱，成为巨富。后景帝即位，没收邓通财产，邓通不得一钱而客死异乡。《史记·佞幸列传》与《汉书·佞幸传》载其事。《汉书·佞幸传》：

> 邓通，蜀郡南安人也，以濯船为黄头郎。文帝尝梦欲上天，不能，有一黄头郎推上天，顾见其衣尻带后穿。觉而之渐台，以梦中阴目求推者郎，见邓通，其衣后穿，梦中所见也。召问其名姓，姓邓，名通。邓犹登也，文帝甚说，尊幸之，日日异。通亦愿谨，不好外交，虽赐洗沐，不欲出。于是文帝赏赐通巨万以十数，官至上大夫。
>
> 文帝时间如通家游戏，然通无他伎能，不能有所荐达，独自谨身以媚

---

① 【清】刘燕庭：《嘉荫簃论泉绝句》，《丛书集成续编》本，上海：上海书店出版社，1995年，第223页。

上而已。上使善相人者相通，曰："当贫饿死。"上曰："能富通者在我，何说贫？"于是赐通蜀严道铜山，得自铸钱。邓氏钱布天下，其富如此。

…………

及文帝崩，景帝立，邓通免，家居。居无何，人有告通盗出徼外铸钱，下吏验问，颇有，遂竟案，尽没入之，通家尚负责数巨万。长公主赐邓通，吏辄随没入之，一簪不得着身。于是长公主乃令假衣食。竟不得名一钱，寄死人家。[1]

汉文帝"赐邓通蜀严道铜山，得自铸钱，'邓氏钱'布天下"。关于邓通铸钱的具体位置，张守节《史记正义》引《括地志》云"雅州荥经县北三里有铜山，即邓通得赐铜山铸钱者"[2]。

关于邓通所铸钱的形制，《西京杂记》记载："文帝时，邓通得赐蜀铜山，听得铸钱，文字肉好，皆与天子钱同，故富侔人主。"[3]洪遵的《泉志》第一次将邓通钱单独区分出来。[4]但是洪遵编纂《泉志》往往"未睹其物，多据书所载，想象图之"[5]，因此《泉志》所录邓通半两钱的直径远超过一般的四铢半两钱。民国钱币学家丁福保认为《泉志》所载邓通半两钱的直径过大，"几类秦钱"[6]。郑家相先生认为钱穿上下有铜块的四铢半两钱为邓通半两钱，乃西汉文帝时邓通所铸。[7]

图3-1　穿上下有铜块的半两钱[8]

其实钱穿上下有铜块的半两钱并不是邓通所铸，《西京杂记》记载邓通钱

① 【汉】班固：《汉书》卷九十三《佞幸传》，北京：中华书局，1962年，第3722—3724页。
② 【汉】司马迁：《史记》卷一百二十五《佞幸列传》，北京：中华书局，1982年，第3193页。
③ 【晋】葛洪撰，周天游校注：《西京杂记》，西安：三秦出版社，2006年，第126页。
④ 【宋】洪遵：《泉志》，济南：山东画报出版社，2013年，第78页。
⑤ 该评语为清代四库馆臣对洪遵《泉志》的评价，见【清】纪昀总编纂：《四库全书总目提要》卷一百十五《子部二十五·谱录类》，清武英殿刻本。
⑥ 丁福保：《古钱大词典》，北京：中华书局，1982年，第1595页。
⑦ 郑家相：《半两之研究绪言》，《泉币》1942年第15期。
⑧ 图片取自《半两考》《中国钱币博物馆藏品选》，直径2.5厘米。

"文字肉好，皆与天子钱同"，就说明邓通所铸之钱在形制上与中央所铸钱相同，不应该将钱穿上下有无铜块作为区分邓通钱的标志。至于钱穿上下或者钱背有凸起的铜块，则是文帝时期铸造货币时为增加钱币重量而改刻钱模所致，王雪农、刘建民所著《半两钱的研究与发现》一书中对此事有考证。①

邓通的个人事迹，其实能够反映汉初很多的经济问题。邓通的发迹和潦倒，反映的是文帝、景帝时期重要的社会经济变革：文帝时期采取自由放任的经济政策，任由郡国和私人铸钱；景帝时期，中央政权借鉴七国之乱的教训，开始将货币铸造权、铸币的监管权收归中央。这是汉代从放任自由的经济政策过渡到中央权力干预经济的转折点。另外，"邓氏钱布天下"是汉代初年蜀地经济的恢复和铸造业发达的极佳例证。秦末天下纷争，项羽封刘邦为汉王，据汉中之地，刘邦首先平定巴蜀，以成帝业。作为一个相对独立的地理单元，蜀地免于楚汉相争战火的蹂躏，汉初又实行休养生息的国策，蜀地经济得以较快恢复和发展，并逐渐孕育出了成都、临邛、广汉等重要的工商业城市。西汉时期，蜀地冶炼业也获得极大的发展。巴蜀地区本来就富产铜铁，外来移民带来了市场理念和冶炼技术，促进了巴蜀冶铸业的发展。《史记·货殖列传》记载：

> 蜀卓氏之先，赵人也，用铁冶富。秦破赵，迁卓氏……诸迁虏……处葭萌。……唯卓氏……致之临邛……即铁山鼓铸……富至僮千人……程郑，山东迁虏也，亦冶铁，贾椎髻之民，富埒卓氏，俱居临邛。②

西汉的临邛就是当时一个重要的冶炼业中心，而邓通铸钱的"严道铜山"距临邛不远。经济的发展、铜铁冶炼技术的发达，是汉代巴蜀地区铸钱业兴盛的基础。

（二）蜀地发现的汉代钱范

秦治下的巴蜀，虽然已经有秦半两钱的行用，但至今尚未发现铸钱遗

---

① 王雪农、刘建民：《半两钱的研究与发现》，北京：中华书局，第2005年。
② 【汉】司马迁：《史记》卷一百二十九《货殖列传》，北京：中华书局，1982年，第3277页。

迹和钱范，无法证明巴蜀地区在汉代之前就开始铸币。迄今为止巴蜀地区发现最早的钱范是西汉的半两钱范。

1980年，考古工作者在高县发现一块西汉半两钱范，钱范为石质，采用直流分铸的铸造方式，钱范上整齐地刻着七排二十八枚钱模，钱模直径均为2.7厘米，残存浇铸通道，有明显的使用痕迹，应该是使用后废弃的钱范（如图3-2所示）。[1]该钱范钱模上的文字结体方正，隶意浓厚，朴拙有力，是西汉初年的八铢半两。

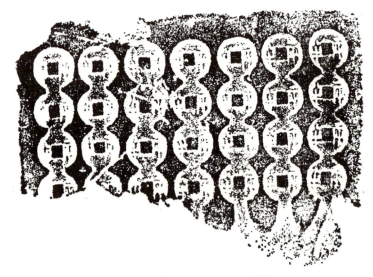

图3-2　高县出土的西汉半两钱范[2]

2001年11月，为配合三峡工程，考古工作者对重庆奉节万家嘴遗址进行了考古发掘，出土了一件半两钱范（如图3-3所示）。钱范已残，石质，残长8厘米，宽11.3厘米，厚2厘米。范正面残留钱模6枚，一枚钱模未完全成形，一枚仅剩部分外廓，其余四枚分列浇道左右，钱面径2.6厘米，穿径0.7厘米。[3]通过钱径大小和钱币文字判断，该钱范应该是汉代早期的半两钱范。钱范上还有一枚仅刻外郭尚未完工的钱模，说明这块钱范没有完工使用就被废弃。

---

① 何泽宇：《四川高县出土"半两"钱范母》，《考古》1982年第1期。
② 范长25厘米。图片取自何泽宇：《四川高县出土"半两"钱范母》，《考古》1982年第1期。
③ 潘付生：《重庆奉节万家嘴出土汉半两钱范》，《中国钱币》2003年第2期。

图3-3 奉节万家嘴出土的半两钱范①

除此之外，考古工作者还在西昌的东坪遗址中发现了五铢铜母范和货泉铜母范，并收集到了东汉五铢钱的铜母范。这种铜母范是叠铸范（如图3-4、3-5所示），是一种生产率较高的钱范，使用时将泥坯印制成带有钱模的钱范，钱范两两对叠，再将两两对叠的钱范叠加在一起，向事先预留好的位于钱范中部的浇铸通道浇铸铜液，每一批次可生产大量的钱币。

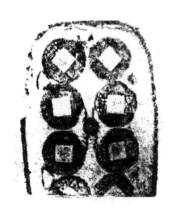

图3-4 西昌发现的东汉五铢铜母范②

图3-5 西昌发现的货泉铜母范③

① 潘付生：《重庆奉节万家嘴出土汉半两钱范》，《中国钱币》2003年第2期。
② 钱范宽7.5厘米，图片取自刘弘、刘世旭：《四川西昌首次发现东汉五铢钱铜范》，《考古》1986年11期。
③ 钱范长10.7厘米，图片取自西昌地区博物馆：《四川西昌发现货泉钱范和铜锭》，《考古》1977年第4期。

巴蜀地区发现诸多两汉时期的钱范，一方面反映出两汉巴蜀地区钱币铸造逐渐兴盛，铸币规模逐渐增大；另一方面说明汉代对巴蜀地区的开发逐渐深入，如在西昌地区发现的钱范就足以证明该地因处于富产铜矿的南中地区，又位于交通要道，故成为蜀中铸钱的重要据点。汉武帝时期开始大规模地开发西南夷地区，巴蜀地区的经济影响力也逐渐扩大，汉代的半两钱、五铢钱的行用范围迅速扩大，有的深入到少数民族聚居地，在川西地区的理县[①]、川南的西昌，都发现有半两钱。这是巴蜀古代各民族先民们进行频繁的经济、文化交流的铁证。

（三）摇钱树

摇钱树，是东汉时期流行于以成都平原为中心的西南地区的一种特殊陪葬用品，古代称为"柱铢"，因该器物上装饰有大量圆形方孔钱而被学术界命名为"摇钱树"。摇钱树虽然不是流通货币，但它是钱币、商业和民俗文化融合的产物，其独具特色的形制亦为巴蜀所特有，其在更深的层次里反映出了汉代巴蜀地区经济的发达和重金观念的流行。

摇钱树主要流行于东汉，东汉早期的摇钱树数量稀少，主要集中在成都平原地区；东汉中期以后迅速流行，在今四川、重庆及周边地区均有大量出土，在云南、湖北、陕西、甘肃地区也有发现；东汉末到三国时期摇钱树数量减少，西晋时摇钱树彻底消失。[②]摇钱树的形制有多种来源，古蜀三星堆遗址就曾经出土过青铜通天神树。蜀地素有树崇拜的文化基因，摇钱树的造型应当可以溯源到古蜀时期。也有学者认为，摇钱树的造型来源于战国时期流行的多枝灯。摇钱树在结构上与多枝灯大同小异，大多分为两部分：下部为陶质或石雕的基座，上部为插于树座的青铜树。青铜树又可分树干和枝叶两部分。摇钱树的装饰主要是在钱形枝叶上，装饰图案有龙凤、西王母、羽人、猴、鹿、草木，东汉后期还出现了以佛像替代西

① 阿坝藏族羌族自治州文物管理所等：《四川理县佳山石棺葬发掘清理报告》，《南方民族考古》1987年。
② 邱登成：《西南地区汉代摇钱树研究》，成都：巴蜀书社，2011年，第76–77页。

王母的情况。

摇钱树多发现于巴蜀地区较大型的汉代墓葬中，四川绵阳博物馆收藏有一株完整的摇钱树，该树是1990年在何家山二号汉墓中出土的。这棵摇钱树高198厘米，是我国迄今为止出土的最大、最完整的摇钱树（如图3-6所示）。其整体由基座、树干、树冠等共二十九种部件衔接而成。该摇钱树基座为红陶质，树干和树枝用青铜浇铸而成。树冠可分七层：顶层即树尖饰凤鸟；其下两层的树干与树叶合为一体，饰西王母、力士和玉璧等图案；下部四层插接二十四片枝叶，向四方伸出，饰龙首、朱雀、犬、鹿、象、象奴以及成串的钱币等图案。树干直径约1厘米，叶片最长约15厘米，最短为10厘米，每片树叶厚约2毫米，整个造型精美绝伦。[①]

汉代人事死如生，厚葬之风盛行。摇钱树作为一种陪葬明器，反映了汉人对金钱的崇拜和向往。西汉立国之初，采取休养生息的国策，经过几十年的休养，百姓富足，商业兴盛，重金钱、求富贵的思想在汉人的观念中日益深入。司马迁在《史记》中专列《货殖列传》，歌颂富商；汉代墓葬当中大量地用钱币做陪葬品；汉代钱范铭文、瓦当铭文，往往有"富贵""大利""大昌"等吉语；"青蚨飞去复飞来"的故事也出自汉人。摇钱树就出现在这个经济发展、商业繁荣、富家豪门林立的大时代中。处于西南的巴蜀地区，阻河山之险，利尽南海，民殷国富，豪门大户比比皆是，从而为摇钱树这种独具特色的艺术珍品和历史瑰宝的诞生提供了可能。

图3-6　东汉摇钱树

---

① 　参见何志国：《四川绵阳何家山2号东汉崖墓清理简报》，《文物》1991年第3期。

黄牛白腹——公孙述铸铁钱

> 霸据西川建武朝，黄牛白腹起童谣。
> 笑他二当铜钱一，送客何妨再屈腰。[①]

铁在先秦时期都被视为普通金属，无法成为铸造货币的材料，只有金、银、铜一类的"吉金"才能成为铸造货币的原料。公孙述据蜀，铸造了中国历史上第一批官铸铁钱。早在秦代，蜀地的冶铁业就已十分兴盛，一千多年后的宋代，蜀地更变为铁钱流通区，以铁铸币，一直是蜀地铸币史的一条主线。

（一）公孙述铸铁钱

公孙述，字子阳，扶风茂陵（今陕西兴平）人。王莽篡汉，公孙述受任为导江卒正。建武元年（25），公孙述称帝于蜀，国号成家（一作大成或成），色尚白，年号龙兴。建武十一年（35），东汉派兵征讨蜀地，为公孙述所拒。次年，东汉命大司马吴汉举兵讨伐，攻破成都，纵兵大掠，诛公孙氏，成家政权灭亡。

公孙述在位期间曾铸造铁钱，《后汉书·公孙述传》载：

> （建武六年）述废铜钱，置铁官钱，百姓货币不行。蜀中童谣言曰："黄牛白腹，五铢当复。"好事者窃言王莽称"黄"，述自号

---

① 【清】刘燕庭：《嘉荫簃论泉绝句》，《丛书集成续编》本，上海：上海书店出版社，1995年，第224页。

"白"，五铢钱，汉货也，言天下当并还刘氏。①

《后汉书》寥寥数语，只记载公孙述"置铁官钱"，但并没有明确记载钱币的形制。是五铢铁钱还是王莽钱？抑或另创新制？关于公孙述所铸铁官钱，学术界有以下几种观点：

第一种观点认为公孙述铸造的是五铢钱。清代钱币学家翁树培②在其巨著《古泉汇考》中提到，他曾在道光十二年（1832）九月得到一枚铁五铢钱的拓本，该钱背无四出，他认为是子阳（公孙述）所铸。③1986年10月，在陕西省发现三枚铁质五铢钱，这三枚铁五铢钱出土时与其他十余枚铜五铢钱混穿在一起，穿钱的麻绳已经朽烂，铁钱与铜钱紧紧锈蚀在一起。④这也证明两汉时期确实有铁五铢在流通。

第二种观点认为公孙述所铸造的是"五金"钱。⑤中国古钱币中确实有"五金"钱，钱文为"五金"两字。"五金"钱也有多个种类：铜"五金"钱多是魏晋南北朝时期各地铸造的减重五铢钱，因为钱体减重，直径缩小，钱穿增大，较为烦琐的"铢"字也就省写为"金"字，这类最有名的就是沈郎五铢；还有一类就是铁"五金"钱，铁"五金"钱钱郭较宽，钱背平夷，从风格来看，不似汉魏时所铸，从考古发掘来看，铁"五金"钱确实多在四川地区出土，但是铁"五金"钱大多与铁开元通宝一起出土，并未见两汉钱币伴随铁"五金"钱一起出土的情况，所以铁"五金"钱当为五代时期铸造，后文还有详细介绍。

第三种观点认为公孙述所铸造的是铁质莽钱。所谓"述钱既非五铢，恐仍莽货泉等文，故有黄牛白腹之谣是也"。还有学者从童谣"黄牛白腹，五铢当复"来分析，"当复" 就是说还没有恢复，公孙述所铸的还是铁质莽钱。⑥

---

① 【南朝宋】范晔撰，【唐】李贤等注：《后汉书》卷十三《公孙述传》，北京：中华书局，1965年，第537—538页。
② 翁树培（1765—1811）字宜泉，号申之。翁方纲次子，乾隆五十二年（1787）进士，官刑部郎中。博学好古，擅篆钟鼎文字。有《古泉汇考》八卷传世。
③ 【清】翁树培：《古泉汇考》，北京：中华全国图书馆文献缩微复制中心，1994年，第467页。
④ 胡城：《西汉五铢铁钱》，《中国钱币》1987年第4期。
⑤ 魏学峰：《公孙述铸铁钱原因补正》，《四川文物》1988年第4期。
⑥ 傅举有：《湖南资兴新莽墓中发现大布黄千铁钱》，《文物》1981年第10期。

各家说法纷纭，莫衷一是，但是从《华阳国志》和《后汉书》所记载的"黄牛白腹，五铢当复"一句童谣来看，第三种观点的确有道理，公孙述所铸造的应当不是五铢钱。"黄"，古音与"王"同，代指王莽；"白"，公孙述尚白，代指公孙述。"黄牛白腹"，将王莽和公孙述并称，因此公孙述铸造莽钱的可能性较大。在西昌地区曾经发现货泉叠铸母范[①]，说明新莽时期四川地区还是大量铸行莽钱的，这也能从侧面证明公孙述所铸为莽钱。新莽统治时间较短，市面上往往是莽钱与西汉的五铢钱、半两钱并用，所谓的公孙述铁钱，史文中虽没有说明其具体的种类，但根据当时的历史情况分析，很有可能仅仅是用当时还在使用的五铢钱和莽钱的钱范铸铁钱而已。

（二）简说公孙述铁钱

公孙述铸铁钱在货币史上具有重要的意义，历代学者都认为铁钱铸造始于公孙述，杜佑《通典·食货》说："公孙述始作铁钱。"[②]费直《钱币谱》载："蜀，古用铜钱……公孙述据蜀，始废铜钱置铁官钱。"[③]铁钱铸造始于公孙述，几成学术定论。

近些年，伴随着新考古材料的出土，考古工作者相继发现了西汉甚至是战国时期的铁钱，因此学者们又达成新的共识：公孙述并不是最早铸造铁钱的人。

1956年，湖南衡阳凤凰山西汉墓地出土大批铁半两钱，其中71号墓出土铁半两钱320枚，14号墓出土150枚，有的还伴随出土少量铜半两钱。[④]1959年，湖南长沙魏家大堆3号墓出土铁半两钱，出土时有的

① 西昌地区博物馆：《四川西昌发现货泉钱范和铜锭》，《考古》1977年第4期。
② 【唐】杜佑撰，王文锦等点校：《通典》卷八《食货》，北京：中华书局，1988年，第167页。
③ 【元】费直：《钱币谱》，《泉志（外三种）》，上海：上海书店出版社，2018年，第181页。
④ 傅举有：《两汉铁钱考》，《湖南考古辑刊》1984年第1期。

与铜半两钱串在一起，有的与铜铁合金半两钱串在一起。①1960年，湖南长沙南郊砂子塘5号墓出土铁半两钱33枚，一同出土的还有两枚铜半两钱。②1971—1972年，湖北宜昌前坪战国两汉墓出土铁半两钱十多枚。③1979年，湖南资兴市70号汉墓出土铁半两钱10枚，并同时出铜半两钱2枚。④20世纪50年代，中国科学院考古研究所发掘的洛阳西郊汉墓群出土的15000余枚钱币中有铁钱45枚，其中文字可辨的一枚为"大泉五十"⑤。1979年湖南资兴一新莽时期的墓葬中出土钱币40余枚，其中有两枚铁质大布黄千。⑥1988年河南禹州禁沟村王莽时期的墓葬中出土钱币54枚，其中契刀五百1枚、大泉五十铜钱39枚、铁钱14枚。⑦秦汉时期铁钱出土的例子不胜枚举，笔者也藏有一枚西汉前期铁质八铢半两钱，文字周正，以汉隶入钱文，制作精整。

有一点值得格外的注意，上文所提到的铁钱多在墓葬中出土，大多没有使用痕迹，笔者推测这些铁钱可能是专门制作的冥币或者瘗埋钱。⑧汉代常常用陶、铅等材质制作陪葬的冥币，上文所述发现于墓葬的铁钱或许与陶、铅冥币的用途相同。当然，这些铁钱也有可能是民间私铸之品，民间盗铸者为了牟利，用廉价的铁代替铜来铸造钱币。中国金属货币之所以用铜来铸造，是因为先秦时期一直把青铜看作贵金属，即青铜器铭文中所说的"吉金"，因其具有较高的价值，常常用来赏赐，从而衍变为一般等价物，成为铸造货币的材料。而铁在使用之初就被广泛地应用于生产生活领域，被视为贱金属，不具备成为一般等价物的条件。一直到汉代，国家都禁止以铁铸钱，《汉书·食货志》载："法使天下公得顾租铸铜锡为钱，敢杂以铅铁为它巧者，其罪黥。"⑨王莽时期铸钱也是"铸作钱布皆用

① 周世荣：《长沙、衡阳出土西汉货币研究》，《中国钱币论文集》，北京：中国金融出版社，1985年。
② 高至喜：《长沙、衡阳西汉墓中发现铁半两钱》，《文物》1963年第11期。
③ 湖北省博物馆：《宜昌前坪战国两汉墓》，《考古学报》1976年第2期。
④ 傅举有：《两汉铁钱考》，《湖南考古辑刊》1984年第1期。
⑤ 陈久恒、叶小燕：《洛阳西郊汉墓发掘报告》，《考古学报》1963年第2期。
⑥ 傅举有：《湖南资兴新莽墓中发现大布黄千铁钱》，《文物》1981年第10期。
⑦ 周卫荣：《试论我国古代铁钱的起源》，《中国钱币》1999年第2期。
⑧ 周卫荣：《试论我国古代铁钱的起源》，《中国钱币》1999年第2期。
⑨ 【汉】班固：《汉书》卷二十四《食货志》，北京：中华书局，1962年，第1153页。

铜,骰以连锡,文质周郭放(仿)汉五铢钱"①。"金钱"一词也诞生于秦汉时代,《汉书·食货志》:"天下大氐(抵)无虑皆铸金钱矣。"②这可以说明在秦汉人的观念之中,钱即金钱,是用铜锡合金铸造而成的货币。铁钱至西汉时期尚不被官方承认,因此在考古发掘中发现的少量战国到秦汉时期的铁质钱币,当属于专用于陪葬的瘗埋钱或者是"以铅铁为它巧"的民间私铸之品,而不是官方的铸币。公孙述"废铜钱,置铁官钱"是中国历史上第一次官方铸造铁钱,确定了铁钱法定货币的地位,将铁这种金属纳入到铸币金属之中。虽然这一创举在当时导致了一定的经济混乱,但是具有重大的开创性意义。后世蜀地成为流通铁钱的重要区域,其渊源可追溯到此。

到了东汉时期,铁钱就逐渐在市面流行。皇甫谧《高士传》记载:"郭泰过史弼,送迎辄再屈腰,泰一传揖而去。弼门人怪而问之,弼曰:'铁钱也,故以二当一耳。'"③郭泰和史弼是汉桓帝时的人,可见东汉后期确有铁钱流通,并且两枚铁钱当一枚铜钱使用。本章开篇所引清代钱币学家刘燕庭"笑他二当铜钱一,送客何妨再屈腰"的诗句也是化用的这个典故。

---

① 【汉】班固:《汉书》卷二十四《食货志》,北京:中华书局,1962年,第1179页。
② 【汉】班固:《汉书》卷二十四《食货志》,北京:中华书局,1962年,第1168页。
③ 【唐】杜佑撰,王文锦等点校:《通典》卷八《食货》引皇甫谧《高士传》,北京:中华书局,1988年,第177页。

府库定平——蜀汉钱币

百钱从省百金名，勒字何人颂太平。

更有定平仍一百，对文差胜稚钱轻。[①]

《隋书·食货志》载梁武帝时，"百姓或私以古钱交易，有直百五铢、五铢女钱、太平百钱、定平一百、五铢稚钱、五铢对文等号"[②]，本章开篇所引刘燕庭之诗就是化用这个典故。其中提到的"直百五铢""太平百钱""定平一百"都是蜀钱。诗中认为"太平百金"为"太平百钱"之省，实在是真知灼见。刘燕庭对巴蜀钱币情有独钟，他官至四川布政使，在川期间曾经大量搜集巴蜀钱币，别号"三巴子"。

蜀汉时期是蜀钱特色形成的关键时期。蜀汉政权建立之后，相继铸造多种蜀钱，如"直百五铢""太平百钱""世平百钱""定平一百"等。蜀汉钱币承袭东汉五铢钱的特点，又与王莽货币有微妙的联系，有的带有阴文记字或记号，别具特色。三国时期连年用兵，国库空虚，蜀地钱币铸造出现减重现象，钱体变小后钱文也随之变化，因此演化出不同的版式，出现"直百""直一""大平百金"等诸多钱币种类。民间私铸的泛滥导致传形[③]钱币的出现，诞生了"百直""大平金百"等钱币。蜀汉钱币文字风格、背郭设计、修整工艺独具特色，与后来西晋蜀地所铸内郭小五铢和成汉所铸汉兴钱铸造工艺一脉相承，具有承前启后的作用。

---

① 【清】刘燕庭：《嘉荫簃论泉绝句》，《丛书集成续编》本，上海：上海书店出版社，1995年，第226页。

② 【唐】魏徵、【唐】令狐德棻：《隋书》卷二十四《食货志》，北京：中华书局，1973年，第689页。

③ 传形，是古钱币学中的常用名词，指正字的阴文范铸成的钱，钱文呈反字状。

（一）直百五铢

汉献帝建安十九年（214）刘备入蜀，他听从刘巴的建议铸直百大钱，即"直百五铢"钱。《三国志·蜀书·刘巴传》引《零陵先贤传》云：

（刘备）初攻刘璋，备与士众约："若事定，府库百物，孤无预焉。"及拔成都，士众皆舍干戈，赴诸藏竞取宝物。军用不足，备甚忧之。（刘）巴曰："易耳，但当铸直百钱，平诸物贾，令吏为官市。"备从之，数月之间，府库充实。①

"直百五铢"初期铸造时铜质精好，大而厚重，钱径2.6～2.8厘米，重8.0～9.5克。后期钱币铜质和重量有所下降，直径逐渐减至不足2.4厘米，重2.0～4.0克，最轻薄者，重不足0.8克，甚至有铁"直百五铢"出现。"直百五铢"铁钱虽然是窳劣之品，但存世极少，反而为古泉家所珍视。清代古泉收藏家刘燕庭曾经在成都获得一枚铁"直百五铢"，他将其视为珍宝，称之为"绝无仅有之品"：

直百五铢存于世者尚多，即"为"字泉虽罕觏，亦尤有流传于世，唯铁钱一品竟未之见也。道光丁未秋日，得铁"直百五铢"一枚于锦城，洵绝无仅有之品也。②

"直百五铢"钱幕常有阴文或者阳文。钱幕阳文，最常见的是背"为"，有学者认为是犍为郡所铸。刘燕庭云："犍为，蜀地也……可谓泉幕之纪地名自此始。"③叶德辉以为"为"字非为纪地，不是地名，而是"货"之古字。他说：

《说文·贝部》：赒，资也，从贝，为声。或曰：此古"货"字，读若"贵"。先主绍五铢之统，避莽货之称。明此五铢为直百之赒，故取或文名之，其能深通六书之义者，则以常从卢植受学故也。④

先秦古文，"为""化"音近，"赒"从贝，为声；"货"从贝，化声；

---

① 【晋】陈寿：《三国志》卷三十九《刘巴传》引《零陵先贤传》，北京：中华书局，1982年，第981页。
② 丁福保：《古钱大辞典》，北京：中华书局，1984年，第1691页。
③ 丁福保：《古钱大辞典》，北京：中华书局，1984年，第1692页。
④ 叶德辉：《古泉杂咏》，《丛书集成续编》本，上海：上海书店出版社，1995年，第307页。

两者常通假①，叶德辉此说新颖，可备参考。

　　"直百五铢"钱幕阴文还有很多，如"||||""一""✕""十""木""乃""前"等各种阴文，应该是不同地点或者不同批次铸造的标记。②另外还有一些阴刻文字，如"吉羊""吉"等吉祥语③，"吉羊"即今之"吉祥"。汉代常有在钱幕镌吉语的花钱，甚至有在钱幕上仿铜镜铭文和纹饰的。上述背"吉羊"者，或许是民间所铸之纪念或压胜之品。当时也有人在铸成的货币上镌刻吉语，以为佩戴、祈福之用。

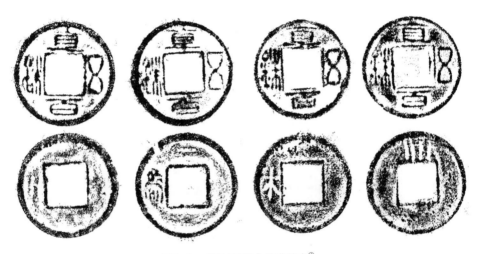

图5-1　"直百五铢"钱背铭文④

　　"直百五铢"作为一种大面额的虚值货币，它的流通使得蜀汉政权"数月之间，府库充实"，从而在西川站住了脚跟。"直百五铢"也是蜀汉时期使用时间最长、流通范围最广的货币，从刘备入蜀始铸，一直到魏晋

---

① 关于二字的通假，近些年新出土战国简帛文字中有诸多例证。郭店楚简《老子》甲本："圣人欲不欲，不贵难得之货"，《老子》乙本"货"作"腷"，"腷""賏"同是从"为"声，此乃"为""化"音近通假之明证，郭店楚简《老子》甲本："难得之货令行妨"，"货"写作"賏"。先秦古书汉字表音化趋势明显，形声字大量孳生，音近之字常为通假，今日之"货"字，先秦时期有作"腷""賏""化""賈"者。

② 曾咏霞、丁武明：《成都彭县出土"直百五铢"窖藏钱币——兼谈"蜀五铢"与"直百五铢"》，《中国钱币》2007年第2期。

③ 莫洪贵：《四川威远出土大量"直百五铢"钱》，《文物》1981年12期。

④ 直径约2.8厘米。图取自曾咏霞、丁武明：《成都彭县出土"直百五铢"窖藏钱币——兼谈"蜀五铢"与"直百五铢"》，《中国钱币》2007年第2期。

时期都在行用，并且流通到全国各地。

（二）益州五铢 [1]

益州五铢是汉末三国时期的另一种蜀钱，川渝地区常有出土，川外也有零星出土，有学者称之为"蜀五铢"或"刘鄢五铢"。

益州五铢外郭宽阔，呈圆弧状，面有外廓而无内郭，背有内外郭，有的钱面穿上有一横笔画，或穿下也有一横笔画。该币为铜质，多呈暗红色，钱文接内郭，离外轮；"五"字狭窄，竖笔内敛。"铢"字"金"旁狭短，"朱"字上下笔画向右倾斜，压穿。在文字结构上，有的"朱"比"金"长，"朱"字特长者上下两端尖细，甚至直抵外郭。该钱直径2.5厘米左右，重2.0～3.2克。

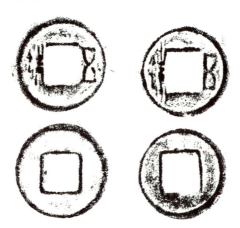

图5-2 益州五铢 [2]

益州五铢在民间出土较多，正规考古出土的记载也有多次。

1978年，四川威远县黄荆沟公社秀峰桥开石厂在乱石泥土中挖出一个陶罐，里面有二十余斤铜钱。后来四川省博物馆将这批铜钱进行了整理，

---

[1] 益州五铢，学术界多称为"蜀五铢"。因为钱币学界有的学者称呼小型带内郭五铢为"蜀五铢"，为了避免两者的混淆，本书还是将此类五铢称为"益州五铢"。

[2] 直径2.5厘米。图来源于曾咏霞、丁武明：《成都彭县出土"直百五铢"窖藏钱币——兼谈"蜀五铢"与"直百五铢"》，《中国钱币》2007年第2期。

除少数残片外，共有1703枚钱币。有半两、两汉五铢、货泉、益州五铢等钱币，其中益州五铢有400枚。[①]1981年，四川考古工作队在忠县发掘15座蜀汉时期的墓葬，出土两汉五铢、王莽钱币、直百五铢、太平百钱、世平百钱、益州五铢共3000余枚，其中益州五铢有582枚。[②]1984年冬，成都市郊彭县（今彭州）思文乡（今通济镇）梓柏村村民在宅旁挖鱼塘时发现一坑钱币窖藏。钱币无盛器，用钱丝串系。2003年，成都博物院会同彭州文管所对这批钱币做进一步清理，清理出益州五铢16枚、直百五铢2840枚。[③]

从对考古材料的分析来看，益州五铢应主要在刘备入蜀初期流行。益州五铢多与初铸直百五铢、初铸太平百钱等蜀汉政权早期钱币同时出土，应该是同时期使用的钱币。刘备入蜀后就开始铸造当百大钱（直百五铢）以充实府库，直百五铢等虚值货币的流通使益州五铢逐渐淡出流通市场，之后货币不断减重贬值，面值相当于一百枚五铢的直百钱与五铢钱重量相差无几，就更不可能铸造五铢钱了。因此蜀五铢铸造于刘鄢据蜀时期或者是蜀汉前期的观点是可靠的。

五铢钱始铸于汉武帝元鼎四年（前113），到唐高祖武德四年（621）铸造开元通宝时才停止铸造，前后铸行七百余年。不同时间、不同地点铸造的五铢钱，大小轻重、周郭形制、文字风格都不相同，因此五铢钱版别最为繁杂。对于益州五铢，以往学者都不做专门区分，实际上益州五铢在文字风格、铸造特点、周郭形制上与其他五铢钱的确有较大差别。最早区分益州五铢的是彭信威先生，他在其名著《中国货币史》中称益州五铢风格与直百五铢相似，无内郭，稍大且薄，应予以区分研究[④]，可谓真知灼见。后来钱币学界权威谱录之一《中国钱币大辞典》也沿用了彭信威先生对益州五铢（蜀五铢）年代的判定，将其铸造时间进一步定为刘鄢、刘璋父子据蜀时期。[⑤]

① 莫洪贵：《四川威远出土大量"直百五铢"钱》，《文物》1981年12期。
② 张才俊：《四川忠县涂井蜀汉崖墓》，《文物》1985年第7期。
③ 曾咏霞、丁武明：《成都彭县出土"直百五铢"窖藏钱币——兼谈"蜀五铢"与"直百五铢"》，《中国钱币》2007年第2期。
④ 彭信威：《中国货币史》，北京：中华书局，1958年，第76页。
⑤ 《中国钱币大辞典》编纂委员会：《中国钱币大辞典·魏晋南北朝隋卷》，北京：中华书局，2003年，第38页。

（三）大平百钱、太平百钱、世平百钱

大平百钱为蜀汉钱币的另一个种类。大平百钱，钱文正读，小钱多见，大钱少见，初铸大钱直径为2.7厘米，重5.0～7.0克；小钱直径仅1.3厘米，重不足1克，是后期减重钱。大平百钱钱文有隶书、篆书两种，钱幕有光背和六星水波纹两种。①初铸大钱要比直百五铢的初铸大钱轻。蜀汉时期，连年用兵，货币不断贬值，直百五铢和大平百钱币值相同，按照蜀汉时期货币不断减重的规律来看，大平百钱重量较轻，铸造时间应该略晚。大平百钱，有"百"字上端作羊角状者，俗称"羊角百"，此品较为稀见，这种"羊角百"的字体出自汉代的古文、缪篆等。篆体（此处指较为规整的篆书）大平百钱和"羊角百"钱幕皆为六星水波纹，存世量较少；隶书大平百钱多为光背，存世量较多。

太平百钱，实际是大平百钱的别种。"太"字作"会"，太平百钱亦有篆书、隶书两种，钱幕均有六星水波纹，篆书为"羊角百"字体。

世平百钱，仅见篆书"羊角百"一种，与太平百钱和大平百钱形制相当，铸造工艺接近，币值均为一百钱，背面均为六星水波纹。重庆忠县涂井蜀汉墓同时出土了篆书大平百钱、隶书太平百钱和世平百钱，三种钱币的同时出土，也是三种钱币同时流通的明证。世平百钱存世极少，可能是与太平百钱或大平百钱合范铸造。长期以来，学界不明白钱文"世平百钱"的具体含义。后来经过学者考证，"世"即"太"之意，即"大"。先秦"太""大"同字，作"大"，"太"是后来的分化字。《庄子·大宗师》："厉乎其似世乎！"俞樾云："世为泰之假字。"②《公羊传·文公十三年》："世室屋坏。"陆德明《经典释文》云："世室，二《传》作太室。"③王国维《明堂庙寝通考》说："太室之太，对四室而言，又谓之世

---

① 六星水波纹应该与汉代的星象学有关系。水波纹可能象征银河，六星不知其所指，或许与圜钱共为七星，象征北斗，汉代钱币上常有北斗七星图案。还有学者认为并非六星水波纹，而是龟背文。

② 【清】郭庆藩：《庄子集释》卷三《大宗师》，北京：中华书局，2012年，236–237页。

③ 《春秋公羊传注疏》卷十四《文公十三年》，【清】阮元校刻：《十三经注疏》，北京：中华书局，2009年，第4934页。

室，世亦大也。古者太、大同字，世、太为通用字。"①

关于大平百钱、太平百钱、世平百钱的铸造时期，历来就有争议，有东吴孙亮铸造说、益州刺史赵廞铸造说、张鲁铸造说、晋初平蜀钱说等。关于太平百钱的铸造地、铸造者、铸造时间等问题，在民国时期钱币学界就曾有一场论战，民国川籍古泉收藏大家罗伯昭②先生作有《太平百钱说》一文，认为太平百钱为西晋平蜀后所铸，钱币收藏家张絅伯③有《论大平百钱、大平百金、定平一百》一文，认为太平百钱、太平百金、定平一百为吴国孙权所铸。之后，张絅伯又作《再论太平百钱、定平一百》坚持自己的观点，罗伯昭也再作《再说太平百钱》反驳张絅伯的观点，说："余蜀人，居蜀二十余年，所见太平大小钱特多，而江南则比较的少，故敢断其为蜀钱也。"④之后张絅伯又作《再论大平百钱、定平一百》，罗伯昭再作《三说太平百钱并复张絅伯》，罗伯昭、张絅伯关于太平百钱、定平一百的争论，体现了民国钱币学界追求真理、敢说真话的学术氛围，成为民国泉界的一段佳话。经过争论，上述几种钱币为蜀钱的观点基本已成定论，但因为缺乏有明确纪年、纪地的出土资料，几种钱币具体的铸造时间和铸造地点还不能完全确定。直到1980年，成都出土了太平百钱和大平百钱合范铜母范（如图5-3所示），才由此确定太平百钱的铸造地在成都无疑。合范平面略呈椭圆形，三边微弧，一边平直，周有边框，范高2.4厘米，周长47.2厘米。范面正中有一凸起的树干状轴将范面分为两部分，左右各列钱六枚，左为钱背，背纹为水波纹；右为钱面，钱文有隶书"太平百钱"（右起第一枚）和隶篆合书"大平百钱"（余五枚）两种。⑤

---

① 王国维：《明堂庙寝通考》，《观堂集林》卷三《艺林三》，北京：中华书局，1959年，第123页。

② 罗伯昭（1899—1976），名文炯，号沐园，四川巴县（今重庆市）人。罗伯昭唯泉是癖，广收古泉，曾筹建中国泉币学社，为中国泉币学社副社长。他撰写了钱币考证文章几十篇，有《沐园四十泉拓》。

③ 张絅伯（1885—1969），又名晋、炯伯，浙江省宁波市人，民国时期上海大收藏家、钱币学家、银行家，有《新莽货币志》《咸丰大钱考》等著作传世。张氏家学渊源深厚，其父张美翊（1856—1924）曾任交通大学校长，是清朝末年著名学者、古文学家。

④ 转引自丁福保：《古钱大辞典》，北京：中华书局，1984年，第1457页。

⑤ 转引自陈显双：《成都市出土"太平百钱"铜母范——兼谈"太平百钱"的年代》，《文物》1981年第10期。

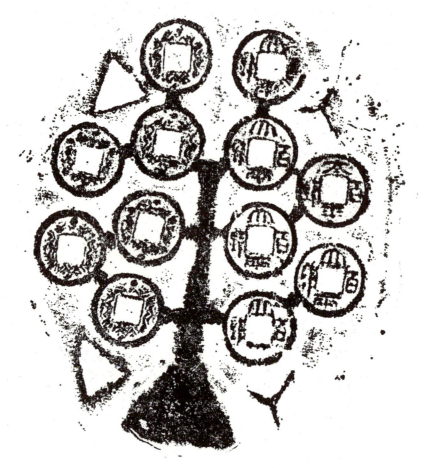

图5-3　太平百钱母范拓片[1]

　　随着考古资料的丰富，关于大平百钱几种钱币的具体铸造时间也逐渐明朗。1955年发掘的武昌任家湾墓葬，出土直百五铢29枚，直径2.8厘米，太平百钱128枚，直径1.3～2.0厘米，均为减重钱。根据该墓出土的纪年铅券，确定该墓葬的下葬年代为黄武六年（227）。[2]墓葬中出土的直百五铢、太平百钱为减重钱，证明此种钱币离太平百钱初铸时已经有一段

---

[1]　非原大。图片取自陈显双：《成都市出土"太平百钱"铜母范——兼谈"太平百钱"的年代》，《文物》1981年第10期。

[2]　武汉市文物管理委员会：《武昌任家湾六朝初期墓葬清理简报》，《文物参考资料》1955年第12期。程欣人：《武汉出土的两块东吴铅券释文》，《考古》1965年第10期。

时间了，也就是说太平百钱的始铸时间要早于黄武六年（227）。刘备于建安十九年（214）入蜀，章武元年（221）称帝。黄武六年去建安十九年仅十三年，去蜀汉章武元年仅六年。因此可以说大平百钱几种钱币是在蜀汉建立前后所铸造的，难怪有学者推测大平百钱、太平百钱、世平百钱是蜀汉建立时所铸的纪念币。

大平百钱、太平百钱、世平百钱都使用篆、隶两种书体，其中篆书中的"羊角百"字体，其实是融合了叠篆、缪篆、古文奇字而形成的艺术字。"世平百钱"的"世"字，"大平百钱"的"大"字，"太平百钱"的"太"字，分别对应的是古文、篆书、隶书①，这与曹魏正始三体石经以古文、篆书、隶书三体入碑有异曲同工之妙。刘备于建安十九年（214）入蜀铸钱，而正始石经的刊刻则是在魏正始二年（241），大平百钱、太平百钱、世平百钱铸造的时间略早于三体石经的刊刻。无论是曹魏的三体石经，还是蜀地太平百钱等几种货币，其使用三种书体，反映了当时古文经学的发展，以及当时古文字学术地位的提升。刘备曾经师事东汉古文经学大师卢植，而东汉末年正是今、古文经学界限打破并互相融合的时期。或许真的如同清代学者叶德辉所言："其（刘备）深通六书之义者，以尝从卢植受学故也。"②行笔至此，笔者不由得感叹：非刘玄德，其孰能铸此泉！

上述几种钱币中，以大平百钱的存世量最大，也只有大平百钱有隶书光背的版别，隶书光背钱应该是普通的行用钱。这证明太平百钱和世平百钱应该是大平百钱的别种，其钱文的意思是"大小相当于一百枚钱"，而不是字面上"天下太平""世道太平"的意思。

蜀汉后期，货币进一步贬值，大平百钱越铸越小，因为钱体的变小，导致"钱"字省去了"戋"旁，讹变成"金"字，成了"大平百金"。其后在大量的铸造中，有的钱文又从"大平百金"讹变为"大平金百"（如图5-4所示）。

---

① 先秦古文中，"世""大"同义；篆书中，有"大"无"太"；隶书中分化出"太"字。
② 叶德辉：《古泉杂咏》，《丛书集成续编》本，上海：上海书店出版社，1995年，第307页。

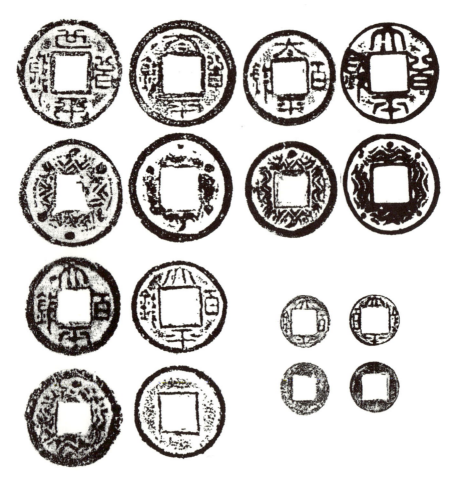

图5-4　世平百钱、太平百钱、大平百钱、大平百金、大平金百[①]

（四）定平一百

　　定平一百，蜀汉钱币之一种，铸造于蜀汉后期，是一种当百的虚值钱币。因为缺乏明确的史料记载，关于定平一百的铸造时间、铸造地点，一

[①] 世平百钱直径2.9厘米，太平百钱两品，直径分别为2.8厘米、2.5厘米，大平百钱三品，直径分别为2.9厘米、2.5厘米、2.5厘米，太平百金直径1.5厘米，太平金百直径1.4厘米。世平百钱图片取自《中国珍稀钱币》，太平百金、太平金百取自《中国历代货币大系》，其他图片见赵会元：《谈蜀汉钱币》，《中国钱币》2000年第2期。

直有许多不同的说法。

定平一百在大小和重量上，可以分为大小两式：一种钱体较大，直径约1.6厘米，穿径0.6厘米，重1克左右；另一种钱体较小，直径约1.3厘米，穿径0.6厘米，重量在0.5克左右（见图5-5）。

图5-5 定平一百大样与小样[1]

从文字风格上来看，"定平一百"四字为隶书，其中"平"字和"百"字与"大平百钱""大平百金"中的"平"字和"百"字风格一脉相承。定平一百皆为小钱，直径和重量比最小的大平百钱还要小一些，与减重大平百金鹅眼钱相当。按照蜀汉时期货币不断贬值、钱币重量逐渐下降的规律推测，定平一百的铸行年代必在太平百钱之后。1984年在安徽发掘的东吴名将朱然墓中曾经出土一枚直径1.2厘米的定平一百与直径1.3厘米的大平金百[2]，朱然于东吴赤乌十二年即蜀汉延熙十二年（249）去世，朱然墓中出土定平一百，证明定平一百铸造年代不晚于此年。

1978年，许昌发现三国时期钱币窖藏335千克，出土大量无文小钱、曹魏五铢，还有少量直百五铢、大泉当千等钱。其中有一枚面文"一百"的小钱，直径1.6厘米，重1克，"一百"二字自右向左对读，其钱正面阔缘，钱肉周郭，但无好郭，背面肉好周郭俱全，且较正面粗壮肥大、规整，这是蜀汉钱币的典型特征。钱文只有"一百"二字，书体与钱形皆与定平一百相似，或许系定平一百之别品。[3]此"一百"钱之仅见者，录于兹，以飨好奇者。

---

[1] 定平一百小样直径1.2厘米，为朱然墓出土，图片见费小路：《三国吴朱然墓出土钱币》，《江苏钱币》2011年第4期。大样1.6厘米，上海博物馆藏，图片来自《中国历代货币大系》。

[2] 费小路：《三国吴朱然墓出土钱币》，《江苏钱币》2011年第4期。

[3] 黄留春：《浅识汉魏许都故城窖藏铜钱》，《中国钱币》1992年第2期。笔者推测，这枚"一百"钱也有可能是"直一"钱因为铸造原因而出现的错讹。

（五）直一、直百

直百钱，钱文自右向左铸"直百"二字，也有左"直"右"百"的传形，面背有内外郭，有的钱幕有阴文纪数，面额与直百五铢相同，属小型虚值大钱。直百钱大者直径约2.0厘米，重约2.5克；小者直径仅1厘米，重不及0.5克，比大平百钱鹅眼小钱还要小些。还有直一小钱，钱文为"直一"二字，直径1.2厘米，重0.5克左右，形制类同直百小钱，传形者较多，大体与直百钱铸于同时，较为稀少。直一钱应当是直百钱的省写，两者就像太平百金和太平百钱的关系。直一钱与直百钱形制类同，且直一钱传形较多，说明直一钱并不是规范铸造，很有可能是私铸。

直百、直一钱体量虽小，但铸作精良。清代收藏家秦宝瓒在其《遗箧录》中评论道：

> 此钱之小，等诸榆荚、鸡目、鹅眼，然肉郭周正，文亦明晰，物虽小而制尚精……钱大于此者尚多，小如此者极少。小如此矣，犹能流播二千余年，诚为不易。[1]

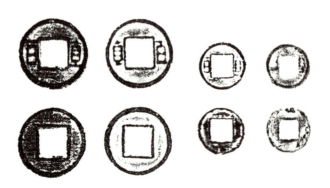

图5-6　直百大样，百直、直百小样，直一[2]

---

[1] 【清】秦宝瓒：《遗箧录》，转引自《古钱大辞典》，北京：中华书局，1982年，第1694页。

[2] 直百大样直径1.9厘米，百直直径1.8厘米，直百小样直径1.2厘米，直一直径1.2厘米，均为上海博物馆藏，图片取自《中国历代货币大系》。

在考古发掘中，直百、直一钱也有许多出土记录：1990年，鄂州钢铁饮料厂一号墓出土七枚直百钱，径约1.85厘米、穿约0.7厘米。该墓年代为赤乌十二年（249）。[①]2003年，湖北省鄂州市博物馆对新庙茅草村的六朝家族墓葬进行了抢救性发掘，共清理墓葬六座，其中M2出土铜钱3566枚，有92枚直一钱，钱径约1.2厘米，穿径0.5～0.6厘米，重约0.4克。根据考古报告，M2绝对年代应当不晚于孙吴赤乌十三年（250）[②]。这些都是直百、直一钱断代的重要信息。1982年，四川崇庆县（今崇州市）五道渠蜀汉墓出土大量钱币，只有直百和直百五铢两种。但是该墓没有出土明确的年代参照物，殊为可惜。[③]

根据出土材料，直百、直一钱始铸年代当不晚于蜀汉延熙十二年（249）。直百钱早期大样较定平一百早期大样重，铸造时间可能早于定平一百。正如前文所言，蜀汉后期因为货币贬值，各地争相铸造减重钱，大型的直百五铢、太平百钱等货币已经不再铸造，代之而起的是直百、直一、定平一百等小型铸币。蜀汉后期的直百、定平一百等钱重量不足早期直百五铢的二十分之一，甚至还有铅钱、铁钱混杂使用，其经济恶化的状况可见一斑。表5-1列出了蜀汉钱币大体的铸造年代。

表5-1　蜀汉钱币铸造年代表

时　期	刘备据蜀前后	刘备据蜀到蜀汉前期	蜀汉中期	蜀汉后期	蜀汉末期
	益州五铢				
		直百五铢	直百五铢（减重）		
		太平百钱			
		世平百钱			

---

① 陈贤一等：《湖北鄂州鄂钢饮料厂一号墓发掘报告》，《考古学报》1998年第1期。

② 胡振等：《湖北鄂州新庙茅草村M2出土钱币的清理报告》，《中国钱币》2007年第3期。

③ 四川省文物管理委员会、崇庆县文化馆：《四川崇庆县五道渠蜀汉墓》，《文物》1984年第8期。

续 表

时期	刘备据蜀前后	刘备据蜀到蜀汉前期	蜀汉中期	蜀汉后期	蜀汉末期
		大平百钱	大平百钱（减重）		
				大平百金	
					大平金百
				定平一百	定平一百（减重）
				直百	直百（减重）
				直一	

（六）蜀五铢

在蜀地还经常发现一种小型的带内郭五铢，直径2.1厘米左右，重量2.0～2.5克。钱币学界曾多认为这种小型内郭五铢文字风格与蜀汉直百五铢相近，当为同时代铸造，称之为"蜀五铢"（如图5-7所示）。[①]另外一种观点认为该钱为蜀汉立国前所铸造，还有学者认为这种五铢的铸造地点不在四川。[②]武汉大学徐承泰先生有《蜀五铢非蜀汉所铸考》，认为蜀五铢不是蜀汉所铸，但是铸造地点应该在蜀地，铸造时间在蜀汉灭亡后，有可能是西晋元康年间益州太守王濬所铸。[③]虽然蜀五铢不一定就是西晋的益州太守王濬所铸，但是其铸造时间在蜀汉灭亡后到西晋初期，这一观点已经被学界所接受。

[①] 郑家相：《五铢之研究·蜀汉小五铢》，《泉货》第20期。《历代货币大系》亦将其列于蜀汉时期。

[②] 彭信威先生认为蜀五铢铸造于蜀汉立国之前，见徐承泰：《蜀五铢非蜀汉所铸考》，《中国钱币》1995年第2期。孙仲汇先生认为蜀五铢并非四川铸造，见孙仲汇等：《古钱币图解》，上海：上海书店出版社，1989年，第27页。

[③] 徐承泰：《蜀五铢非蜀汉所铸考》，《中国钱币》1995年第2期。

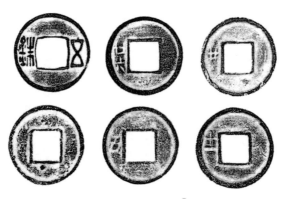

图5-7 蜀五铢①

蜀五铢当是在蜀地铸造。首先，蜀五铢中"五铢"二字与蜀汉直百五铢字体风格一致，都是一种圆润扁平的字体，这是一种受到隶书风格影响的篆书。汉人以篆书为正，认为篆书是上承文字正源的书体，隶书为俗字，是方便民间使用的书体。汉武帝时期整顿全国货币，使用篆书作为钱文成为定制。到三国时期，蜀、吴等政权的货币文字开始受到隶书的影响，尤其是蜀汉政权，钱币文字的隶书风格极为明显，定平一百等钱币甚至直接使用隶书。蜀五铢的文字就与蜀汉钱文风格十分相似。其次，蜀五铢背面往往带有阴文记号，有数字"一"至"二十四"等阴文记号，这是蜀地铸钱的特征，从直百五铢到太平百钱再到定平一百，都有大量的背阴文记号，这应该是铸钱工人在铸造钱币时所做的一种记号。一直到成汉政权铸造汉兴钱，背阴文记号的现象仍然大量存在。而在三国魏晋时期，东吴政权和北方的魏晋政权所铸钱币均没有这种现象。还有，在钱币的形制方面，蜀五铢与蜀汉钱币风韵神似，钱币形制的神似与相似的铸造工艺有关系，蜀五铢的内郭设计也与定平一百、直百等钱币的内郭非常相似，都是一种向外舒展的风格，导致文字也发生一定的弯曲，这与绵阳地区出土的大量"泉"旁五铢也很相似。这些都是小型内郭五铢为蜀地铸造的重要证据。

关于蜀五铢的铸造年代。蜀五铢必定不是三国时期蜀汉政权或东吴政

---

① 直径2.1厘米，上海博物馆藏，图片取自《中国历代货币大系》。

权所铸造的。首先，在已经著录的三国时期考古材料中，均没有发现小型内郭五铢。其次，三国时期连年用兵，府库空虚，蜀汉政权和东吴政权都铸造大面额虚值货币，东吴政权铸造大泉五百、大泉当千、大泉两千、大泉五千等虚值货币；蜀汉政权发行直百五铢、太平百钱、定平一百、直百等虚值货币。蜀汉后期的钱币重量急剧减轻，定平一百和直百重量在0.5克左右，定平一百和直百钱的币值为一百枚五铢钱；而小型内郭五铢制作规范，重量稳定，为2.0～2.5克，比蜀汉后期值百币值的货币要重。蜀汉政权和东吴政权不可能在虚值货币通行的体系中再去铸造五铢钱。在有明确纪年为西晋元康四年（294）的江苏句容西晋墓葬中曾经出土过蜀五铢，可见其铸造年代不晚于西晋元康四年。因此蜀五铢铸造年代在晋初无疑。

蜀五铢制作规范、重量稳定，改变原来大面额的虚值，重新采用五铢货币体系，与西晋采用五铢货币体系和西晋平蜀后的社会经济状况相符合。加之考古材料的佐证，蜀五铢是西晋平蜀初期在蜀地铸造的观点是值得肯定的。

年号新制——成汉钱币

> 成李寿钱抒灼见，戴公丛话到今称。
>
> 一枚相乞知难与，梦想何曾横汉兴。[1]
>
> 一品相求不与君，万金南下买泉勤。
>
> 闲窗拟谱华阳志，写上眉痕左右文。[2]

这两首诗皆为吟咏汉兴钱所作，第一首的作者是方若，第二首的作者是罗伯昭。民国时期，钱币学界有几位响当当的名家：寓居天津的方若、杭州的张叔驯、重庆的罗伯昭，时人有谚语："北方，南张，西蜀罗。"三人名噪泉坛，蜚声海内外。一枚汉兴钱，竟惹得两位民国古泉名家为之作诗，"一枚相乞知难与，梦想何曾横汉兴"与"一品相求不与君，万金南下买泉勤"两句皆用同一典故，语出戴熙《古泉丛话》：

> （杭州古泉名家吴逸庵）所藏（钱币）悉至京师，辗转售卖，时刘燕庭将之官汀州，借钱数十万，购辇（古泉）而南，邀余同观，因见此泉（汉兴）及壮布、宝庆、康定等其他常泉，盖有数千。戏谓燕庭曰："兄求古泉，一购数千，当赠我一二枚。"燕庭曰："他不知己者见索，虽数千不吝也。若阁下则一泉不与。"盖恐予攫其汉兴也。[3]

西晋末年，巴氏族首领李特率领难民自关中南下，后至益州蜀郡，起兵反晋。西晋永安元年（304），李特之子李雄攻下成都，称"成都王"，

---

① 方若：《药雨古化杂咏》，北京：北京大学出版社，1988年，第23页。

② 罗伯昭：《罗伯昭钱币学文集》，上海：上海古籍出版社，2017年，第245页。

③ 【清】戴熙《古泉丛话》《中国古钱币图谱考释丛编》，北京：书目文献出版社，1992年，第910页。

永安三年（306）年称帝，国号"成"。东晋咸康四年（338），李特兄李骧之子李寿自立为帝，改国号为"汉"，改元"汉兴"。汉兴钱即汉兴年间所铸造，该钱直径1.3～1.6厘米，重约1.0克。钱幕肉好皆有郭，面有肉郭，无好郭。分直读、横读两种（如图6-1、6-2所示）。直读者为隶书，字体纤细。横读者比直读者少见，文字隶书中带有篆意，笔画较为粗肥古朴。我国在此以前的铸币都以重值、地名、折值为钱文，未有以年号为钱文者。汉兴钱以年号为钱文，成为我国最早的纪年号货币，之后年号钱的使用逐渐增多，最终成为中国古代铸币的主流。

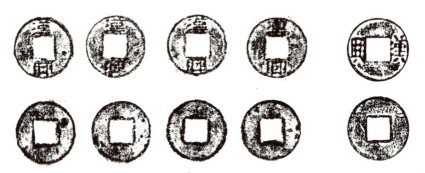

图6-1　汉兴钱拓片① 　　　　　　　　　　　图6-2　横书汉兴拓片②

最早著录汉兴钱的是梁代顾烜的《钱谱》，当时汉兴钱还在行用。他说："今世尤有小钱，重一铢半，径五分，文曰'汉兴'，小篆文。"③顾烜、李孝美④、洪遵等人皆根据《汉书·食货志》所载的"汉兴，以秦钱重，难用，更令民铸荚钱"，而认为汉兴钱即汉初的荚钱，后来经过学者的不断考证，才明白汉兴钱为成汉所铸。刘燕庭《嘉荫簃论泉绝句》有诗云：

> 顾李徒矜注述勤，汉兴年号未前闻。
>
> 此泉试与三铢较，不类西京小篆文。⑤

① 直径1.65厘米，图片取自曾咏霞：《成都小南街遗址出土的直书汉兴钱》，《中国钱币》2002年第2期。

② 直径1.7厘米，图片取自《中国珍稀钱币》。

③【梁】顾烜《钱谱》，【宋】洪遵：《泉志》，上海：上海书店出版社，2018年，第36页。

④ 李孝美，北宋学者，字伯扬。有《墨谱》《钱谱》传世。

⑤【清】刘燕庭：《嘉荫簃论泉绝句》，《丛书集成续编》，上海：上海书店出版社，1995年，史部第七十三册，第225页。

这首诗的意思是：梁代的顾烜、宋代的李孝美等学者徒自矜夸著述勤勉，竟然没有听说成汉政权的汉兴年号，而认为汉兴钱是汉初所铸造的荚钱。如果把汉兴钱和汉武帝时期所铸造的三铢钱比较，汉兴钱的钱文与西汉带有篆书笔意的钱文并不相近。

古代泉家多认为横书汉兴钱为伪造，清代学者李佐贤①曾藏"篆书汉兴，字列左右一品"，他认为是赝品，"著《（古）泉汇》时即删去"。刘燕庭也曾"得篆文左右文汉兴，谛审乃赝作，屏不收"②。罗伯昭则认为横汉兴钱"字近小篆，似隶非隶，是西晋之末书法将变之际，甚可观也"③。横汉兴钱"自宋聚讼，莫衷一是"。

直到光绪丁亥年成都新繁出土一批汉兴钱，方解开谜团。近代收藏家濮贤懋④述其事：

　　光绪丁亥，成都新繁县民掘得古钱一罍，皆汉兴也，间有作左右文者……罗置数枚，皆八分书，数百年疑难，一旦豁然。⑤

横读汉兴钱要比直读汉兴钱少得多，光绪年间发现的汉兴钱也仅仅是"间有作左右文者"。1985年成都小南街遗址出土11枚汉兴钱，皆为直读而未见横读者，可见横读汉兴钱之少。

汉兴钱多出土于四川地区，以成都地区为多，光绪年间在成都附近新繁县曾出土一罍，是现有记载中出土最多的一次。⑥民国时期，成都修筑公路时也出土不少汉兴钱。⑦近年来在绵阳地区又出土大批蜀汉、南朝钱币，其中亦有汉兴钱，可惜为民间发掘，皆未有正式著录。汉兴钱铸造工艺与直百钱一脉相承，铸造形制、大小、风格都极其相似。在铸造工艺上，都对钱币外侧进行精细打磨，钱背多有阴文，与直百钱风格一致。这

① 李佐贤（1807—1876），字仲敏，号竹朋，山东利津县左家庄人。是清代颇有影响力的古钱币学家、金石学家、收藏家、诗人、书画鉴赏家，尤以古钱为专好。同治三年（1864）编成64卷《古泉汇》。
② 眉痕山馆濮瓜农语，转引自丁福保：《古钱大辞典》，北京：中华书局，1982年，第2054页。
③ 罗伯昭：《罗伯昭钱币学文集》，上海：上海古籍出版社，2017年，第150页。
④ 濮贤懋，字瓜农，江苏溧水人，收藏古泉甚富，见《溧水县志》。
⑤ 丁福保：《古钱大辞典》，北京：中华书局，1982年，第2054页。
⑥ 徐立民：《四川历代铸币谈》，《四川文物》1986年第2期。
⑦ 罗伯昭：《罗伯昭钱币学文集》，上海：上海古籍出版社，2017年，第150页。

些阴文有数字，还有"王"等汉字。①汉兴钱多钱体不平，钱穿凸出，呈漏斗状，当年钱塘古泉名家吴逸庵所得汉兴钱钱体就不平，《清稗类钞》载："吴逸庵曾得一枚（汉兴）而洼，以大椎平之。"②这种钱体不平的现象在益州五铢、直百钱、太平百钱、蜀五铢中多见，具体成因不明，推测应该是铸成钱币之后修穿冲压所致，这种特点也是汉兴钱继承蜀汉铸币工艺的证据。之前泉家多不喜欢钱币扭曲凸凹，像吴逸庵竟然"以大椎平之"，其实这种所谓的"窳劣凸翘"未尝不是一种难得的特色。我国历史悠久，铸行货币两千余年，钱币制度、风格、文字播及周边地区，不同时代、不同地区、不同政权、不同材质所铸行钱币各有其特色，钱币形制、大小、厚薄、材质、文字、工艺、风韵皆有不同，有其本源，更有其流变，诸多的差异非但不是区分优劣的标准，反倒正可以之窥见漫长之历史、广阔之社会及钱币变化之源流。这是钱币学中的一点隐意，欲以鉴古事、镜源流的学者不可以不明察此理。

汉兴钱虽然存世不少，民间常有出土，但是近些年建设增多，也有出土殆尽之势。四川地区土壤腐蚀性较强，加上汉兴钱钱体薄小，时代久远，因此大多锈蚀较为严重，精品愈来愈少。几年前，笔者曾在西安大唐西市一家古泉商店内发现一枚品相难得的竖读汉兴钱。虽然是普通之物，但其品相无可挑剔，钱体平整，周郭完好，钱面有外郭而无内郭，底章微凸，形制仿佛蜀汉直百钱；钱体未有一丝朽坏，钱侧打磨痕迹仍在，犹若新锉，有莽泉遗韵，更似蜀汉诸钱；钱体覆盖绿蓝薄锈，轻抿之，文字跃然，点画分明，纤毫毕见，"汉兴"二字姗姗可爱，笔画圆转有劲，宛若《史晨碑》文字；轻扣之于石台，音若玉磬，经久不绝，真吉金也！但可惜当时失之交臂，不知今属何人矣！此后过眼汉兴不下二百余品，皆不及之。

---

① 张典维：《湖北长阳县发现一批窖藏古钱》，《文物》1977年第3期。
② 【清】徐珂编：《清稗类钞》，北京：中华书局，2010年，第4351页。

六朝风韵——南齐铸钱

莱子缳环品更多，宛如池畔茁新荷。

榆钱荇叶轻如许，目小于鸡眼似鹅。[①]

"莱子""缳环""鸡眼""鹅目"皆是六朝时人对薄小铜钱的称呼。宋齐梁陈时期，官民争相铸造小钱，以牟取私利。最后钱越铸越小，钱穿越来越大，竟有的不能铸上文字。"鸡眼""鹅目"的称呼，足以窥见当时钱币之小。该时期钱币虽然薄小，但还是出现了不少特色钱币。在蜀地，南齐时期曾铸造过永明五铢。还有一种异写"金"旁的小五铢，文字飘逸，"金"旁有若篆书的"泉"字，故有人称之为"五泉"，有学者认为这种"五泉"即南齐永明五铢。

（一）南齐永明铸钱

据文献记载，南朝宋末，萧道成辅政时期就希望铸造新钱，但因"禅让之际，未及施行"。南齐建元四年（482）孔觊上《铸钱均货议》，希望铸造新钱，计划"钱重五铢，一依汉法""官钱细小者，称合铢两，销以为大"，而此次铸钱因为齐太祖去世也没有施行。[②]

直到永明八年（490）刘悛建议齐武帝萧赜在四川蒙山铸钱，南齐的铸钱事业才正式开始。《南齐书》载：

---

① 【清】刘燕庭：《嘉荫簃论泉绝句》，《丛书集成续编》本，上海：上海书店出版社，1995年，第226页。

② 【梁】萧子显：《南齐书》卷三十七《刘悛传》，北京：中华书局，1972年，652–653页。

（刘）悛启世祖曰："南广郡界蒙山下，有城名蒙城，可二顷地，有烧炉四所，高一丈，广一丈五尺。从蒙城渡水南百许步，平地掘土深二尺，得铜。又有古掘铜坑，深二丈，并居宅处犹存。邓通，南安人，汉文帝赐严道县铜山铸钱……此必是通所铸。近唤蒙山獠出，云'甚可经略'。此议若立，润利无极……上从之。遣使入蜀铸钱，得千余万，功费多，乃止。①

南齐统治不过二十余年，永明八年铸钱又历时甚短，开铸不久就因为工费多而停铸，可以想见遗留下来的钱币不多，加之文献记载语焉不详，南齐钱币的真实面貌长期笼罩在迷雾之中。泉学家杜维善先生认为"南齐五铢是南朝货币中最不易认定的钱币"。孔觊在他的铸钱建议中说道："钱重五铢，一依汉法。"唐石父先生在他的《中国古钱币》一书中据此推断，南齐所铸之币可能是一种面文"五铢"的钱。由此泉学界也就大多认同这次所铸钱的面文为"五铢"了。而民间泉界多认为下文中将谈到的"泉"旁五铢就是这次南齐永明年间在蒙山所铸的钱币。

（二）"泉"旁五铢

在四川地区有一种异写"金"旁的五铢钱（如图7-1所示），其"铢"字"金"旁四点竖写，有的与上下的横连接起来，"金"旁若篆文的"泉"字，有的"铢"字省去"朱"旁，仅剩下有若"泉"字的"金"旁，因此又有学者将其称之为"五泉"②。为了方便称呼，又保证其学术上的合理性，则可将其命名为"泉旁五铢"。这类五铢钱为四川地区所仅见，最早关注到它的是南宋时期的洪遵，他将其收录到《泉志》中，列为不知年代品。1929年日本学者田中启文在《考古学讲座》"中国钱币"部分曾刊出此种五铢拓片，他认为这就是南齐五铢。③1931年日本平尾聚泉所著《昭和泉谱》中也有此钱币拓片，是日本古泉收藏家关谷喜泉庵的藏

---

① 【梁】萧子显：《南齐书》卷三十七《刘悛传》，北京：中华书局，1972年，第653页。
② 如华光谱《中国古钱大集》。
③ 【日】田中启文：《考古学讲座》，东京：雄山阁，1929年。

品。[1]以后几十年里，鲜有学者再做深入研究。1994年，上海博物馆将馆藏此种五铢刊于《上海博物馆馆藏钱币·魏晋隋唐钱币》一书中。2001年，杜维善先生在《中国钱币》发表《南齐五铢初探》一文，提出该异写"金"旁的五铢可能是南齐五铢。[2]

图7-1　泉旁五铢[3]

　　杜维善先生曾经对泉旁五铢的出土地进行过考察，这类五铢钱多出自四川省绵阳至三台之间的三个地方——里程的敬家祠、尊胜的木鱼山和新德的黄连嘴。[4]杜维善先生对这种五铢未下定论，只称为"南齐五铢"，但泉旁五铢钱为南齐永明五铢的说法却被泉界广泛接受。

　　从泉旁五铢钱币狭阔、周郭形制、文字风格、铸造工艺等角度来看，其铸造年代确实是在南朝宋、齐之际。

　　泉旁五铢的钱文书法比较一致，极具随意性，与孝建钱和孝建四铢钱书法气息一致，线条柔和，如风拂细柳，又如薤叶乍弯，有后世所说的倒薤篆和蚊脚书相融合的味道。

①　【日】平尾聚泉：《昭和泉谱》引《钱货》，东京穴钱堂，1969年。
②　见杜维善：《南齐五铢初探》，《中国钱币》2001年第2期。同时杜维善先生也认识到所谓的南齐五铢（泉旁五铢）在重量上完全达不到孔觊在齐太祖时上《铸钱均货议》中所提到的"钱重五铢，一依汉法"的标准。因此杜维善先生只说此种五铢可能是永明五铢。而有学者认为这种小钱正符合刘悛铸钱"润利无极"的目的，因此当是永明五铢。见谢林：《论南齐五铢》，《中国钱币》2009年第3期。
③　直径约1.95厘米、1.6厘米，图片取自谢林：《论南齐五铢》，《中国钱币》2009年第3期。
④　杜维善：《南齐五铢初探》，《中国钱币》2001年第2期。

　　泉旁五铢钱穿外阔，钱穿四边呈现出弧线形状，这与孝建钱也是一脉相承的。泉旁五铢钱多有移范现象，移范的意韵也与孝建钱很相似。另外有一种细线状流铜现象，也经常出现在孝建四铢和泉旁五铢中，这种流铜的现象还常见于南朝的无文小钱，铸造工艺和铸造风格的相似性也是铸造时间相近的佐证。

　　孝建四铢钱，南朝宋孝武帝刘骏孝建元年（454）始铸，初铸钱体较大，后大量铸造减重小钱，又有省去"四铢"，径作"孝建"二字者（如图7-2所示）。而南齐五铢的气息正与减重孝建四铢一致，这说明泉旁五铢的铸造当在孝建元年之后一段时间，铸造年代与减重孝建四铢时代相当，也就是宋齐之间。

图7-2　南齐五铢、孝建四铢、永光钱文对比[①]

　　另外，笔者认为泉旁五铢应当不是永明年间刘悛所铸，而仅仅是宋齐之际的私铸品。首先，刘悛铸币是在蒙山下，蒙山即今之蒙顶山，在雅安。而泉旁五铢的发现绝大多数是在绵阳，成都之南发现甚少。其次，孔觊在《铸钱均货议》中提出，希望销毁小钱，熔铸大钱，因当时市面充斥小钱，大钱稀少，而朝廷也希望铸造大钱整顿市场和贸易，历朝历代官铸钱并没有如此薄小者。最后，与泉旁五铢相伴出土有大量形制极为相似的无文钱，泉旁五铢也存在大量的合面钱、合背钱、移范钱，铸造工艺如此不规范，说明泉旁五铢很可能是私铸。因此将泉旁五铢命名为"南齐五铢"尚可，若命名为"永明五铢"，认为是刘悛所铸，则过于武断。

[①]　钱币直径约1.8厘米，永光为罗伯昭旧藏。图片取自《中国历代货币大系》。

　　泉旁五铢虽然体型薄小，但是文字富有特点，笔画飘逸，颇有魏晋风度，广受泉界喜爱。泉旁五铢以及与之时代相近的孝建四铢、大明四铢、永光等钱，钱文中有悬针笔法，有蚊脚风韵，又有薤叶骨风，这类钱文或许是当时书法家所题写，也是魏晋流风在书法艺术上的反映。几种钱币皆是籀篆之体，为字中之正，①悬针、蚊脚、薤叶等笔法皆常见于先秦古文②，几种钱文也或许受到东汉以来复兴的古文的影响。古文经学自东汉占据主流，好古风气也影响到魏晋之后，魏晋之后篆刻多用悬针是其明证。此类文字书法秀丽，诚可谓"肩若削成，腰如束素"，足以成为除二王之外代表魏晋流风的另外一宗，研究书法史、文字史的学者应当留意。

　　笔者曾经在成都某古泉商店见到三袋无文小钱，有几万枚之多，中间夹杂诸多泉旁五铢。古泉商店主人为泉学前辈，得知我在川大求学，就任由我翻看。这些小钱比榆荚、鹅眼更加纤弱，轻按即破，当时我泉识太浅，故未留意。多年过去，定已售于他人矣。

---

① 小篆承袭大篆，为掾吏所书，是官方文字，为文字之正；隶书为佐吏所写，是简便书写，多有省略，是民间文字，为文字之俗；楷书则是出自隶书。
② 先秦古文，许慎《说文解字》多称引，其实就是春秋战国时文字。

扬一益二——蜀地会昌开元

　　京洛兴平越兖梁，蓝丹桂梓鄂荆襄。

　　润潭广益洪宣福，传说当年未铸扬。[①]

　　这是一首吟咏唐代会昌开元钱的诗，诗文用会昌开元钱背所铸之字写成，会昌开元钱背所铸之字即铸钱地名的省称，其中兴、梁、益、梓四州属于巴蜀地区。

　　隋唐鼎革之际，巴蜀地区几乎没有遭受战乱。隋炀帝大业十三年（617）六月，太原留守李渊起兵晋阳，随即挥师南下，同年十一月，李渊攻陷长安，随后决定夺取巴蜀。不久，汉中李袭誉归附李渊，从长安经汉中进入四川的道路畅通无阻。大业十三年（617）十二月，李渊任命李孝恭为山南招慰大使，经略巴蜀。李孝恭由关中南下，首先击溃在山南地区剽掠的朱粲部队。在军事压力之下，巴蜀各郡县纷纷归顺，巴蜀地区从此纳入唐王朝版图。大业十四年（618），李渊称帝，改国号为"唐"，年号"武德"，此时唐王朝实际控制的地区也只有关中、巴蜀以及河东部分地区。巴蜀地区是唐王朝较早掌控的地区之一，经济没有受到太大的破坏。稳定和平的环境，为巴蜀地区铸钱的兴盛奠定了基础。

---

① 【清】刘燕庭：《嘉荫簃论泉绝句》，《丛书集成续编》本，上海：上海书店出版社，1995年，第228页。会昌开元幕文二十二品，唯铸"扬"字未见，以当时已行"昌"字，未铸"扬"字耳。

（一）巴蜀地区的钱监

唐代管理铸钱的机构叫钱监。唐初，在中央设少府监铸钱，地方铸钱机构归少府监管辖。《唐六典》载："皇朝少府置十炉，诸州亦皆属焉。及少府罢铸钱，诸州遂别。"①少府监裁撤之后，各州就单独铸钱。管理地方诸州铸钱的机构就是钱监。

史籍记载最早的铸钱管理机构始于南朝宋文帝时期。元嘉七年（430），"（十月）戊午，立钱署，铸四铢钱"②。但是刘宋时期的钱署属于中央铸币机构，与管理地方铸币之钱监的性质有所不同。隋朝也曾在各地铸币，但是只称立炉铸钱，并无名号。《隋书·食货志》云："（开皇）十年（590），诏晋王广，听于扬州立五炉铸钱"，"十八年（598），诏汉王谅，听于并州立五炉铸钱"，"又诏蜀王秀，听于益州立五炉铸钱"③。铸币场所称"钱坊"，即铸钱工场，《大业杂记》记载隋洛阳城有左翊卫府，"府东即抵左掖门街。街东即西钱坊，坊东连东钱坊"④。

设置钱监管理监督钱币的铸造和流通，始于唐代。《新唐书·食货志》载，武德四年（621），铸"开元通宝"，"洛、并、幽、益、桂等州皆置监"。同书又载，开元二十六年（738），因钱渐恶，"诏出铜所在置监，铸开元通宝钱，京师库藏皆满"。又天宝年间（742—756），"天下炉九十九：绛州三十，扬、润、宣、鄂、蔚皆十，益、郴皆五，洋州三，定州一。每炉岁铸钱三千三百缗，役丁匠三十，费铜二万一千二百斤、镴三千七百斤、锡五百斤。每千钱费钱七百五十。天下岁铸三十二万七千缗"⑤。

在巴蜀地区，除了益州钱监和洋州钱监外，唐初还在梓州设置过钱监。《元和郡县图志》载梓州铜山县"有铜山，汉文帝赐邓通蜀铜山铸

① 【唐】李林甫等撰，陈仲夫点校：《唐六典》卷第二十二《少府军器监》，北京：中华书局，1992年，第579页。
② 【梁】沈约：《宋书》卷五《文帝本纪》，北京：中华书局，1974年，第79页。
③ 【唐】魏徵、【唐】令狐德棻：《隋书》卷二十四《食货志》，北京：中华书局，1973年，第692页。
④ 【唐】杜宝撰，辛德勇辑校：《大业杂记辑校》，西安：三秦出版社，2006年，第6页。
⑤ 【宋】欧阳修、【宋】宋祁：《新唐书》卷五十四《食货志》，北京：中华书局，1975年，第1386页。

钱，此盖其余峰也，历代采铸"，唐贞观二十三年（649）因之以设铸钱监。唐初所设置的梓州钱监运行时间不长，仅仅存在了二十余年，于"上元三年（676）废监"①。

开元年间，为协调各州铸钱，设置了诸道铸钱使，大历五年（770）以后，铸钱使的事务由盐铁使兼管。②铸钱使、盐铁使均为中央派出机构，其管理铸钱旨在解决各地铸钱互不统属、缺乏协调的弊端，其职能主要是进行宏观调控，加强对州县官员的管理，并非取代州县的铸钱职能。③

钱监的主要官员由钱监所在州的官员兼任。据《唐六典》载："诸铸钱监以所在州府都督、刺史判之；副监一人，上佐判之；丞一人，判司判之；监事一人，参军及县尉知之；录事、府、史，土人为之。"④所以，唐前期各地铸钱是由州县管理的。

武宗时，"许诸道观察使皆得置钱坊"⑤。从此，诸道的观察使也可以设铸钱坊铸钱。《新唐书·百官志》载："凡铸钱有七监，会昌中，增至八监，每道置铸钱坊一。"⑥从而形成钱监和铸钱坊并存的局面。

（二）会昌开元背益、背梓、背兴、背梁

武宗会昌年间（841—846），废毁天下佛寺，以佛寺中铜钟铜像铸造会昌开元。会昌开元直径2.3厘米左右，比之前的开元通宝小，面文与之

① 【唐】李吉甫撰，贺次君点校：《元和郡县图志》卷三十三《剑南道》，北京：中华书局，1983年，第844页。
② 宁志新：《唐朝使职若干问题研究》，《历史研究》1999年第2期。
③ 徐东升：《唐宋地方政府铸钱管理职能的演变》，《厦门大学学报》（哲学社会科学版）2004年第1期。
④ 【唐】李林甫等撰，陈仲夫点校：《唐六典》卷二十二《少府军器监》，北京：中华书局，1992年，第578页。
⑤ 【宋】欧阳修、【宋】宋祁：《新唐书》卷五十四《食货志》，北京：中华书局，1975年，第1391页。
⑥ 【宋】欧阳修、【宋】宋祁：《新唐书》卷四十八《百官志》，北京：中华书局，1975年，第1272页。

前的开元通宝一致，钱体较为厚实，有光背和背字两种，钱背所铸之字为铸地的简称。会昌开元始铸之时皆为光背，钱幕铸字始于淮南节度使李绅之请。《新唐书·食货志》载："淮南节度使李绅请天下以州名铸钱，京师为京钱，大小径寸，如开元通宝，交易禁用旧钱。"[1]《泉志》亦载：

　　旧谱曰：（会昌开元钱）武宗会昌年铸，时初废天下佛寺，宰相李德裕奏请以废寺铜钟、佛像、僧尼瓶碗等所在本道铸钱。扬州节度使李绅乃于新钱背加昌字，以表年号而进之，有敕，遂敕铸钱之所，各以本州岛郡名为背文，于是京兆府以"京"字在穿上，洛阳以"洛"字在穿上，扬州改以"扬"字在穿上，西川以"益"字在穿上，蓝田县以"蓝"字在穿右，襄州以"襄"字在穿上，江陵府以"荆"字在穿右，越州以"越"字在穿下，宣州以"宣"字在穿左，江西以"洪"字在穿上，湖南以"潭"字在穿左，兖州以"兖"字在穿上，浙西以"润"字在穿上，鄂州以"鄂"字在穿上，平州以"平"字在穿上，兴元府以"兴"字在穿上，梁州以"梁"字在穿右，广州以"广"字在穿右，东川以"梓"字在穿上，福州以"福"字在穿上，丹州以"丹"字在穿上，桂阳监以"桂"字在穿右。[2]

其中益州、梓州、梁州所铸会昌开元背"益"、背"梓"、背"梁"，为巴蜀地区所铸造。还有背"兴"的会昌开元，当是兴元元年（784）改梁州为兴元府之后所铸造（如图8-1所示）。

　　开元天宝时期，巴蜀地区有益州、洋州两钱监，铸炉9炉（梓州监于贞观年间设立，上元年间裁撤），相对于河东、江淮等地，铸币量还是比较小。建中元年（780），裁撤江淮七监，巴蜀地区铸造会昌开元的有益州、梓州、梁州、兴元府几处。益州钱监从武德年间到唐末一直铸钱，从未停铸，是唐代较为稳定的钱监。梓州监在会昌年间也重新设立，反映出裁撤江淮七监后巴蜀地区所承担的铸币任务进一步加大。从更深层次来说，唐代巴蜀地区长期稳定，并未受到战乱的影响，经济的地位逐渐提升，所谓的"扬一益二"并非虚言。

---

① 【宋】欧阳修、【宋】宋祁：《新唐书》卷五十四《食货志》，北京：中华书局，1975年，第1391页。
② 【宋】洪遵：《泉志》，上海：上海书店出版社，2018年，第65页。

图8-1 会昌开元①

<hr />

① 直径2.4厘米，图片取自《浙江省博物馆文物典藏大系——泉林剪影》，部分取自《安徽历史钱币》。

　　唐代巴蜀地区所铸造的会昌开元，品类虽然不多，但是其承前启后的意义重大，影响深远。五代时期前后蜀政权铸造了大量特色钱币，是巴蜀特色钱币集中出现的时代，前后蜀时期钱币不仅铸造工艺和文字风格有浓厚的地方特色，而且有诸多创造和建树：开创了改元铸新钱的惯例；开创了铜钱、铁钱按比发行的模式；开创了钱币分区流通的先河。而前后蜀钱币在铸造工艺、钱币形制、文字风韵等方面都是直接承袭于唐代会昌开元的，可以说唐代巴蜀地区会昌开元的铸造为前后蜀时期钱币的铸造奠定了基础。

文字纪年——前蜀钱币

> 西蜀泉文字纪年，永平通正逮光天。
>
> 宫词赋罢朝天去，环佩玲珑穿钥钱。[1]

> 不行重宝裕三巴，通正诸钱郭总斜。
>
> 试问蜀宫分白打，可曾金铸永平夸。[2]

前蜀钱币承袭唐代钱币风格，其最重要的就是开创了换年号即铸新年号钱的先河，也就是诗中所说的"西蜀泉文字纪年"。前蜀钱币的铸造风格比唐代的开元通宝更加豪放，钱币多有移范导致文字重叠、钱郭错位等现象，即罗伯昭诗中所言的"通正诸钱郭总斜"。但是这种工艺的"窳劣"，却正能反映出一个时代的风气，透露出粗犷、质朴、古拙的美感。

唐代末年，四川藩镇割据，各节度使拥兵自重。剑南三川节度使[3]相互征伐，扩充地盘。唐昭宗大顺二年（891）至乾宁元年（894），利州刺史王建攻占陈敬瑄余部所占据的彭州，从而占据西川。乾宁二年（895）又从李茂贞手中夺取利州，阆州、蓬州、梁州守将皆投降。乾宁四年（897）王建发兵五万进攻梓州，合州、遂州的守军投降，梓州也被攻克。之后昌州、普州相继归属王建。天复二年（902），王建攻克汉中，

---

① 【明】杨慎：《丹铅余录续录》卷十一《古钱》，载花蕊夫人有封绶及穿钥钱，此诗化用这个典故。诗见【清】刘燕庭：《嘉荫簃论泉绝句》，《丛书集成续编》本，上海：上海书店出版社，1995年，第229页。

② 罗伯昭：《罗伯昭钱币学文集》，上海：上海古籍出版社，2017年，第253页。

③ 唐代宗时，在剑南东、剑南西、山南西三道置三道节度使，称"三川节度使"，简称"剑南三川"或"三川"。

李茂贞的"山南州镇皆入王建"①。王建从此尽有三川之地，巴蜀地区的割据初步形成。天祐四年（907）三月，朱温篡唐，改国号为"梁"。同年九月，王建在成都称帝，国号"大蜀"，次年改元"武成"。②王建在位期间基本上采取休养生息的政策，蜀地的经济得以较好地恢复和发展。

（一）永平元宝

前蜀高祖王建于武成三年（910）改下一年为永平元年（911），铸"永平元宝"，《十国春秋》载："是岁（永平元年），始作新宫。命集四部书，选名儒专掌其事……铸'永平元宝'钱。"③

永平元宝，北宋董逌的《钱谱》已经著录，南宋洪遵《泉志》也有著录，但永平元宝存世稀少，累世难见，洪遵本人也未见永平元宝实物，他在《泉志》中说道："永平元宝钱轻重未闻，自通正以下五钱皆前蜀所铸，今世甚多，独是钱未见。"④清代戴熙《古泉丛话》提到："洪《志》前蜀以永平元宝冠，今此钱绝无。"⑤

近代收藏大家罗伯昭先生藏有一枚永平元宝，钱径2.4厘米，钱制仿唐代开元通宝，铸工颇佳，"永平元宝"四字有隶书笔意，"元"字几同于会昌开元通宝，钱文与前蜀"通正""天汉""光天""乾德""咸康"诸钱文一脉相承。罗伯昭将此枚永平元宝收入《沐园四十泉拓》中，并且在拓片下写道："前蜀王氏泉，武成未闻开铸。永平建元凡五年，独少，而通正、天汉、光天各一年，而钱特多，此无他，铸额多寡之有别也。此品深坑初出，厚肉可喜。"⑥后

① 【宋】司马光：《资治通鉴》卷二百六十三《天复二年十二月》，北京：中华书局，1956年，第8587页。
② 【宋】司马光：《资治通鉴》卷二百六十六《开平元年九月》，北京：中华书局，1956年，第8685页。
③ 【清】吴任臣撰，徐敏霞、周莹点校：《十国春秋》卷三十六《前蜀高祖本纪》，北京：中华书局，2010年，第514页。
④ 【宋】洪遵等：《泉志（外三种）》，上海：上海书店出版社，2018年，第78页。
⑤ 【清】戴熙：《古泉丛话》，《中国古钱币图谱考释丛编》，北京：书目文献出版社，1992年，第932页。
⑥ 罗伯昭：《罗伯昭钱币学文集》，上海：上海古籍出版社，2017年，第155页。

来这枚钱币入藏上海博物馆，世人得以见其面目，该枚永平元宝背郭移范，前后蜀时期铸造货币钱背多移范，这是永平元宝作为前蜀铸币一大特点。此外，近代收藏大家马定祥①先生还藏有两枚永平元宝，中国钱币学会亦藏有一枚，均著录于《中国历代货币大系》。②另外，1993年内蒙古赤峰的钱币窖藏和2003年彭山的钱币窖藏中也分别出土一枚永平元宝（如图9-1所示）。③

图9-1　永平元宝④

此外有永平通宝，历来学者莫辨真伪。戴熙《古泉丛话》认为不是蜀钱："永平通宝，文字纤薄，不类蜀钱，藏家皆曰蜀钱也，余不谓然。"⑤秦宝瓒《遗箧录》则持相反的意见："永平通宝，其文字制作，实与'光天'等相类，《丛话》执洪《志》之说，必以元宝为蜀钱，以通宝谓非蜀钱，得毋执而不化，予宁得罪于《丛话》而必曰蜀钱。"⑥前后蜀钱皆曰

---

① 马定祥（1916—1991），字聊元，别名莲初，号吉斋，又称万拓楼主，浙江省杭州市人，当代中国著名钱币学家，中国钱币学社创始人之一。曾任浙江省博物馆顾问、上海市文史研究馆馆员、美国《珍藏》及《爱华金讯》钱币杂志首席顾问。出版过《太平天国钱币》等专著，批注《历代古钱图说》，并编著了《万拓楼钱币丛书》等钱币类书籍。
② 《中国历代货币大系》编纂委员会：《中国历代货币大系（隋唐五代十国卷）》，上海：上海古籍出版社，第318页。
③ 杜国禄、董秉义：《赤峰发现前蜀永平元宝》，《中国钱币》1998年第1期。曾咏霞：《四川彭山出土唐会昌开元背"永"钱与前蜀永平元宝》，《中国国家博物馆馆刊》2014年第8期。
④ 钱币直径约2.4厘米。左上一枚于四川彭山县第三中学钱币窖藏出土；左下一枚为罗伯昭先生旧藏，见《罗伯昭钱币学文集》第155页；右侧为国家博物馆藏永平元宝及其拓片，图片取自《古钱极品》。
⑤ 【清】戴熙：《古泉丛话》《中国古钱币图谱考释丛编》，北京：书目文献出版社，1992年，第932页。
⑥ 【清】秦宝瓒：《遗箧录》，转引自《古钱大辞典》，北京：中华书局，1982年，第1571页。

"元宝"，不言"通宝"，永平通宝制作、书法与永平元宝不同，现今学者多认为是伪造的或是安南铸造之品。

（二）通正元宝、光天元宝、天汉元宝

除了稀少的永平元宝，王建时期还铸造过通正元宝、光天元宝、天汉元宝。[①]

通正元年（916）铸行通正元宝，钱径约2.3厘米，版式较多，钱文隶书，旋读，钱面有的带有星月文，钱背多光素无文，也有钱幕穿上铸星纹、月纹者。钱体较薄，小于开元钱，钱文书法和铸工水平不及永平钱。在前蜀钱中稀少程度仅次于永平元宝。

通正年号仅使用一年，即改国号为"大汉"，改元"天汉"，天汉元年（917）铸行天汉元宝，钱文隶书，旋读，钱制与通正通宝相似，钱径2.2～2.5厘米，钱文书法较佳，铸工较好。

光天元年（918），王建又恢复国号为"蜀"，铸光天元宝，钱文"光""天"二字隶书略有草意，其余为隶书。钱文旋读，钱体较为轻薄，有光背无文与背星月者。钱币直径2.3厘米左右，重2.0～4.0克（如图9-2所示）。

图9-2　通正元宝、天汉元宝、光天元宝[②]

---

① 【清】吴任臣：《十国春秋》卷三十六《前蜀高祖本纪》，北京：中华书局，2010年，第525页。
② 通正元宝，直径2.28厘米，天汉元宝直径2.3厘米，光天元宝直径2.3厘米，图片取自《中国古钱大集》。

（三）乾德元宝、咸康元宝

王建死后，其子王衍继位，史称后主。前蜀后主王衍在位期间曾经铸造乾德元宝和咸康元宝。乾德元年（919）铸乾德元宝，钱币直径2.2～2.4厘米，重2.0～4.0克，钱制与通正诸钱相同，钱文隶书，旋读，有大字、小字之分，有光背无文与背月两种，背多错范（如图9-3所示）。有厚重型，重量达6克。乾德元宝还有大型钱，丁福保《古钱大辞典》即收录一品。乾德元宝在前蜀钱中铸造量最大。

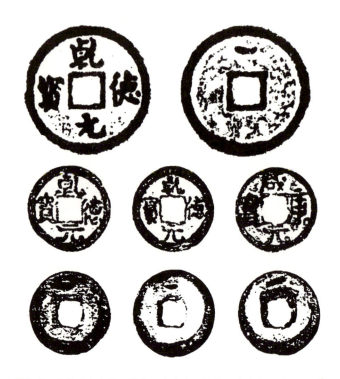

图9-3 乾德元宝大钱、乾德元宝大字、乾德元宝小字、咸康元宝[①]

乾德年号共使用六年，后改元"咸康"。"咸康元年（925）春正

---

① 乾德元宝大钱直径3.5厘米，清张淑未旧藏，图片取自《古钱大辞典》。乾德元宝大字、小字、咸康元宝图片取自《中国古钱大集》。

月……铸'咸康元宝'钱。"①咸康元宝有光背和背月文等几种版式。钱文隶书，"康"字书写奇特，下部"水"旁四点作两点。前代学人多认为这是当时的俗书，有学者评论咸康元宝"钱文康字独大，不足观"②。检阅汉碑隶书，"康"字底部大多作四点水，如《鲜于璜碑》碑文写作康、《华岳庙碑》碑文写作康。但是汉代隶书中也有四点写作两点的，如汉代碑刻《郙阁颂》碑文写作康，以此可见，"咸康元宝"之"康"字省作两点并不是无来源的妄作，而是有出处的。从书风上来看，"咸康元宝"之"康"字不是俗书，其结体拉伸夸张，正体现出隶书钱文浑然拙朴之气，由此可以窥见前蜀时人对古代书法有较为深入的了解。咸康元宝较重，《泉志》云："通正、天汉、光天、乾德钱皆重三铢，独咸康钱重三铢三三。"③这是前蜀小平钱中最重的一种。咸康钱行用不及一年，前蜀遂亡。

表9-1　前蜀铸币统计表

	年　号	时　间	铸　币	备　注
王　建	天　复	天复七年（907）		
	武　成	武成元年至三年（908—910）		
	永　平	永平元年至五年（911—915）	永平元宝	
	通　正	通正元年（916）	通正元宝	有背星月文
	天　汉	天汉元年（917）	天汉元宝	有背月文
	光　天	光天元年（918）	光天元宝	有背月文
王　衍	乾　德	乾德元年至六年（919—924）	乾德元宝	有背月文，有大钱
	咸　康	咸康元年（925）	咸康元宝	有背星月文

---

① 【清】吴任臣撰，徐敏霞、周莹点校：《十国春秋》卷三十七《前蜀后主本纪》，北京：中华书局，2010年，第544页。

② 张端木语，见【清】翁树培：《古泉汇考》，中华全国图书馆文献缩微复制中心，1994年，第784页。

③ 【宋】洪遵等：《泉志（外三种）》，上海：上海书店出版社，2018年，第80页。

（四）前蜀铸币综论

1. 前蜀钱币的风格

前蜀钱币文字风格和铸造工艺都颇具特色，文字承袭唐代会昌开元的遗韵而又加以改造，唐代的开元通宝、乾元重宝纯粹以隶书入钱文，前蜀钱币文字又融入楷书甚至草书的笔意[1]，使得钱币文字在隶书的风格中又贯穿着一种灵动的气韵。前蜀钱币铸造风格较为粗犷，多有花穿，部分钱币有钱体不平整、穿口凸起、钱背移范等现象。宋代学者李孝美云："王氏父子钱形制粗恶，今世所存甚多。"[2]近代钱币收藏大家马定祥也说："（前蜀钱币）今所见者，字不工整，背或平，或有郭，其平者，缘轮郭浅薄不真，非异制也，盖制不精也。"[3]正是这种"字不工整，形制粗恶，制作不精"，使得前蜀钱币具有了一种率性天真的气息，从而形成了前蜀钱币独特的钱风，颇值得玩味。

2. 前蜀钱是年号钱流行的滥觞

自宋以降，改元大多铸新年号钱，这种改元即新铸年号钱的惯例便始于前蜀。魏晋南北朝时期，成汉政权于汉兴年间铸行汉兴钱，有横读和竖读两种，这是中国最早的年号钱币。自此以后，各个政权铸造过多种年号钱，北魏孝文帝太和十九年（495）铸造太和五铢，北魏孝庄帝永安二年（529）铸造永安五铢，唐高宗于乾封元年（666）铸乾封泉宝，唐肃宗乾元元年（758）铸乾元重宝，唐懿宗咸通十一年（870）桂阳监铸咸通玄宝。至五代十国时期，后梁铸有开平元宝，后唐铸有天成元宝，后晋铸有天福元宝，等等。但在这一阶段年号钱始终不是中国钱币的主流，各个政权只是偶尔铸造年号钱，而该时期铸造量最大的钱币在唐代以前是五铢钱，唐代之后是开元通宝。五代时期各个政权往往在铸年号钱的同时又铸国号钱，如汉元通宝、周元通宝以及南唐的唐国通宝。并且，之前的政权

---

[1] 这种融合楷书、草书笔意的风格，与唐懿宗咸通十一年（870）桂阳监铸咸通玄宝的钱文有相似之处，两者或有风格上的借鉴和影响。另外，唐咸通十一年离前蜀铸钱仅三十余年，时代相近，也或为时代上的共性。

[2] 【宋】洪遵等：《泉志（外三种）》，上海：上海书店出版社，2018年，第80页。

[3] 丁福保原编，马定祥批注：《历代古钱图说》，上海：上海人民出版社，1992年，第75页。

也不是更换年号必铸新钱，铸年号钱只是偶尔为之。而前蜀自永平开始，每换年号都会铸新年号钱，凡所铸之年号钱概以"元宝"统称，逐渐形成了制度。加铸年号钱更多的是起到一种改元的宣示作用，尤其是通正元宝、天汉元宝、光天元宝、咸康元宝都是在改元后年初铸造，并且铸造量不大。有学者总结道，年号钱起源于成汉，过渡于唐，正式形成于前蜀时期，自前蜀开始才真正流行年号钱。铸年号钱既是前蜀铸币的一个重要特征，也是前蜀铸币的重要贡献。①

3. 前蜀时期市面流通的货币

在上文中我们介绍了前蜀各种钱币的形制和特征，但是在当时的市面上，钱币流通的具体情况又是如何的呢？通过对近些年出土的五代十国时期窖藏钱币的研究，我们了解到在当时的实际流通中，前代的钱币并没有废止，前蜀铸币往往与前代的钱币混合使用。开元通宝钱仍然是主要的货币，新铸钱币要远远少于开元通宝。除此之外，还掺杂着半两钱、五铢钱、三国魏晋南北朝时期的古币。1982年，新都县（今成都市新都区）曾经发现五代十国钱币窖藏，根据其清理报告，共发现钱币750千克，最早的为秦汉半两钱，最晚的为前蜀铸币和后唐天成元宝。该批钱币清理出开元通宝共152843枚，天成元宝1枚，前蜀钱币1124枚。②1989年成都新都县（今成都市新都区）新繁镇再次发现前蜀钱币窖藏，重约340千克。2003年成都市博物馆联合新都区文管所对这批钱币进行了清理，其中开元通宝59139枚，乾元通宝734枚，咸通玄宝1枚，前蜀钱83枚。③2003年，彭山县发现宋初钱币窖藏，散落之后回收的钱币约400千克，其中最早的为西汉半两，最晚的为宋元通宝，宋元通宝仅仅发现三枚。此次发现的钱币品种有：汉四铢半两、两汉五铢、新莽大泉五十、货泉、剪边五铢、四出五铢、蜀汉直百五铢、太平百钱、南朝梁五铢、北魏永安五铢、北齐常平五铢、北周五行大布、五金、隋五铢、唐开元通宝、乾封泉宝、乾元重宝、会昌开元通宝、五代

① 刘敏：《五代时期前后蜀铸币》，《四川文物》1994年第1期。
② 曾咏霞：《新都五代十国钱币窖藏清理报告》，《四川文物》2005年第3期。
③ 成都市博物院、新都区文物管理所：《成都新繁前蜀窖藏钱币清理报告》，《中国钱币》2011年第3期。

十国后晋开福元宝、后周周元通宝、前蜀永平元宝、通正元宝、天汉元宝、光天元宝、乾德元宝、咸康元宝、南唐唐国通宝、大唐通宝、宋代宋元通宝，钱币种类丰富，时间跨度大。发掘报告中没有统计具体的钱币数量，但报告称开元通宝所占比例最大，其次为乾元重宝。其中也有较多的前蜀钱币：永平元宝发现1枚，通正、天汉、光天、乾德、咸康等钱，均上百枚。[①]1995年，雅安发现五代十国时期钱币窖藏，发现钱币20千克，计2000余枚。钱币上限为汉半两，下限为前蜀咸康元宝。钱币种类有西汉五铢、四铢半两、东汉五铢、王莽货泉、大泉五十、剪边五铢等（约占1%）、开元通宝（约占96%）、乾元重宝（约占1%），会昌开元背"京""洛""鄂""蓝""益""梓""润""梁""越""昌""襄""荆""潭""宣""兴"等15种（约占1%），前蜀通正元宝，天汉元宝、光天元宝、乾德元宝、咸康元宝（约占1%）。[②]另外，祖应萍在《混杂在开元通宝中的前蜀钱币》一文中提到，其曾经在1千克的开元钱币中挑选出若干前蜀钱币，包括通正元宝1枚，天汉元宝4枚，光天元宝4枚，乾德元宝9枚，咸康元宝2枚，共20枚，前蜀钱币大约占总钱数的8%。这批钱币大约出土在成都某地，埋藏时间大约在前蜀后期。[③]通过以上有明确出土记录的资料来看，前蜀时期，巴蜀地区使用的货币还是以开元通宝为主，新铸造的钱币在市面上相对较少。这说明前蜀钱币并不是因为流通货币紧缺而大量铸造的，其更多的是起到一种改元的宣示作用。改元铸年号钱的制度为宋代所承袭，一直沿用到明清两代，成为钱币铸造的重要制度。

---

① 方明、吴天文：《彭山县出土宋代钱币窖藏》，《四川文物》2005年第5期。
② 陈小陶：《雅安市出土的唐钱和前蜀钱币》，《陕西金融》1996年第8期。
③ 祖应萍：《混杂在开元通宝中的前蜀钱币》，《中国钱币》1982年第2期。

珍同石经——后蜀钱币

广政钱如见景星，铜斑微点蜀山青。

铭文体近新妆镜，残字珍同旧石经。①

后蜀政权铸造的钱币有几种：大蜀通宝，经历代泉家考证，为后蜀无疑；广政通宝，铜铁两种，年号确凿；五金钱，常与广政钱伴随出土，亦为同时之物。几种古泉均量少物珍，文字古朴。叶德辉一句"铭文体近新妆镜，残字珍同旧石经"最贴切不过。

后蜀建立者孟知祥（874—934），邢州龙岗人，与父俱事李克用，受到李克用重用，克用遂以其弟李克让之女妻之。同光三年（925），后唐举兵灭前蜀，任命孟知祥为成都尹、西川节度副大使。同光四年（926）贝州兵变，后唐庄宗养子李嗣源率兵征讨，行至魏州，部队哗变，拥立李嗣源为帝，是为明宗。同年，庄宗在洛阳被乱兵所杀，太子李继岌自杀。从此孟知祥虽与后唐保持君臣关系，但是实际上已经成为割据政权。天成五年（930）九月，东川节度副大使董璋首先举兵反唐，后唐派兵镇压，孟知祥在剑门大破唐军。之后孟知祥吞并泸州、渝州、涪州、忠州、万州、夔州、黔州等长江沿岸地区。长兴三年（932），孟知祥在汉州击败东川董璋，吞并东川。长兴四年（933），后唐加封孟知祥为蜀王。应顺元年（934）正月，孟知祥在成都称帝，国号"蜀"，史称"后蜀"，改元"明德"。明德元年（934）二月，李从珂自凤翔起兵反唐，后唐山南西道节度使张虔剑降蜀，后蜀又得山南西道的兴州、洋州等地，尽有巴蜀之地。

---

① 叶德辉：《古泉杂咏》，《丛书集成续编》本，上海：上海书店出版社，1995年，第319页。

（一）大蜀通宝

后唐应顺元年（934），孟知祥建国号为"蜀"，建元"明德"，即位数月即死去，传位孟昶，孟昶延用"明德"年号。后蜀明德年间曾铸大蜀通宝，大蜀通宝以国号为钱文，直径约2.4厘米，重约4.0克，钱文直读，与广政通宝风格相近，铸造工艺较前蜀钱币精好（如图10-1所示）。

图10-1　大蜀通宝及其拓本[①]

关于大蜀通宝的铸造者和铸造时间，史书并没有详细的记载，清代古泉学家李佐贤《古泉汇》曾将其列入前蜀王氏钱。但是经过众多学者的考证，确定大蜀通宝是孟知祥改国号为蜀时铸造的，夏荃[②]《退庵钱谱》称：

后蜀高祖孟知祥于唐长兴五年[③]闰正月己巳即皇帝位于成都，国号"蜀"，遣使持书至洛，称"大蜀皇帝"。此钱体兼隶楷、制作甚精，背色青绿黝然，断非近时所铸，且钱文"大蜀"，当是知祥铸也。虽知祥曾于四月改元"明德"，然不数月而殂，故诸家并无明德铸钱之说。

---

① 直径2.4厘米，国家博物馆藏，图片取自《古钱极品》。

② 夏荃（1793—1842）字文若，号退庵，泰州人，绝意科举，退居返乡而专事纂述，与当时的吴熙载、刘宝楠等人交往甚密，著有《退庵文钞》。夏荃一生悉心整理地方文献，编成《梓里旧闻》《海陵文征》《海陵诗征》，好文物考古，喜金石文字，醉心古钱币研究，纂成《退庵钱谱》，开泰州地区钱币研究之先河。

③ 后唐明宗长兴年号仅有四年，"长兴五年"当为"应顺元年"之误。

后主昶，于广政元年铸广政通宝钱，十八年又铸铁钱，似不应复铸大蜀钱也，又考前蜀高祖王建，并后主衍所铸永平、通正、天汉、光天、乾德、咸康诸品，皆著于史册，则此钱非前蜀铸明矣，然则舍知祥其谁属耶！①

郑家相先生也曾经对大蜀通宝有过论述，他列举两条证据证明大蜀通宝并非前蜀钱，而是后蜀钱。他说：

予细审诸品，不类王氏钱制作，此钱形制特大，王氏钱较小，一也；此钱皆曰"通宝"，王氏钱皆曰"元宝"，二也。惟后蜀孟氏之明德、广政钱文皆曰"通宝"，而形制之大小、文字之体结，绝与此钱相似，当是后蜀孟氏所铸，非前蜀王氏物也。②

罗伯昭先生藏有大蜀通宝二品，他提到大蜀钱"风度类广政，是以前贤定为后蜀孟氏铸也"③。罗伯昭所藏的大蜀钱，其中一枚得自泉友施孝先，他记载这枚大蜀通宝"铜质精美，字含八分，通宝二字类开元，背反月，乃四川省新出土者"。罗还将这枚大蜀通宝的来龙去脉记载得十分清楚：

余友施君孝先之成都，行新津道中，闻土人掘地，新得一瓦坛满古泉，施君即访求，以贱值得之。坛中灰砾，杂钱皆乾元开元，仅一大蜀。施君即至渝，以此钱归余，瓦坛尚存其家。④

罗伯昭另一枚大蜀通宝为民国古泉学家王荫嘉所赠。王荫嘉所藏大蜀通宝为清代学者金忠淳⑤旧物，罗、王二人交往甚密，王以罗伯昭为蜀人，喜蜀钱，因此将所藏大蜀通宝相赠。"嘤其鸣矣，求其友声。"其情其义，见乎其中。王荫嘉自记：

伯昭自蜀移沪，过从甚密。笃好五代十国钱，所蓄甚富。顾乃不能得其乡土所遗之大蜀钱，宁非憾事？世事蜩螗，余病且衰，自度对

---

① 【清】夏荃：《退庵钱谱》，《中国古钱币图谱考释丛编》，北京：书目文献出版社，1992年，第1527页。

② 丁福保：《古钱大辞典》，北京：中华书局，1982年，第1342页。

③ 罗伯昭：《罗伯昭钱币学文集》，上海：上海古籍出版社，2017年，第158页。

④ 罗伯昭：《罗伯昭钱币学文集》，上海：上海古籍出版社，2017年，第157页。

⑤ 金忠淳（1733—1797），字古还，号完璞，又号砚云，室名"砚云书屋"。清代乾隆元年（1736）状元金德瑛第五子。辑刊有《砚云》甲乙编，凡十六种五十卷。

此佳钱，福难消受，且已与结不解缘者二十余年，亦不可谓过眼之云烟矣。伯昭英年卓荦，前程何量。慎重相贻，物获其所，楚弓楚得，夫复奚憾！①

罗伯昭在此枚大蜀通宝拓片下自题曰："王君荫嘉凤藏有大蜀一品，为金砚云氏故物。余喜其文字特异也，即蒙慨赠，高情可钦。"②自古宝剑赠英雄，这又是民国钱币学界一则佳话也！

此外，民国收藏家方若先生也藏有一枚大蜀通宝，为李佐贤旧藏，即李佐贤在《古泉汇》中所录者，后归陈仁涛③，最后入藏国家博物馆。蒋伯埙先生④也在蜀地获一枚大蜀通宝，后被天津博物馆收藏。⑤

（二）广政通宝

明德四年（937）后蜀孟昶改元"广政"，于广政元年（938）铸广政通宝。广政钱直径约2.3厘米，重约4.0克，钱文直读，八分书，光背，铜质浑厚，铸造精好（如图10-2所示）。刘喜海有诗曰：

孟昶改元西蜀闻，铸泉广政勒成文。

九分径更三铢重，铜质坚凝字八分。⑥

---

① 罗伯昭：《罗伯昭钱币学文集》，上海：上海古籍出版社，2017年，第158页。
② 罗伯昭：《罗伯昭钱币学文集》，上海：上海古籍出版社，2017年，第158页。
③ 陈仁涛（1906—1968），浙江镇海人。他的祖辈曾是上海著名的杨庆和银楼的四大股东之一，陈仁涛后来也曾担任该银楼的经理，陈仁涛还开设有上海永兴房地产公司。他生平喜好收藏，精于金石文字，二十世纪三十年代初得清钱名家张綗伯的指导而爱上古泉，广事搜罗，收藏渐富，多位泉家旧藏尽入其室。
④ 蒋伯埙，字黼、伯斧，号寿圭，江苏吴县人，光绪戊子年举人。他通小学，尤好古金文，好古泉及邮票，集泉成癖，著有《中国货币史》《六国币源流》。1941年，钱币学社成立，蒋氏与当时的王荫嘉、张季量等人皆为会员，成为收藏界名士。
⑤ 霍宏伟：《古钱极品》，北京：中华书局，2016年，第178页。
⑥ 【清】刘燕庭：《嘉荫簃论泉绝句》，《丛书集成续编》本，上海：上海书店出版社，1995年，第229页。

图10-2　广政通宝铜钱及其拓片①

　　关于孟昶铸铁钱的时间，有几种不同的说法。《续资治通鉴长编》只记载："伪蜀广政中，始铸铁钱。"②《十国纪年·后蜀史》记载："广政二十五年，以屯戍既广，调度不足，始铸铁钱。"③曾巩《隆平集》："（孟昶）闻世宗来秦凤……愈不自安，多积刍粟，以铁为钱，禁民私用铁，而自鬻器用以专利，民甚苦之。"④《蜀中广记》："孟氏广政间增铸铁钱，于外郡边界参用。"⑤《十国春秋》："（广政十八年十月）募兵既多，用度不足，始铸铁钱。"⑥孟昶广政中增铸铁钱，《蜀中广记》《续资治通鉴长编》只言"广政中"，《十国春秋》云"广政十八年十月"，《十国纪年·后蜀史》言"广政二十五年"，《隆平集》言"世宗下秦凤"（广政十八年）后。虽然几种说法有所差别，但都是大同小异，孟昶铸铁钱的时间在广政末期。

　　孟蜀铸铁钱，每钱一千，铸铁钱六百，铜钱四百。铁钱初于外郡行用，后来逐渐流入成都。这些在下文还有详细的介绍。

①　直径2.3厘米，国家博物馆藏，图片取自《古钱极品》。
②　【宋】李焘撰，上海师范大学古籍整理研究所、华东师范大学古籍整理研究所点校：《续资治通鉴长编》卷二十三《太宗太平兴国七年》，北京：中华书局，2004年，第525页。
③　【宋】刘恕：《十国纪年》，转引自【清】吴任臣撰，徐敏霞、周莹点校：《十国春秋》卷四十九《后蜀二》，北京：中华书局，2010年，第731页。
④　【宋】曾巩撰，王瑞来校证：《隆平集校证》卷十二《伪国·西蜀》，北京：中华书局，2012年，第355页。
⑤　【明】曹学佺：《蜀中广记》卷六七《方物·钱》，文渊阁《四库全书》本。
⑥　【清】吴任臣撰，徐敏霞、周莹点校：《十国春秋》卷四十九《后蜀二》，北京：中华书局，2010年，第725页。

（三）铁开元通宝、铁五金

五代十国时期许多政权，如南唐、闽等政权都曾铸造过铅、铁开元通宝钱。在四川地区也经常成批地出土铁开元钱。川地铁开元通宝有自己鲜明的特色，字体、形制、直径、厚度与会昌开元相当，其最大的特点为钱幕不规整，多移范痕迹，这与前后蜀时期的蜀钱风格一致。后蜀时期大量铸造铁钱，除了新的年号钱外，开元通宝也大量地使用铁来铸造，钱币窖藏中铁开元通宝往往夹杂着广政通宝等铁钱一起出土。因此我们推断，这种特征明显且大量在四川出土的铁开元通宝应当是后蜀政权所铸造，应该予以区分研究。

在成批的铁开元通宝中，还能够发现铁五金钱的身影。五金钱，宽缘，光幕，钱面篆书"五金"二字，类似于六朝时期"五铢"钱的省写，其面郭形制颇类隋五铢钱，钱幕平夷，钱体较厚，形制独特，出土多为铁钱。2002年汤阴所发现的20吨北宋钱币窖藏中发现一枚铜制五金钱，甚为稀少，有学者疑其为铸造铁钱所用之母钱（如图10-3所示）。[①]

图10-3　汤阴所出土的铜五金[②]

民国川籍古泉名家罗伯昭先生亦藏有一枚铜"五金"钱，罗伯昭先生非常珍爱这枚钱币，将其列入珍品之中。但是他也不能断定其铸造年代，怀疑或许是谯纵据蜀称成都王时所铸，他说：

蜀（五金）钱之"金"从"金"（有一种太平百钱之"金"字亦从"金"），其钱厚大，具内外郭，外轮阔缘，背郭多错范，"五"字收

---

① 刘屹华：《汤阴北宋窖藏出土"五金"铜钱》，《中国钱币》2005年第3期。
② 直径2.17厘米，图片取自刘屹华：《汤阴北宋窖藏出土"五金"铜钱》，《中国钱币》2005年第3期。

缩，似直百五铢，惟其上下横画，出接内外轮。就形制论，似出六朝末期，或谯纵据蜀称成都王时铸。①

铁五金钱，多与铁开元钱、铁广政钱一起出土，其铁质与铁开元钱、铁广政钱基本相同，通过对几枚铁开元、铁广政、铁五金标本的金属含量测定，进一步确定它们金属含量比例具有较高的相似性。另外，在汤阴的北宋窖藏中发现有五金钱，而在五代之前的窖藏中绝没有五金钱出土，亦足证五金钱为后蜀之故物。

（四）谈后蜀铁钱

后蜀时期，巴蜀历史上第一次大规模流通铁钱，并且采取了分区流通制。与公孙述据蜀时期铸造铁钱不同，后蜀时期行用铁钱并没有出现"百姓不用，商贾不行"的情况，而是因"精工与铜钱相类"而被市场接受。

孟昶初铸铁钱，只许其在外郡流通而不准其在成都地区行用，但广政末年以后，铁钱流入成都地区。费著《钱币谱》载："孟氏广政增铸铁钱于外郡，逮至末年流入成都，乾德四年（922），蜀地上行铁钱。"②当铁钱进入成都使用后，流通中铜、铁钱存量比约为十比一。《十国春秋》云："每钱千凡四石为铜，六百为铁。至是流入成都，率铜钱十分杂铁钱一分，大盈库钱③往往有铁钱相混，盖铸之精工与铜钱相类也。"④今日传世的广政通宝铁钱多锈蚀腐坏，但在当时，其质量应该是比较好的。

今天广政铁钱的存世量要远远高于广政铜钱，一方面是因为孟蜀时期铸铁钱的比例较高，另一方面是因后来蜀地成为铁钱的行用区域，蜀地铜钱大多被回收。宋平蜀之后，沈伦等以铁钱兑换民间铜钱，回笼上供。以

---

① 罗伯昭:《罗伯昭钱币学文集》，上海：上海古籍出版社，2017年，第147页。
② 【元】费著:《钱币谱》，转引自【宋】洪遵等:《泉志（外三种）》，上海：上海书店出版社，2018年，第181页。
③ 大盈库为唐代皇家贡品储藏的仓库，见《旧唐书·食货志》。此处的"大盈库钱"或即指后蜀国库中储存的钱币。
④ 【清】吴任臣撰，徐敏霞、周莹点校:《十国春秋》卷四十九《后蜀后主纪》，北京：中华书局，2010年，第730—731页。

后又禁铜钱入川，最后铁钱十枚兑换铜钱一枚。回收的铜钱大多被熔化并用于铸造新钱，因此导致后世广政铁钱的存世量要远大于广政铜钱。

后蜀时期大量地铸造铁钱具有重要的意义。一方面，这是我国历史上第一次大规模流通铁钱。其实早在秦汉，就有铁质半两钱和铁质五铢钱的存在，但是这些铁钱并不是官铸，直到公孙述据蜀时官方才第一次铸造铁钱。五代十国时期，各个政权所铸行的永隆通宝、天德通宝、乾封泉宝、永通泉货等钱币都有铁钱，占据四川的前蜀政权也铸造过铁钱，如光天元宝、乾德元宝就有铁钱，但是前蜀铁钱的数量不多。后蜀广政时期因为用度不足，开始大规模地铸造铁钱。"每钱千四百为铜，六百为铁"，铁钱的铸造量超过了铜钱的铸造量。另一方面，后蜀时期确定了货币的流通区域制，广政通宝铁钱初行于外郡，而不能在成都流通，这种分区流通的货币制度也具有重要意义，从某种程度上说，开启了两宋铁钱分区流通的先河。至广政末年，铁钱流入成都，铁钱的流通范围进一步扩大，这奠定了北宋时期四川成为铁钱流通区的基础。

应元保运——大蜀政权铸币

淳化年间僭此称，宋初书体认坚凝。

开炉如见腾欢祝，应运奈何运弗应。[①]

要谈宋初农民起义军铸钱，还要从北宋初年蜀地经济情况和王小波、李顺起义说起。北宋平蜀之后，宋廷把蜀地视为重要的财源基地，将蜀地的财物押送至京师以充实内府，并且在蜀地施行较为严苛的经济政策，最终导致社会矛盾激化，引发了遍及西蜀的农民起义，先后爆发了全师雄起义，王小波、李顺起义，王均起义。其中，王小波、李顺起义持续时间最长，涉及范围最广，建立了政权和职官，并且铸造货币，影响也最大。

（一）应运通宝、应运元宝

淳化五年（994），李顺攻占成都，自称"大蜀王"，改元"应运"，建立大蜀政权。起义军曾经铸行过应运通宝和应运元宝两种钱币，均有铜铁两种（如图11-1所示）。

应运钱书体为隶书，气韵雄厚，承袭五代铸造钱币的风韵。应运政权仅存在了几个月，因此应运钱存世量相当稀少，尤其是应运铜钱更为罕见。近年，湖北出土了一枚应运通宝铜钱，背月孕星，直径2.6厘米[②]，珍贵无比。

---

① 方若:《药雨古化杂咏》，北京：北京大学出版社，1988年，第70页。
② 戎畋松:《"应感通宝"钱述略》，《收藏》2015年第23期。

钱币收藏家孙鼎^①曾经收藏一枚应运元宝铜钱，该钱后来收藏于上海博物馆，其钱背磨损，几近平夷，重2.9克。应运铁钱也非常稀少，存世量不过百枚。罗伯昭先生藏有两枚应运通宝铁钱，后来一枚入藏上海市博物馆，一枚入藏国家博物馆。天津历史博物馆也藏有应运元宝铜钱一枚。^②

图11-1　应运通宝、应运元宝拓片^③

　　早在北宋年间就有出土应运钱的记录，沈括《梦溪笔谈》卷二十《神奇》载一事：

　　　　庐山太平观乃九天采访使者祠，自唐开元中创建。元丰二年道士陶智仙营一舍，令门人陈若拙董作，发地忽得一瓶，封镭甚固，破之，其中皆五色土，唯有一铜钱，文有"应元保运"四字，若拙得之以归其师，不甚为异。至元丰四年，忽有诏进号九天采访使者为应元保运真君，遣内侍廖维持御书殿额赐之，乃与钱文符同。时知制诰熊本提举太平观，具闻其事，召本观主首推诘其详，审其无伪，乃以其钱付廖维表献之。^④

　　"应元保运"即"应运元宝"之误读。叶德辉在其《古泉杂咏》中也提到此事，还特地作诗一首：

---

①　孙鼎（1908—1977），字师匡，安徽桐城人。1930年毕业于上海交通大学电机科，一生致力电机制造业，成为电机制造业的专家。与此同时，孙鼎先生对古器物具有很深的研究。他年轻时，便与其舅父、著名金石家周进（季木）过从甚密，耳濡目染，以致嗜古成癖，博通金石文字诸学。他对古陶文、玺印和封泥等方面的研究尤为深入，家藏陈侯午敦为近世鼎彝中之名器。之后他对古钱币产生兴趣，收藏大量古泉珍品。

②　霍宏伟：《古钱极品》，北京：中华书局，2016年，第219页。

③　应运通宝，直径2.6厘米，图片取自戎畹松：《"应感通宝"钱述略》，《收藏》2015年第23期。应运元宝直径2.3厘米，孙鼎旧藏，现藏上海博物馆，图片取自《中国珍稀钱币》。

④　【宋】沈括撰，金良年点校：《梦溪笔谈》卷二十《神奇》，北京：中华书局，2015年，第199—200页。

应元保运一瓶封，清静无为道德宗。

金玉满堂长富贵，吉祥止止老犹龙。[①]

关于应运元宝，王荫嘉[②]先生也有专门的论述。他说"钱文之有'应'字者，无一不稀，如应天、应圣、应历、应感、应运之属"。王荫嘉先生还录有孟仁言《识小编》一书中与应运钱有关的一件奇事：

慕庐韩先生（菼）少贫困。乡荐后，犹借馆读书。岁壬子，暇游荆洛间。忽有人持关书聘金来寓，曰：奉主人命，请先生授生徒焉。遂欣然就道……而主人已排闼入，若知先生之欲觇之也者，曰：先生勿疑，吾实冥府官也，敬君学品，故聘求教子……今赠君一钱，即当如钱之文，应运而元，大魁天下，宝之宝之。遂遣使送归，资赠甚厚。次年癸丑，先生应会试果擢第一。

王荫嘉先生在文后附加按语：

韩氏自文懿公后，科第连绵，至今为吴门旺族……篇中如"有人""遣使""资赠"等语均记人事而非鬼事，意其绿林豪侠之流。时当升平，公又显位，直言秉笔，有冒忌讳，不如寓意阴曹之得体。赠钱数言，显将钱文"应运元宝"四字和盘托出，毫不牵强。惜其钱之是否尚存，无从稽考。[③]

此亦为应运元宝的一件奇事，录于兹，与好奇者共之。

（二）应感通宝

旧谱中又有"应感通宝"，有铜铁两种，因为史无明载，且没有年号表记，因此长期被列入"无考品"。马定祥批点《历代古钱图说》云：

---

① 叶德辉：《古泉杂咏》，《丛书集成续编》本，上海：上海书店出版社，1995年，第340页。
② 王荫嘉（1892—1949），字苍虬，号殷泉，江苏吴县人。爱好金石考古、目录版本之学，尤爱钱币，藏有历代钱币、古今纸币、金银币和钱范等数万枚，是民国时期上海泉币学社主要发起人之一，负责社刊《泉币》总校对工作，又是主要撰稿人，先后在《泉币》杂志发表论文80余篇。
③ 《泉币》第二十一期，一九四三年十一月，见王荫嘉：《王荫嘉钱币学论集》，上海：上海古籍出版社，2008年，第27页。

"（应感通宝）与应运钱同为北宋初蜀李顺铸，并有铁钱，均珍。"应感通宝钱与应运钱字体风格皆为隶书笔意，朴拙可爱，"应"字俱少一横，"通"字均为方头通，"宝"字均为圆贝宝，从文字形制来看，为同时期铸造无疑（如图11-2所示）。

图11-2　应感通宝铜钱①

罗伯昭曾记载，1939年简阳出土过应感通宝：

> 民国廿八年，四川简阳胡家场出土铁钱数千，皆开元、宋元、太平、淳化小平，无淳化以后钱。成都估刁崇和收之，择出广政数枚，应运二枚，应感一枚。②

应感钱有铜、铁两种，且铁钱多于铜钱，与五代宋初的蜀地铁钱多、铜钱少的情况吻合。1939年简阳窖藏中无淳化以后钱，窖藏钱币下限当为宋初。窖藏中应运、应感同时发现，说明两者为同时行用的钱币，且至迟不晚于宋初。则"应感通宝"为宋初起义军铸币明矣！罗伯昭先生也对应感铁钱的时代进行过考证：

> 考应感铁钱，各谱皆列无考品，然其文字尚遗十国风度，而宝字圆贝，又与应运铁钱同，况有铁钱同时出土四川之铁证，则可断其为

---

① 直径2.4厘米，图片取自《历代农民起义军钱币》。
② 罗伯昭：《罗伯昭钱币学文集》，上海：上海古籍出版社，2017年，第163页。

李顺铸，毫无疑义！[1]

应感钱极为稀少，存世仅数品，其中，上海博物馆藏有应感通宝一枚[2]，北京历史博物馆也藏有一枚。

---

[1]　罗伯昭:《应感铁钱》，转引自霍宏伟:《古钱极品》，北京:中华书局，2016年，第219页。
[2]　上海市博物馆青铜器研究部:《上海博物馆藏钱币·宋辽金西夏钱币》，上海:上海书画出版社，1994年，第1795页。

点铁成金——北宋川峡四路铁钱

　　果然点铁尽成金，周郭分明见匠心。

　　万选当时邀乙览，几经劫火未销沉。[①]

　　铁钱因为存世数量众多，历来不被泉家重视。道光年间，刘喜海任四川观察使，客于西川，留心铁泉，开启了研究巴蜀铁钱的先河。鲍康[②]《观古阁丛稿·题两宋铁钱拓本册》载：

　　　　两宋铁钱昔人未经著录，南宋则尤少，蜀中市肆盈千累百，而迄无人过问，自刘燕庭丈宦蜀始物色之，背文奇怪百出，而嘉定各宝多至十余种。忆壬子访燕庭京师寓斋，见几案下尚堆积数千枚，皆不可识辨，燕庭惠余全拓凡三百九十三种，李竹朋辑《古泉汇》曾选去不少。[③]

　　巴蜀铸造铁钱肇于公孙述，历经前后蜀，至宋代臻于极盛，开我国铁钱流通专区的先河。有宋一代，铁钱铸造数量动辄亿万，品类至百千种，近世往往大量出土，至今泉界仍有"川铁"的称呼。

---

①　叶德辉《古泉杂咏》，《丛书集成续编》本，上海：上海书店出版社，1995年，第324页。

②　鲍康（1810—？），字子年，安徽歙县人，官至四川夔州知府。鲍康生平癖嗜泉币，与刘喜海、李佐贤过从甚密，著《泉说》《续泉说》各一卷，有金石题跋《观古阁丛稿》三编若干卷。

③　【清】鲍康；《观古阁丛稿》，转引自叶德辉《古泉杂咏》，《丛书集成续编》本，上海：上海书店出版社，1995年，第324页。

（一）川峡四路铁钱流通区的形成

巴蜀地区使用铁钱的历史源远流长，早在东汉建武六年（30）公孙述据蜀时期就开始铸铁钱，这是中国历史上最早的官铸铁钱。到五代十国前蜀时期，巴蜀地区又开始铸造铁钱，前蜀的光天元宝、乾德元宝均有铁钱，但是数量不多。孟蜀广政时期，四川地区开始大规模地铸行铁钱。《蜀中广记》载"孟氏广政间，增铸铁钱于外郡，边界参用，每钱千分，四百为铜，六百为铁"，开启了四川铜钱、铁钱混用的历史。当时市面上流行的钱币整体上还是铜钱多、铁钱少，铁钱主要在成都以外的地区流通。到了广政末年，铁钱流入成都，市面上"铜钱十分杂铁钱一分"，铜钱铁钱比例为9∶1，铁钱仅仅占据市面流通钱币总量的一成。后蜀时期铁钱铸工精良，"往往有铁钱与铜钱相混莫辨"①。孟蜀时期铸造、使用铁钱，为巴蜀地区在宋代成为铁钱流通区创造了条件。

北宋乾德三年（965）平蜀后，巴蜀地区铁钱越来越多。一方面，朝廷仍然允许四川地区流通铁钱。《宋史》载"蜀平，听仍用铁钱"②。另一方面，宋廷统一全国的战争需要大量的财富，因此将受战乱破坏较少的巴蜀地区的财富大量地运往开封，补充中央政府的财政支出，并且在蜀地铸造铁钱换取铜钱，将铜钱运送京师。《宋史·食货志》载："（在蜀地）悉取铜钱上供，及增铸铁钱易民铜钱，益买金银装发，颇失裁制，物价滋长，铁钱弥贱"③，"寻又禁铜钱入川界"④，铜钱的减少，铁钱的增发，导致铁钱贬值，"铁钱十乃直铜钱一"⑤。开宝三年（970），朝廷颁行了禁铜钱入川的法令，《续资治通鉴长编》载："（开宝三年）始令雅州百丈县置监，铸铁钱，禁铜钱入川。"⑥这项规定进一步把巴蜀地区变成为铁

① 【明】曹学佺：《蜀中广记》卷六七《方物·钱》，文渊阁《四库全书》本。
② 【元】脱脱等：《宋史》卷一百八十《食货志》，北京：中华书局，1985年，第4376页。
③ 【元】脱脱等：《宋史》卷一百八十《食货志》，北京：中华书局，1985年，第4376页。
④ 【宋】李焘撰，上海师范大学古籍整理研究所、华东师范大学古籍整理研究所点校：《续资治通鉴长编》卷二三《太平兴国七年八月》，北京：中华书局，2004年，第525页。
⑤ 【宋】李焘撰，上海师范大学古籍整理研究所、华东师范大学古籍整理研究所点校：《续资治通鉴长编》卷二三《太平兴国七年八月》，北京：中华书局，2004年，第525页。
⑥ 【宋】李焘撰，上海师范大学古籍整理研究所、华东师范大学古籍整理研究所点校：《续资治通鉴长编》卷一一《开宝三年十二月》，北京：中华书局，2004年，第255页。

钱专行区。此时虽然规定禁止铜钱入川界，但是巴蜀地区还是铜、铁钱兼用区。开宝六年（973）朝廷以"铁锡钱轻，四直铜钱之一"，"剑南诸州官市金银丝绢茶盐，悉以铁锡钱四当铜钱之一"①，官方规定铜、铁钱兑换比率是1：4。

太平兴国四年（979），朝廷弛铜钱入川之禁令，并且发布诏书，收税和诸课利钱，十分中缴纳铜钱一分。《蜀中广记》载：

> （太平兴国四年）诏两税及诸课利钱率十分输铜钱一分。时旧钱已竭，民间骚扰，北客乘时贩铜钱入蜀，以一钱易铁钱十四。至有因铜钱三五毁发古冢，剔取神像犯刑者，朝廷察知，诏仍旧止输铁钱，人心乃安。②

太平兴国四年虽许铜钱入川，纳税时铜铁钱并征，但是蜀地已经没有铜钱了。北方商人贩铜钱入川，铜钱一枚易铁钱十四枚。有人甚至因为三五枚铜钱就盗掘古冢或剔取神像上的铜。这给蜀地民众带来不便，最后朝廷也只好下令，赋税"止输铁钱"，至此，蜀地成为完全的铁钱流通区域。③

巴蜀地区成为铁钱流通区具有重要的意义，这是历史上第一个专门的铁钱流通区；是巴蜀地区长时期铸造和使用铁钱的结果；代表着市场完全接受了铁这种金属作为贸易的一般等价物。借鉴巴蜀地区的经验，朝廷又相继设置了众多的铁钱流通区和铜铁混用流通区。因为铁钱币值较低，不便于大宗交易，因此也催生了世界上第一种纸币——交子。巴蜀地区铁钱的行用可谓承前启后、继往开来，在中国乃至世界货币金融史上，都是不能绕开的话题。

---

① 【清】徐松辑，刘琳等校点：《宋会要辑稿·刑法三》，上海：上海古籍出版社，2014年，第8393页。
② 【明】曹学佺：《蜀中广记》卷六七《方物·钱》，文渊阁《四库全书》本。
③ 北宋至道年间朝廷曾经诏令蜀地偶尔参用铜钱，但川峡四路再也没有铸造过铜钱，随着铁钱的大量铸造，铜钱在蜀地逐渐绝迹。至神宗熙宁元丰年间，川峡四路已经难觅铜钱踪迹，成为当时唯一的铁钱专行区。宋代成书的《中书备对》明确记载当时全国行使铁钱的有四路，即川峡四路。《续资治通鉴长编》载："铜钱行于天下，铁钱止于川峡。"

（二）淳化元宝大铁钱

巴蜀地区逐渐成为铁钱流通专区，因为铁钱币值较低，百姓行用不便。太宗淳化二年（991），赵安易建议铸当十大铁钱，即淳化元宝当十大铁钱，"御书钱式，遣诣川峡路诸州冶铸"[①]，但铸造不久即罢铸。《宋史》详载其事：

> 淳化中，（赵安易）尝建议以蜀地用铁钱，准铜钱数倍，小民市易颇为不便，请如刘备时令西川铸大钱，以十当百。下都省集议，吏部尚书宋琪等言："刘备时盖因患钱少，而改作，今安易之请反患钱多，非经久计也。"而安易论请不已，仍募工铸大钱百余进之，极其精好，俄坠殿阶皆碎，盖镕铄尽其精液矣。太宗不之诘，犹嘉其用心，赐以金紫，且遣其典铸。既而大有亏耗，岁中裁得三千余缗，众议喧然，遂罢之。[②]

淳化四年（993），爆发了王小波、李顺起义，四川各地的钱监基本停止铸造。《续资治通鉴长编》载："益、邛、嘉、眉等州岁铸钱五十余万贯，自李顺作乱，遂罢铸。"[③]通过这条材料也可以知道，王小波、李顺起义之前，四川不仅仅有雅州百丈监，还有益州、邛州、嘉州、眉州等地的钱监，并且铸额也不小。

淳化元宝大铁钱铸造时间短，铸造量也很少，《宋史》载"才得三千余缗"，又加上铁钱不易保存，因此存世甚稀。罗伯昭旧藏淳化元宝大铁钱一枚，他说：

> 淳化铁钱，亦出西川，小平行书者尚多，真书次之，行书最少，余仅获二品，他亦未见。折十大泉，仅真书一种，传世亦稀……折十大钱，昙花一现，期年即罢，故其钱不多觏，铜者则尚未有闻也。[④]

---

① 【元】脱脱等：《宋史》卷一百八十《食货志》，北京：中华书局，1985年，第4378页。

② 【元】脱脱等：《宋史》卷二百五十六《赵安易传》，北京：中华书局，1985年，第8941–8942页。

③ 【宋】李焘撰，上海师范大学古籍整理研究所、华东师范大学古籍整理研究所点校：《续资治通鉴长编》卷五十九《真宗景德二年》，北京：中华书局，2004年，第1315页。

④ 罗伯昭：《罗伯昭钱币学文集》，上海：上海古籍出版社，2017年，第165页。

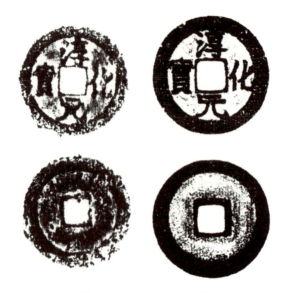

图12-1　淳化元宝大铁钱[①]

（三）景德元宝大铁钱

景德二年（1005）二月，宋真宗下诏给知益州张咏和益州路转运使黄观，让他们铸造铁钱。张咏和黄观商议后，决定在嘉州和邛州铸景德大铁钱，每贯二十五斤八两，每枚大铁钱兑换十枚小铁钱或一枚铜钱，大铁钱与小铁钱、铜钱同时流通，以解决四川地区的通货紧缺危机。每贯景德大铁钱用铁料30斤，铸成后重25斤8两。《续资治通鉴长编》载："诏知益州张咏与转运使黄观同议，于嘉、邛二州铸景德大铁钱，如福州之制，每贯用铁三十斤，取二十五斤八两成，每钱直铜钱一，小铁钱十，相兼行用，民甚便之。"[②]

景德大铁钱每贯25斤8两，一枚大铁钱等同于十枚小平铁钱或者一枚铜钱。相较于十枚直一小铁钱或者一枚铜钱，每贯25斤8两的景德大铁钱实际上偏重，于是民间常常私熔大铁钱来铸造器物。《蜀中广记》载：

---

① 左品直径3.2厘米，罗伯昭旧藏，图片选自《罗伯昭钱币学文集》。右品直径3.0厘米，高六吉旧藏，图片选自《中国历代货币大系》。

② 【宋】李焘撰，上海师范大学古籍整理研究所、华东师范大学古籍整理研究所点校：《续资治通鉴长编》卷五十九《真宗景德二年》，北京：中华书局，2004年，第1315页。

先是，蜀中小铁钱每十当一，贸易非便。其后别铸大钱，贯重二十五斤，每一当小钱十。三司言："民有盗镕大钱一千，范为器用，鬻钱二千，故盗镕者众。"①

熔化一贯铁钱为器物能卖得两贯大铁钱，丰厚的利润导致民众纷纷私熔大铁钱。这种破坏法定货币的行为严重扰乱了经济秩序，同时也暴露出景德大铁钱过重的问题。

针对这种盗熔景德大铁钱的问题，朝廷中有多种解决对策：转运使赵祯认为应该铸造当十大铜钱；知益州凌策提出减轻景德大铜钱的重量，认为"钱轻则行者赍，铁少则熔者自息"，最后朝廷采用了凌策的建议。《续资治通鉴长编》载其事：

西川用景德新铸钱将十年，以铁重，民多镕为器，每一千得铁二十五斤，鬻之直二千。转运使赵祯言其非便，请铸大铜钱一当十，诏三司议，未决。知益州凌策请减景德之制，别铸大铁钱，每一千重十二斤十两，仍一当十，其旧钱亦许兼用；且言钱轻则行者易贵，铁少则镕者鲜利。乙亥，诏从其请。②

图12-2　景德元宝大铁钱③

---

① 【明】曹学佺：《蜀中广记》卷六七《方物·钱》，文渊阁《四库全书》本。
② 【宋】李焘撰，上海师范大学古籍整理研究所、华东师范大学古籍整理研究所点校：《续资治通鉴长编》卷八十二《真宗大中祥符七年》，北京：中华书局，2004年，1865-1866页。
③ 直径3.5厘米，李荫轩、邱辉夫妇旧藏。邱辉为近现代著名金石学家、藏书家李荫轩（1911—1972）之妻。李荫轩字国森，号选青，祖籍安徽合肥，李鸿章五弟李凤章之孙。李荫轩自幼开始收藏历代钱币，大量收集中国、欧洲、美洲古币及历代中外徽章，共达3万枚之多，因号室名"选青草堂"，为甄选青蚨（古泉）之意。1979年邱辉决定将所有藏品全部捐献给上海博物馆。

（四）祥符元宝大铁钱

大中祥符七年（1014），朝廷采纳知益州凌策的建议，铸造减重大铁钱，即祥符大铁钱。祥符大铁钱重量为景德大铁钱的一半，每一千重12斤10两，与小钱的比值仍是一当十。当时祥符大铁钱是由嘉州丰远监和邛州惠民监铸造。[①] 祥符铁钱的价值与币值基本相同，民间私自销毁大铁钱取利的现象得以避免。

鼓铸祥符大铁钱后，虽然"其旧钱亦许兼用"[②]，但是小铁钱逐渐被替代。之后，北宋基本上都是按照祥符元宝大铁钱的形制铸造折十铁钱。

罗伯昭先生曾藏祥符元宝折十铁母一枚，铜质，甚稀，收入《沐园四十泉拓》中。[③] 戴葆庭[④] 先生亦藏有一品铜质铁母，收录《戴葆庭集拓中外钱币珍品》之中。

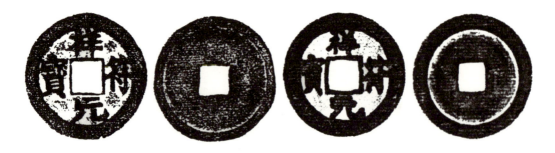

图12-3　祥符元宝大铁钱、铁母[⑤]

---

① 【宋】李心传：《建炎以来系年要录》卷一六九"绍兴二十五年八月甲午"条，北京：中华书局，2013年，第5405页。
② 【宋】李焘撰，上海师范大学古籍整理研究所、华东师范大学古籍整理研究所点校：《续资治通鉴长编》卷八十二《真宗大中祥符七年》，北京：中华书局，2004年，第1865-1866页。
③ 罗伯昭：《罗伯昭钱币学文集》，上海：上海古籍出版社，2017年，第260页。
④ 戴葆庭（1895—1976），字足斋，浙江绍兴人，中国近代钱币收藏家。1940年参与发起成立中国泉币学社、创办双月刊《泉币》杂志，负责日常工作。先后协助丁福保编纂《古钱大辞典》《历代古泉图说》《古钱学纲要》等著作。编著有《足斋泉拓》《寿泉集拓》和《戴葆庭集拓中外钱币珍品》等书谱。
⑤ 左品直径3.4厘米，戴葆庭旧藏；右品直径3.4厘米，戎畋松藏。图片取自《中国历代货币大系》。

（五）嘉祐停铸与熙宁重铸

宋真宗景德年间宋、辽"澶渊之盟"议和，少有战事，国家进入和平发展的阶段，巴蜀地区的铁钱铸造也进入稳定时期。

仁宗时期蜀中各个钱监都是铸造祥符样式的减重大铁钱，旧时兼行的小铁钱往往被钱监回收熔铸。《宋史》有设置合州监销熔小铁钱的记载：（庆历五年十二月丙辰）"梓州路转运使崔辅、判官张固亦请即广安军鱼子铁山采矿炭，置监于合州，并销旧小钱以铸减轻大钱"①。从"销旧小钱以铸减轻大钱"的记载可以看出，当时钱监的工作就是销熔小钱，改铸"减轻大钱"，即铸造同祥符大铁钱等重的铁钱。

到仁宗嘉祐年间，川峡四路铁钱已经铸造了四十余年。市面上铁钱数量也呈现出过剩的态势，所谓"铁钱唯行于两川，岁加铸无止，故钱轻而货重，商旅不能通行"②。铁钱过剩，钱轻物重，不利于商业流通，同时铸造铁钱所需要的铁和炭，也成了蜀地人民的负担，《蜀中广记》载："蜀钱甚多，嘉、邛州岁科衙前以铁，科民以炭，颇为扰。"③于是朝廷在嘉祐年间下令川峡四路暂停铸造铁钱。

蜀地罢铸铁钱是分段进行的。首先是知益州张方平为三司使，减少四川铁钱铸额。（嘉祐元年八月）"吏部侍郎、知益州张方平为三司使……奏……减兴、嘉、邛州铸钱十余万，蜀人便之"④。龚鼎臣《东原录》亦载："兴州济众监每岁铸钱七万余贯，近张方平自益州入作计相，因减课程一半，并嘉州监亦减半，唯邛州监依旧。"⑤嘉祐元年减铸之后，蜀中铁钱仍然过剩严重，于是转运使赵抃乞罢铸十年，嘉祐四年（1059），朝廷命令嘉州、邛州停止铸造，"以休民力"，"独兴州铸钱三万缗"⑥。

---

① 【元】脱脱等：《宋史》卷一百三十三《食货志》，北京：中华书局，1985年，第4380页。
② 【宋】王珪：《王懿敏墓志铭》，曾枣庄、刘琳主编：《全宋文》，上海：上海辞书出版社，2006年，第五十三册，第315页。
③ 【明】曹学佺：《蜀中广记》卷六七《方物·钱》，文渊阁《四库全书》本。
④ 【宋】李焘撰，上海师范大学古籍整理研究所、华东师范大学古籍整理研究所点校：《续资治通鉴长编》卷一三八《仁宗嘉祐元年》，北京：中华书局，2004年，第4435-4436页。
⑤ 【宋】龚鼎臣：《东原录》，清十万卷楼丛书本。
⑥ 【元】脱脱等：《宋史》卷一百八十《食货志》，北京：中华书局，1985年，第4382页。

自嘉祐四年到熙宁六年（1073），嘉州、邛州停铸铁钱，市面上铁钱逐渐短缺，两州才重新开始铸钱。但这次嘉、邛两州并未按旧额铸造，而是只铸造旧额之一半，《续资治通鉴长编》载："（熙宁六年五月）成都府路转运司言：'嘉、邛州罢铸钱累年，民间见钱阙乏。乞下三司详度，减半铸，与交子相权。'"①减半铸造的情况一直持续到熙宁、元丰之交，毕仲衍《中书备对》记载："四路行使铁钱"，"嘉州二万五千贯，邛州七万三千二百三十四贯，兴州四万一千贯，以上三州皆铸大钱"②。嘉州、兴州所铸之铁钱，大约为嘉祐元年铸量的一半，此时三监所铸之钱大约相当于嘉祐元年减铸之后的数目。元丰之后，各钱监铸造量逐年增加，不但恢复旧额，甚至还超过了嘉祐元年减铸前的数目。③《宋会要辑稿》所载嘉州、邛州、兴州三监的铁钱铸造额，其时大约在元丰年间："兴州济众监，额四万贯文，旧额三万九千二百六十三贯二百五十文，每贯重一十二斤十二两；嘉州丰远监，额八万六千六百一十七贯，旧额四万贯；邛州惠民监，额一十万九千八百五十一贯，旧额十二万六百二十二贯。"④三监所铸二十三万余贯，已经超过嘉祐元年的铸量。

与此同时，神宗时期还增设钱监。神宗熙宁、元丰间，新设置了南平军广惠监，重新启用了雅州监，又增设万州监，并且进一步扩大了铸币的规模。

南平军广惠监。具体设置时间不详，仁宗时期尚未见记载，但《舆地纪胜》载夔州路南平军有钱监，"自元丰二年（1079）吴洪申请后，增铸至六万贯，名广惠监"⑤。可见广惠监在元丰二年之前就已经存在，其设置年代大约在熙宁年间。⑥至元丰二年，增铸至六万贯。

① 【宋】李焘撰，上海师范大学古籍整理研究所、华东师范大学古籍整理研究所点校：《续资治通鉴长编》卷二四五《神宗熙宁六年》，北京：中华书局，2004年，第5961页。
② 【宋】毕仲衍撰，马玉臣辑校：《〈中书备对〉辑佚校注》，开封：河南大学出版社，2007年，第226页。
③ 汪圣铎：《两宋货币史》，北京：社会科学文献出版社，2003年，第502页。
④ 【清】徐松辑，刘琳等校点：《宋会要辑稿》《食货一一·铸钱监》，上海：上海古籍出版社，2014年，第6211–6212页。
⑤ 【宋】王象之著，李勇先校点：《舆地纪胜》卷一八〇《夔州路·南平军》，成都：四川大学出版社，2005年，第5235页。
⑥ 汪圣铎：《两宋货币史》，北京：社会科学文献出版社，2003年，第503页。

雅州钱监。雅州旧有钱监，但已废弃多年，至元丰三年又重新设立起来。

万州钱监。因"万州铁矿甚多"，朝廷于元丰六年设置万州钱监，每岁"收净利三万二千缗"①。

神宗时期大兴鼓铸，导致铁钱逐渐贬值。宋真宗大中祥符年间铸造减重祥符大铁钱，规定每一枚大铁钱值小铁钱十，与铜钱一枚等值。到神宗熙宁年间，这种兑换关系早已被打破，每两枚大铁钱才折合一枚铜钱。《续资治通鉴长编》载川峡四路"以铁钱二当铜钱一"②。高承《事物纪原》也讲道："今铁钱止行于川峡，而二当铜钱一。"③这种铁轻铜重的现象一方面是因为大量铸造铁钱，导致铁钱泛滥，另一方面则因各钱监所铸铁钱不断减重，铁钱本身价值降低，因此才导致铜铁比价失衡。

北宋后期的铸币情况史料记载不多，其铸量基本上沿用元丰年间的旧制，而于绍圣三年（1096）朝廷又增设了广积监。④宋徽宗时期，陕西铁钱严重贬值，并且"流入川界"，在川峡地区导致"钱轻物重"的通货膨胀现象⑤。但是朝廷为了缓解陕西铁钱的迅速贬值，最终还是允许陕西铁钱入川。陕西铁钱入川，导致川铸铁钱和陕铸铁钱混杂使用，致使后人在研究中很难断定出土于四川的北宋铁钱究竟是四川铸造还是陕西铸造。

（六）北宋蜀地的钱监

钱监之名始于唐代，前文已经提及，巴蜀地区在唐初就设置了钱监，但巴蜀地区钱监的大发展是在宋代。北宋时期巴蜀大地上设立有众多的钱监，有些一直延续到南宋，这些钱监是巴蜀地区铸钱的主要机构。为了使读者更清晰地了解北宋钱监的兴废，笔者现将北宋钱监的资料胪列于后：

① 【宋】李焘撰，上海师范大学古籍整理研究所、华东师范大学古籍整理研究所点校：《续资治通鉴长编》卷三百三十五《神宗元丰六年》，北京：中华书局，2004年，第8064页。
② 【宋】李焘撰，上海师范大学古籍整理研究所、华东师范大学古籍整理研究所点校：《续资治通鉴长编》卷二百六十一《神宗熙宁八年》，北京：中华书局，2004年，第6357页。
③ 【宋】高承：《事物纪原》卷十，明弘治十八年魏氏仁实堂重刻正统本。
④ 【元】脱脱等：《宋史》卷十八《哲宗本纪》，北京：中华书局，1985年，第345页。
⑤ 【元】脱脱等：《宋史》卷一八〇《食货志》，北京：中华书局，1985年，第4391页。

1. 益州旧监

宋平蜀后，于成都府路益州旧监铸新钱，时称平蜀钱。[①]这里的益州旧监或许就是后蜀铸钱之地。

2. 雅州百丈县开宝监

雅州百丈县开宝监创设于北宋开宝年间，《续资治通鉴长编》载开宝三年（970）"始令雅州百丈县置监，铸铁钱，禁铜钱入川"[②]。之后蜀地发生王小波、李顺起义，开宝监也因为起义的影响而停铸。到元丰三年（1080）才得以恢复，铸额两万缗，《续资治通鉴长编》载："（元丰三年十一月）丁巳，三司言：'乞依成都府路转运司奏，兴复雅州钱监鼓铸钱，且以二万缗为额，候将来成伦序，每年铸三万缗。'从之。"[③]元丰之后，此监不见于记载。

3. 益州、眉州钱监

益州钱监、眉州钱监，是北宋前期存在的铁钱监。《续资治通鉴长编》载，"先是，益、邛、嘉、眉等州岁铸钱五十余万贯，自李顺作乱，遂罢铸，民间钱益少"[④]。益州钱监、眉州钱监存在于北宋前期，其创设与废罢年代无考，或许在王小波、李顺起义之后就没有再恢复铸钱。

4. 嘉州丰远监

《元丰九域志》载："景德二年置"嘉州丰远监，其位置在"（嘉）州（城）北五十步"[⑤]，熙宁之后，嘉州丰远监废止。[⑥]南宋绍兴三十一年（1161），有人请复嘉州监，但是因为"无铁可用"而作罢。[⑦]

---

① 阎福善：《两宋铁钱》，北京：中华书局，2000年，第413页。

② 【宋】李焘撰，上海师范大学古籍整理研究所、华东师范大学古籍整理研究所点校：《续资治通鉴长编》卷十一《开宝三年》，北京：中华书局，2004年，第255页。《玉海》卷一八〇《食货·钱币》记载百丈县开宝监是在开宝四年（971）设立，与之略有出入。

③ 【宋】李焘撰，上海师范大学古籍整理研究所、华东师范大学古籍整理研究所点校：《续资治通鉴长编》卷三百十《神宗元丰三年》，北京：中华书局，2004年，第7519页。

④ 【宋】李焘撰，上海师范大学古籍整理研究所、华东师范大学古籍整理研究所点校：《续资治通鉴长编》卷五十九《真宗景德二年》，北京：中华书局，2004年，第1315页。

⑤ 【宋】王存撰，王文楚、魏嵩山点校：《元丰九域志》卷七《成都府路》，北京：中华书局，1984年，第314页。

⑥ 佚名：《宋史全文》卷二十二《宋高宗》，北京：中华书局，2016年，第1178页。

⑦ 【宋】李心传：《建炎以来系年要录》卷一百八十八，北京：中华书局，1988年，第3146页。

5. 邛州惠民监

邛州惠民监是北宋四川重要的铁钱监，存在时间长，铸造量很大。《元丰九域志》载此监创立于咸平四年（1001），位于邛州"州南六十里"[①]。嘉祐四年（1059）十月，惠民监停铸十年，直到熙宁六年（1073）五月才恢复铸造。北宋时期惠民监的铸额比较大，《中书备对》载元丰初年惠民监铸币岁额七万三千二百三十四贯，《宋会要辑稿》载惠民监铸币岁"额一十万九千八百五十一贯，旧额十二万六百二十二贯"[②]。

惠民监一直延续到南宋时期，建炎二年（1128），朝廷命令惠民监暂时停铸，又于绍兴三十一年（1161）恢复铸造，铸额每年三万缗。[③]淳熙六年（1179）改铸折三钱[④]，嘉定年间邛州惠民监又铸当五大钱。[⑤]南宋惠民监具体废止年代不详，当毁于南宋末的宋蒙战争。

6. 兴州济众监

济众监规模较小，但是存在时间较长，即使在嘉祐停铸之时，济众监也没有停止铸造。《元丰九域志》载济众监创制于景德三年（1006），位于"（兴）州（城）东一百二十步"[⑥]。天圣时因铁不足而削减规模，《续资治通鉴长编》载："（天圣三年四月）庚辰，三司言：'兴州济众监旧铸钱四炉，岁凡铸五万三千贯。比来民输铁不足，而所铸钱行川界有余，请权减一炉。'从之。"[⑦]《宋史·食货志》载，自嘉祐四年嘉、邛等州停铸十年，至治平年间，"独兴州铸钱三万缗"[⑧]。《宋会要辑稿》载济众监

---

① 【宋】王存撰，王文楚、魏嵩山点校：《元丰九域志》卷七《成都府路》，北京：中华书局，1984年，第315页。
② 【清】徐松辑，刘琳等校点：《宋会要辑稿·食货一一》，上海：上海古籍出版社，2014年，6211—6212页。
③ 【宋】李心传：《建炎以来系年要录》卷一百八十八，北京：中华书局，1988年，第3146页。
④ 【宋】李心传：《建炎以来系年要录》卷一百八十八，北京：中华书局，1988年，第3147页。
⑤ 【宋】李心传撰，徐规点校：《建炎以来朝野杂记》乙集卷十六《四川行当五大钱事始》，北京：中华书局，2000年，第793页。
⑥ 【宋】王存撰，王文楚、魏嵩山点校：《元丰九域志》卷八《利州路》，北京：中华书局，1984年，第360页。
⑦ 【宋】李焘撰，上海师范大学古籍整理研究所、华东师范大学古籍整理研究所点校：《续资治通鉴长编》卷一百三《仁宗天圣三年》，北京：中华书局，2004年，第2380页。
⑧ 【元】脱脱等：《宋史》卷一百八十《食货志》，北京：中华书局，1985年，第4382页。

"额四万贯，旧额三万九千二百六十三贯二百五十文"①。可见此监铸造额度不高，徘徊在三四万贯左右。至南宋时期济众监就不见于记载了，可能在北宋末因边事而废止。

7. 南平军广惠监

广惠监设置于北宋，具体设置年月不详。《舆地纪胜》载："（南平军）铸钱监，在军南一里许，渡溪而上，于归正坝、松岭鼻等处取铁，岁铸四万贯。自元丰二年……增铸至六万贯，名广惠监。绍熙末郡守张鼎以取铁炭远，鼓铸不充，遂废。"②李心传《建炎以来朝野杂记》载："南平军（旧岁铸）数千缗，绍兴末皆减。"（原注：南平军以矿苗少亦减为千缗，并充省计。）③广惠监在北宋时期铸额较多，元丰年间尚可以达到六万贯，至南宋每岁仅铸数千缗，并且铸量还在减少，最后减为千缗，在绍兴末年被废。

8. 万州广济监

万州广济监是夔州路的一个小监，设置于元丰六年（1076），罢废于宣和六年（1124）。《续资治通鉴长编》载："（元丰六年五月癸未）夔州路转运司言：'万州铁矿甚多，乞创钱监，岁可收净利三万二千缗，应副本路。'从之。"④此次所创钱监即万州监。《玉海》载："宣和六年七月，罢万州广济监。"⑤广济监存在时间为五十年左右。

9. 施州广积监

施州广积监是夔州路的另一个小钱监。其创设于绍圣三年（1096）⑥，一直延续到南宋绍兴年间，铸额较小。李心传记载："施州旧亦铸钱万

---

① 【清】徐松辑，刘琳等校点：《宋会要辑稿·食货一一》，上海：上海古籍出版社，2014年，第6211-6212页。

② 【宋】王象之：《舆地纪胜》卷一八〇《夔州路》，成都：四川大学出版社，2005年，第5235页。

③ 【宋】李心传撰，徐规点校：《建炎以来朝野杂记》甲集卷十六《川陕铸钱》，北京：中华书局，2000年，第359页。

④ 【宋】李焘撰，上海师范大学古籍整理研究所、华东师范大学古籍整理研究所点校：《续资治通鉴长编》卷三百三十五《神宗元丰六年》，北京：中华书局，2004年，8064页。

⑤ 【宋】王应麟：《玉海》卷一八〇《食货·钱币》，清光绪九年浙江书局刊本。

⑥ 【元】脱脱等：《宋史》卷十八《哲宗本纪》，北京：中华书局，1985年，第345页。

缗……绍兴末，（铸量）皆减"①，绍兴三十年（1160），广积监"视旧额不及十分之一"②。此后广积监失载，当是铸额太少而被裁撤。

10. 合州监

合州监设于仁宗庆历五年（1045），为地方私设，没过多久就被朝廷裁撤。《宋史》载：（庆历五年十二月丙辰）"梓州路转运使崔辅、判官张固亦请即广安军鱼子铁山采矿炭，置监于合州，并销旧小钱以铸减轻大钱，未得报，先移合州相地置监。州以上闻……为擅铸钱，皆坐贬。"③因为存在时间太短，合州监的具体情况及其铸额等信息史载不详。

① 【宋】李心传撰，徐规点校：《建炎以来朝野杂记》甲集卷十六《财赋三·川陕铸钱》，北京：中华书局，2000年，第359页。
② 【宋】李心传：《建炎以来系年要录》卷一百八十七，北京：中华书局，1988年，第3138页。
③ 【元】脱脱等：《宋史》卷一百八十《食货志》，北京：中华书局，1985年，第4380-4381页。

利州行使——南宋川峡四路铁钱

> 利州行使记分明，当二当三并小平。
>
> 别有大钱名折十，每因引重虑钱轻。[①]

南宋四川铁钱"嘉定之宝"钱幕有"利州行使"四字，"嘉定元宝"大钱钱幕有"折十"二字。《建炎以来朝野杂记》载："嘉定元年（1208）……陈逢孺总领财赋，患四川钱引增多，乃即利州铸大钱，以权其弊。三年（1210）夏，制置大使司欲尽收旧引，乃又铸于邛州焉……时议者恐其利厚，盗铸者多……则曰：'纵有盗铸，钱轻则引重，是吾欲也。'"刘喜海此诗就化用了这三个典故。南宋四川铁钱品种繁多，又有折值、幕文的不同，笼统估计就有上百种，因此本章仅挑选几种较为典型的南宋四川铁钱予以简单介绍，虽有管窥蠡测之嫌，冀收由博返约之效。

（一）绍兴通宝铁钱

绍兴通宝铁钱始铸于绍兴十五年（1145），有小平钱和折二钱两种，幕文有背"利"者，为钱监名，即标识该钱为利州绍兴监所铸，这是宋代四川最早有幕文的铁钱（如图13-1所示）。

---

① 【清】刘燕庭：《嘉荫簃论泉绝句》，《丛书集成续编》本，上海：上海书店出版社，1995年，第232页。

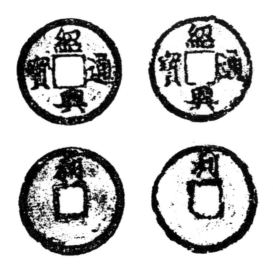

图13-1　绍兴通宝背"利"铁钱①

南宋初，长期铸钱导致市面上铁钱泛滥，铸造铁钱又大量靡费国帑，建炎二年（1128）朝廷下令川峡四路各铁钱监停止铸钱。《建炎以来朝野杂记》载：

> 川、陕（峡）旧皆行铁钱。祖宗时，益、利、夔三州，皆有铁冶，故即山铸钱。邛州旧铸钱十万缗，建炎初，转运判官靳博文以为岁费本钱二十一万，得不偿费，乃罢之。②

《建炎以来系年要录》载：

> 祖宗朝立法，约四川所有见钱，对数印造钱引，使轻重相权。昨因军兴，调度滋广，印造浸多，又有司申请为阙鼓铸本钱，遂废罢钱监。③

罢铸之初约定罢铸期限为十年，但是各钱监其实停铸了十八年，到绍兴十五年（1145）才复置利州钱监重新开始铸钱。《建炎以来系年要录》载：

> （绍兴十五年秋七月）戊申，复置利州绍兴监，岁铸钱十万缗，

---

① 直径2.88厘米，图片取自《中国历代货币大系》。
② 【宋】李心传撰，徐规点校：《建炎以来朝野杂记》甲集卷十六《财赋三·川陕铸钱》，北京：中华书局，2000年，第359页。
③ 【宋】李心传：《建炎以来系年要录》卷一百五十四，北京：中华书局，1988年，第2477–2478页。

以救钱引之弊，用四川宣抚副使郑刚中请也。……刚中以利州山林多，铁炭易集，乃命本路转运判官王陟董其事，置监官、检勘、监门、物料库官等陆员，军匠五百人。后增铸至十五万缗，大钱千重十二斤，小钱千重七斤有半。岁用盐官钱七万缗、三路称提钱二十四万为本，率费钱二千而去千钱云。①

绍兴十五年复置利州监时，利州监铸额十万缗，大钱一千重12斤，小钱一千重7斤，铸钱成本较高，花费两千钱方得钱一千。至绍兴二十三年（1153）夏，利州监铸额减少为九万缗。《建炎以来系年要录》载："（绍兴二十三年夏四月）乙酉，诏利州岁铸钱以九万缗为额，视旧额减五分之二，仍并铸折二钱。"②绍兴监旧岁额十五万缗，减少五分之二即为九万缗。此后两年内，利州绍兴监只铸折二钱，未铸小平钱。绍兴二十五年（1155）利州绍兴监又开始铸小平钱，铸额降低到六万缗，《建炎以来朝野杂记》载："（绍兴）二十五年，又诏利州铸大、小钱各二万缗，凡大钱千重十二斤，小钱千重七斤有半，于是岁省鼓铸本钱三万。"③

绍兴三十一年（1161），朝廷恢复了邛州钱监，岁铸三万缗。嘉州钱监虽然也有人提议恢复，但是因为缺乏铁料而作罢。《建炎以来系年要录》载：

（绍兴三十一年二月戊申）诏邛州复置惠民监，岁铸铁钱三万缗，利州六万缗为额，内大小钱各半。初，议者请复嘉、邛二州鼓铸。四川安抚制置使王刚中言："嘉州无铁可用，乞令邛州以所造日额衣甲铁炭，改铸夹锡钱，而令利州以铸钱所余铁炭，对数打造衣甲，委遂州守臣提举措置，仍隶属总领所。"从之。（原注：利州六万缗，计用本钱十一万四千余缗。邛州三万缗，计用本钱三万九千七百余缗。）④

《钱币谱》载邛州岁额两万贯，折二钱一万贯、小钱一万贯，是三万缗。

---

① 【宋】李心传：《建炎以来系年要录》卷一百五十四，北京：中华书局，1988年，第2477-2478页。
② 【宋】李心传：《建炎以来系年要录》卷一百六十四，北京：中华书局，1988年，第2684页。
③ 【宋】李心传撰，徐规点校：《建炎以来朝野杂记》甲集卷十六《财赋三·川陕铸钱》，北京：中华书局，2000年，第359页。
④ 【宋】李心传：《建炎以来系年要录》卷一百八十八，北京：中华书局，1988年，第3147页。

（二）淳熙元宝铁钱

淳熙元宝铁钱为南宋孝宗淳熙年间（1174—1189）所铸，钱文有楷书、篆书两种书体。

淳熙元宝铁钱始铸之时有小平钱、折二钱。民间多有熔化铁钱铸造铁具的情况，因此导致铁钱减少，钱重引轻，破坏了经济秩序，并且导致部分外路铜钱流入川东北的金州（今安康）和川北的利州。《宋史全文》载其事：

> （淳熙间）京西路均、房州水陆入川，商旅、军兵附带铜钱入金州、利州甚多。金州为川口，与商州接境，旧止用交子、铁钱，今乃兼用铜钱。深恐泄入它界，及四川毁钱为器之弊，乞下四川总所，委利路漕臣置场于金州，给以交子，兑换官私铜钱，发赴湖广总所桩管。[①]

朝廷害怕铜钱流入四川加剧毁钱为器的情况，因此迅速将流入的铜钱兑换，并且开始铸造新铁钱。宋孝宗淳熙六年（1179），四川改铸当三钱，费著《钱谱》载：

> 淳熙六年，总领李昌图奏利、邛州两监所铸钱，官费本钱倍于息，且鼓铸有限，而民间钲销无穷，若不更革，钱重引轻，必坏引法。乞罢铸两监折一小钱，比折二钱稍增铢两，改铸折三大钱，及将崇宁、大观折二大钱并作折三钱行使。诏从其请，逮今行之，以为利焉。[②]

新铸行的折三大钱其实是一种减重的钱币，折三钱只是比折二钱稍增铢两，崇宁、大观的折二钱也作折三钱使用。

今天所见的淳熙元宝折三铁钱幕文，有的有特殊的符号"˘"，经学者考证这是折三的计值。南宋四川铁钱，"˘"为折二，"˘"为折三，"˘""˘"是"二"和"三"的变体。用月孕星来纪值，这是南宋四川铁钱的发明。

淳熙七年（1180）改铸折三钱后，邛、利两州的岁额有所增加。《宋史·食货志》载：

> 淳熙十五年，四川饷臣言："诸州行使两界钱引，全籍铁钱称提，

---

① 汪圣铎点校：《宋史全文》卷二十六《宋孝宗》，北京：中华书局，2016年，第2243页。
② 【元】费著：《钱币谱》，【宋】洪遵等：《泉志（外三种）》，上海：上海书店出版社，2018年，第182–183页。

止有利州绍兴监岁铸折三钱三万四千五百贯有奇，邛州惠民监岁铸折三钱一万二千五百贯。今大安军淳熙、新兴、迎恩三炉，出生铁四十九万五千斤，利之昭化、嘉川县亦有炉，新产铁三十余万斤。乞从鼓铸。"①

由此可知淳熙十五年时，四川铸造总额为折三钱五万七千贯余，并且在大安军、利州等地还有诸多铁场可以用来鼓铸铁钱。

今天存世的淳熙元宝铁钱较为常见，铜质铁母十分稀少。罗伯昭先生藏有折二篆书"淳熙元宝"背楷书"利"字铁母一品（图12-2左品），乃淳熙六年之前铸造折二钱所用。罗伯昭先生云："淳熙六年十月，四川行当三大钱，背一月孕二星。此则折二样，一钱而兼篆楷二体，当五圣宋②不能专美于前也。铁钱所见尚多，若铜者不过数品，盖以精铜制为范母，不常有也。"③钱币学家马飞海称此钱曰："淳熙为铁母仅见此，罗君藏铁母最富，此其冠也。"足见此枚钱币之珍贵。

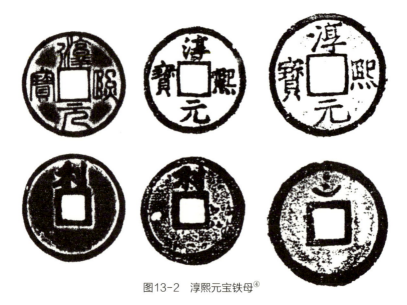

图13-2　淳熙元宝铁母④

① 【元】脱脱等：《宋史》卷一百八十《食货志》，北京：中华书局，1985年，第4398页。
② 利州绍兴监所铸"圣宋重宝"背"利壹五"，"五"字为篆书，"圣宋重宝""利壹"为楷书。
③ 罗伯昭：《罗伯昭钱币学文集》，上海：上海古籍出版社，2017年，第184页。
④ 左品罗伯昭旧藏，直径2.9厘米，图片取自《罗伯昭钱币学文集》。中品戴葆庭旧藏，直径2.84厘米，右品罗伯昭旧藏，直径3.25厘米，图片取自《中国历代货币大系》。

（三）嘉定铁钱

宋宁宗嘉定元年（1208），四川又铸行当五钱，这实际上又是一种减重钱。《建炎以来朝野杂记》乙集《四川行当五大钱事始》载：

> 嘉定元年十一月庚子，四川初行当五大钱。时陈逢孺总领财赋，患四川钱引增多，乃即利州铸大钱，以权其弊。三年夏，制置大使司欲尽收旧引，乃又铸于邛州焉。利州绍兴监钱以"圣宋重宝"为文，其背铸"利一"二字，又篆五字。邛州惠民监钱以"嘉定重宝"为文，其背铸"西二"二字，又篆五字。两监共铸三十万贯，其料例并同当三钱。时议者恐其利厚，盗铸者多，而总领所方患引直之低，则曰："纵有盗铸，钱轻则引重，是吾欲也。"方钱之未行也，眉人有里居待次者，又欲创一监于眉州，论者以为丹棱虽产铁，岁额不多，而本郡又无薪炭，眉山之人亦以为不便，上下骚然，数月乃罢，由是止铸于利、邛二监焉。①

文中提到铸造当五钱，仍然是因为钱引增多，政府希望铸造铁钱以权其弊。当五钱用料跟之前的当三钱相同，这实际上等于是减重。利州绍兴监铸造"圣宋重宝"，邛州惠民监铸造"嘉定重宝"，两监铸额为三十万贯，这在南宋四川铸币史上是一个较高的铸额。

宝文繁多是宋代川铸嘉定铁钱的一个重要特色。古代铸币，大多以年号加"通宝""元宝""重宝"而命名，川铸嘉定铁钱一改之前的习惯，铸造了宝文繁多的嘉定铁钱。现在能够看到的种类有"通宝""元宝""重宝""万宝""永宝""全宝""正宝""洪宝""崇宝""新宝""之宝""隆宝""真宝""安宝"等。又有小平钱、折三钱、折五钱的区别以及直读、旋读、楷书、篆书的区别。

其品类大致有"嘉定元宝"楷书小平钱、折三及折五钱，篆书折三钱；"嘉定通宝"楷书小平钱及折五钱；"嘉定重宝"楷书、隶书、篆书折五钱；"嘉定元宝""嘉定万宝""嘉定永宝""嘉定全宝"楷书折三

---

① 【宋】李心传撰，徐规点校：《建炎以来朝野杂记》乙集卷十六《四川行当五大钱事始》，北京：中华书局，2000年，第793页。

及折五钱;"嘉定正宝""嘉定洪宝""嘉定全宝""嘉定崇宝""嘉定新宝""嘉定隆宝""嘉定真宝""嘉定安宝"楷书折三钱;"嘉定至宝""嘉定珍宝""嘉定兴宝"楷书折五钱。粗略分类,四川嘉定铁钱品种就有上百种。

在众多品类的嘉定钱中,有一品篆文嘉定元宝,书体风格十分独特(见图12-3右上品),尤其是"寶"字写作"圁",与以往之篆书钱文截然不同。仔细寻味,这种篆书"寶"字写法实际是来自古文奇字。《说文解字》言:"寶,珍也,从宀、貝、玉,缶声。"[1]小篆作"寳",《说文解字》中著录的古文[2]省去"貝"旁作"圁"。"寶"从"缶"得声,在先秦古文字里,古人常常将声旁替换,因此将"缶"替换为发音相近的"畐"或者"保",导致"寶"又写成下面的两种字形:

圁(齐妾姬盘)   圁(周宅匜)

此品篆书嘉定元宝的"寶"字即来源于"圁"的字形。

宋代金石学兴盛,古代碑刻文字、钟鼎彝器铭文开始进入学者们的视野,出现了《历代钟鼎彝器款识法帖》《金石录》《宣和博古图》《集古录》等一系列金石著作,还诞生了一大批古文字学家,如编纂《汗简》的郭忠恕、编纂《古文四声韵》的夏竦、编纂《集篆古文韵海》的杜从古,这些都是诞生于宋代的古文字学家。从此品篆文"嘉定元宝"钱文中竟能窥见古代学术流变之一隅,实为难得。鲍康《古泉三十六韵》中的几句,与此正相印合:

古篆盘蜗结,名书舞鹤翩。

神争碑版秀,字证鼎彝镌。

墨本装绷帙,邮筒递彩笺。

剖疑滋辨论,数典费言诠。

---

[1] 【汉】许慎著,【宋】徐铉校订:《说文解字》,北京:中华书局,2013年,第148页。
[2] 《说文解字》中所著录的古文大多是战国时期的东方六国文字。

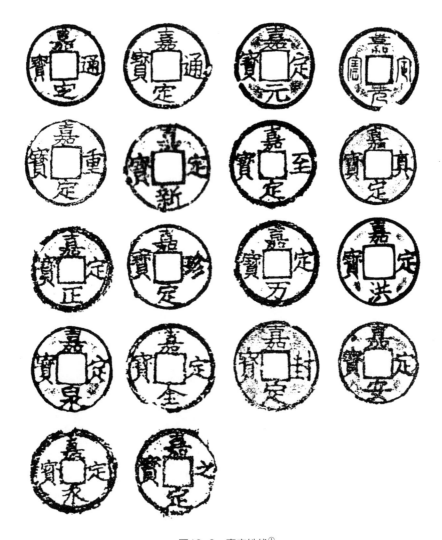

图13-3　嘉定铁钱[①]

在巴蜀地区还出土过嘉定元宝折十钱。嘉定元宝折十钱，钱币直径约5.3厘米，重约44克，钱面楷书旋读"嘉定元宝"四字，背面上下有楷书"折十"二字。嘉定元宝传世品非常罕见，正史中也未有记载，最早著录嘉定元宝折十钱的是清代学者翁树培。翁氏《古泉汇考》载有此钱两品，皆出自成都。《古泉汇考》云："嘉定元宝钱，二品……己未孟冬，在成都获此二

---

①　非原大，图片取自《中国历代货币大系》《两宋铁钱》。

品，精妙绝伦，或当时旋铸旋罢，故史不载欤！"戴熙《古泉丛话》也载有一品："嘉定元宝折十钱，此钱徐问翁、张叔翁皆有之，与此而三。"①

南宋时期的四川是铁钱行用区，按常理不会铸造这种大面额的折十铜钱，最重要的是南宋四川铸钱均有历史记载，而嘉定元宝折十钱独不见于史料记载，因此学界对嘉定元宝折十大钱的铸造地和性质归属问题尚有争论。

1996年，四川省考古研究所对位于广安华蓥市双河镇的南宋名臣安丙及其家族墓地进行了发掘，出土了121枚金银冥钱、151枚嘉定元宝折十钱以及少量行用钱，这是嘉定元宝折十钱有史以来出土最多的一次。其中M4墓葬中，用金银钱和嘉定元宝折十钱在棺床石板上组成八卦图案，内侧在东、南、西、北四个方位用金银钱组成震、离、兑、坎四卦，外侧东北、西北、西南、东南用嘉定元宝组成艮、乾、坤、巽四卦，在外围之东用九枚银钱（1枚误置）、南用3枚铜钱、西用1枚铜钱、北用7枚铜钱，组成洛书上的星象图。②安丙及其家族墓地出土的嘉定元宝折十钱皆为未流通的新钱，伴随大量的金银冥钱出土，并且摆放成八卦图，证明嘉定元宝折十钱很有可能是陪葬专用的冥钱。2007年，南宋古钱收藏家钟旭洲先生发表了一篇文章，披露了一品嘉定元宝背"利"折十大钱③，该钱铜质，直径5.27厘米，重27.20克，钱面正书旋读"嘉定元宝"四字，字体风格与安丙墓葬中出土的嘉定元宝背"折十"钱如出一辙，唯一不同的是钱背没有"折十"二字，在钱穿上有"利"字，这说明此枚钱币当属利州绍兴监铸造，遂足以证明同样版式的嘉定元宝背"折十"大钱也是蜀地所铸无疑。

（四）端平铁钱

端平铁钱为南宋理宗端平年间（1234—1236）所铸。端平铁钱有端平元宝、端平通宝两种，多为折五、折十大钱，幕皆有文，小平钱、折二

---

① 【清】戴熙《古泉丛话》，《中国古钱币图谱考释丛编》，北京：书目文献出版社，1992年，第946页。
② 刘敏：《四川华蓥市南宋安丙墓地出土钱币》，《中国钱币》2000年第4期。
③ 钟旭洲：《南宋钱币的新收获》，《中国钱币》2007年第3期。

钱、折三钱较少。

图13-4　嘉定元宝背"折十"、背"利" [1]

① 嘉定元宝背"折十"及拓片，直径5.3厘米。嘉定元宝背"利"，直径5.27厘米，图片取自钟旭洲：《南宋钱币的新收获》，《中国钱币》2007年第3期。

　　四川铸端平元宝背文较为复杂，按照纪监名分类有背"利""定""邛""惠"等几种，"利"即利州绍兴监，"定"即嘉定丰远监，"邛""惠"即邛州惠民监。端平二年（1235）蒙古大军南下占领利州，蒙古铁骑洗劫成都、邛州一带。此后利州一直处于战争前线，利州绍兴监废止，因此端平折十背"利"钱铸造时间较短，铸量较少。自此四川钱币铸造中心也转移到川南，主要是邛州惠民监、嘉定丰远监两监在铸造钱币。

　　川铸端平铁钱最大的特点就在于钱幕记方位。端平元宝幕文记方位者有以下几种："东上""东中""东下""西上""西中""西下""北上""北中""北下"。有学者认为这些方位词指钱范（钱箱）放置的位置。[①]幕文只见东、北、西三个位置，不见南面。在钱幕的上部还会有纪监和折值，譬如"邛伍"，即是邛州惠民监所铸折五钱。端平铁钱之后所铸的嘉熙铁钱，也有记方位的，有"惠东""惠西""惠南""惠北""惠上""惠中""惠下""东一""东二""东三""西一""西二""西三"等诸多幕文。但是嘉熙铁钱记方位的方式又跟端平元宝不同，其既用"上、中、下"，又用"一、二、三"，可见记方位的格式也没有统一的规定，因此常常有所变化。[③]

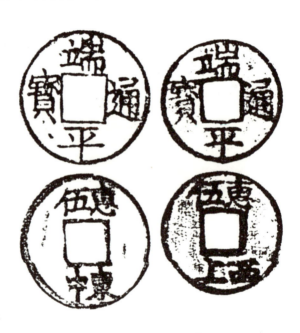

图13-5　端平通宝铁母[②]

　　罗伯昭先生藏有一枚端平元宝背"定伍东上"铁母（见图13-6左

---

①　谢雁翔：《四川出土的宋代铁钱》，《四川文物》1984年第3期。

②　左品直径3.6厘米，戴葆庭旧藏；右品直径3.4厘米，陈达农藏。图片取自《中国历代货币大系》。

③　嘉熙铁钱中的"一""二""三"或是记序次。几种幕文的真正含义尚待考证。

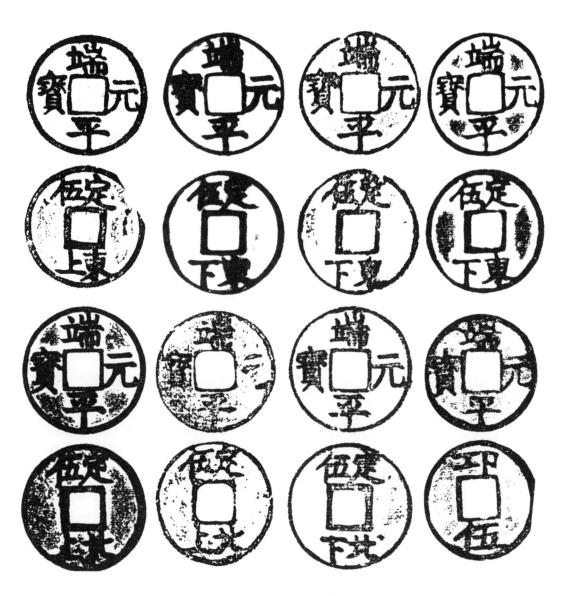

图13-6　端平元宝铁母[1]

---

[1] 第一排自左向右第一品直径3.1厘米，罗伯昭先生旧藏，图片取自《罗伯昭钱币学文集》。第二品直径3.4厘米，上海博物馆藏。第三品直径3.4厘米，戴葆庭旧藏。第四品直径3.4厘米，戴葆庭旧藏。第二排自左向右，第一品直径3.5厘米，戴葆庭旧藏。第二品直径3.4厘米，图片选自《简明古钱辞典》。第三品直径3.5厘米，戴葆庭旧藏。第四品直径3.3厘米，图片取自《中国古钱谱》。自第一排第二品起，除前述第二排第二品、第四品，其余图片均取自《中国历代货币大系》。

上品）。他说："端平铁泉，所见尚多，求备亦难。铜母尤难遇，各家所藏，所见不足十品，此泉白铜母钱，文字深峻，乃获于蜀中，藏余箧有年矣。"[1]宋代铸钱用锡母，《宋史·食货志》有大观元年"（蔡）京复相，遂降钱式及锡母于铸钱之路，铸钱院专用鼓铸"[2]的记载。罗伯昭先生藏端平元宝背"定伍东上"一品，为白铜材质，或许就是《宋史·食货志》所谓"锡母"，也可能是嘉定丰远监用锡母所翻铸的白铜样钱，总之是弥足珍贵的。

（五）淳祐通宝当百钱

淳祐通宝当百大钱，铸行于南宋理宗淳祐年间（1241—1252），有铜、铁两种，这是南宋四川铸钱中纪值最大的。

淳祐年间，蒙古大军不断进攻四川，先后攻破成都、嘉定、泸州等重要城市，川西、川北成为蒙军和宋军长期拉锯的战场，原来的嘉定丰远监、邛州惠民监都遭到破坏。只有川东、川南的宋军固守城池，淳祐二年（1242）余玠权兵部侍郎、四川安抚制置使兼知重庆府，合州、渝州成为南宋在四川实际的统治中心，淳祐当百大铁钱即铸造于此时。

关于淳祐当百钱的铸地史无明载，然近代钱币学大家罗伯昭先生考证当在川东一代，其说甚确。他在《淳祐当百钱之研究》一文中写道：

> 当百淳祐，古来钱谱有名珍品，而近时出土甚多，转不贵重。余尝考其出处，窃怪多发现于四川下东一带之地。统而计之，近十年中，川东所出不下三四千品，实一惊人数字。计友人蒋伯埙君寓渝数年，收得当百淳祐千余品。施孝先君历年运申出售几二千品。余所藏亦百余品，均购自重庆为多。据施君告我，淳祐当百钱惟重庆有之，成都川北一带均少见。渝友人毛厚卿君告我。重庆城外近以翻地修筑马路，淳祐大钱愈出愈多。间有铁质者，然少见。余对于淳祐大

---

① 罗伯昭：《罗伯昭钱币学文集》，上海：上海古籍出版社，2017年，第187页。
② 【元】脱脱等：《宋史·食货志》，北京：中华书局，1985年，第4392页。

钱出产地遂特加注意。去岁回渝之便，实地考察，一日，步出通远门外，见摊上古钱累累，视之，均淳祐也。询之人士，据云一月前掘地得者。指示其地，乃古坟也。总上所见所闻，证之《古泉汇》及《昭和泉谱》所载之淳祐通宝背"庆当二十文"者，不觉恍然大悟。所谓"庆"者，即重庆之简称也。①

淳祐通宝当百大钱文字风格有两种，一种文字瘦削，有崇宁、大观笔意，又兼黄山谷笔法之劲瘦；一种笔画端稳，颇有古拙敦厚之风。该钱一改川地铸钱纪监、纪年、幕文繁多的特色，幕文仅仅有"当百"二字纪值，钱文风格也与之前的川铸铁钱不类。这或许与嘉定丰远监、邛州惠民监受到破坏有直接的关系。罗伯昭先生认为淳祐当百大钱铸地是在重庆，还有学者认为夔州素有钱监，淳祐当百大铁钱的铸造地或许是在夔州。②另外需要指出的是，淳祐通宝当百钱文字楷书、当百面额，与嘉定元宝折十大钱均有相似之处，其铸造不见于史书记载，在流通钱币窖藏中也少有发现。前文罗伯昭在重庆通远门外摊位上所见累累的淳祐通宝皆出自一处古坟地，南宋名臣安丙家族墓地中大量出土嘉定元宝折十钱，两种钱币均瘗于坟墓之中，淳祐通宝当百钱是否为陪葬所专用？这是个值得深入探讨的问题。

（六）南宋四川铁钱幕文

正如前文所言，幕文繁多是南宋川铸铁钱的一个重要的特色。幕文，即钱币背面的文字。早在战国时期，燕国的一化钱中就有幕文为"吉"字者，战国刀布中，如齐刀、明刀、楚大布等货币也都有幕文。秦系半两钱风格粗犷，讲求实用，不铸幕文，秦统一后，币幕铸文的现象消失。两汉时期有钱幕带阴刻数字的五铢钱，可以说是汉代钱币幕文的雏形；蜀汉直百五铢钱有钱幕阳文"为"字者，学者们普遍认为"为"指的是犍为

---

① 罗伯昭：《罗伯昭钱币学文集》，上海：上海古籍出版社，2017年，第76页。
② 熊建秋：《历代四川铁钱图录》，成都：巴蜀书社，2012年，第233页。

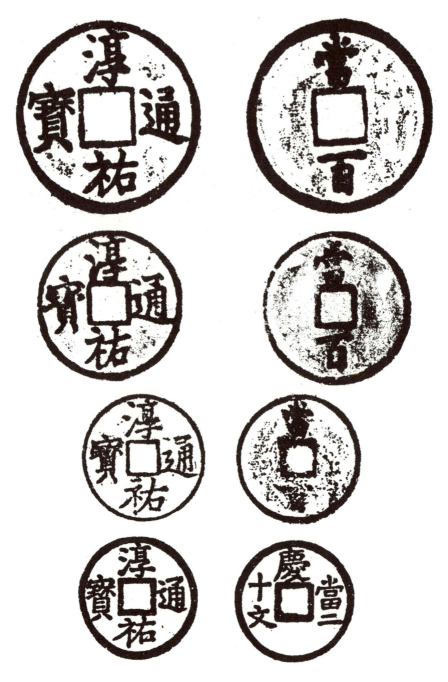

图13-7　淳祐通宝背"当百"铜钱、铁钱，背"庆当二十文"铁母[1]

---

[1]　淳祐通宝大样直径5.1厘米，中样直径4.1厘米，铁钱直径3.4厘米，背"庆当二十文"直径3.3厘米，图片取自《历代古钱图说》。

郡，这是最早的记地幕文；到了唐代，开元有背星月文，会昌开元于钱幕铸州名。北宋铁钱幕文不是很丰富，大多是光背，即使有幕文，也多为星月文。真正带幕文的北宋铁钱只有寥寥数品，如河东路所铸元符通宝背"汾"字、"上"字，圣宋元宝背"汾"字，陕西铸的宣和通宝小平钱背"陕"字等。

南宋时期，四川路所铸最早的幕文铁钱为绍兴年间利州监铸造的绍兴通宝背"利"字钱。此后带幕文的铁钱逐渐增多，幕文多记地名、折值、铸次、方位、流通区域等。

（1）记铸地或钱监。如："利""利州""邛""惠""西""川""定"等。"利"指的是利州绍兴监，"邛""惠""西""川"指的是邛州惠民监[①]，"定"为嘉定监。有学者认为宋初曾置西川路，背"西"与背"川"都是代表西川之意。[②]

（2）记行使地。如"大宋元宝""嘉定元宝"，背有"利州行使"，指的是在利州路流通。南宋时期不仅在四川实行铁钱专行制度，有时各路之间行使的铁钱也有区别，幕文"利州行使"即为明证。考古发现中，同一钱监铸行的铁钱往往同批出土，带有较强的区域性，这也是一个重要的旁证。

（3）记折值。如："伍""复五""用五""直五""权五""当五""行五""通五""正五""使五""信五""当二十文""当百"等。还有"⌣""⌣̈"两种符号，"⌣"为折二，"⌣̈"为折三。[③]

（4）记年。如"利元""川六"等，其中"元""六"为纪年。

（5）记炉次。如"庆元元宝"背下"卅五""卅六""卅七"等。前辈学者多认为"卅五""卅六""卅七"等为范次；后来有学者提出南宋铸钱使用翻砂工艺，不用范，故当为纪炉次[④]；还有学者认为这是开炉年数[⑤]。总体看来记炉次的说法较为合理。

---

① "邛""惠""西""川"是否为一监多个简称，仍有待考证。
② 谢雁翔：《四川出土的宋代铁钱》，《四川文物》1984年第3期。
③ 谢雁翔：《四川出土的宋代铁钱》，《四川文物》1984年第3期。
④ 刘森：《中国铁钱》，北京：中华书局，1996年，第105页。
⑤ 龙游：《四川利州铸钱监设置年代及绍兴监与邛州惠民监铸币序列探索》，《成都钱币》1997年第4期。

（6）记方位。如上文端平铁钱一章所言，幕文纪方位始于端平年间。端平元宝，幕文有"东上""东中""东下""西上""西中""西下""北上""北中""北下"。有学者认为是钱范（钱箱）放置的位置。[1]只见东、北、西三个位置，不见南面。可能三面为铸钱作坊，南面为冶铁作坊一类的其他部门。嘉熙铁钱也有记方位的，有"惠东""惠西""惠南""惠北""惠上""惠中""惠下""东一""东二""东三""西一""西二""西三"等诸多幕文，记方位的方式又跟端平元宝不同，可见记方位的格式也没有统一的规定，常常有所变化。

（7）记意不明者。嘉定钱有的背文还分别铸有"权""直""正""信""复""通""用""行""使"等单字。因出土不多，还不能连接成句以确解其意。[2]

如上所述，宋代四川所铸铁钱的钱幕文较为繁杂，有记铸地或钱监、记行使地、记折值、记年、记炉次、记方位等多种，但因为没有统一的规范，所以不同的幕文容易产生混淆，一些幕文的具体含义也因缺乏记载而无法深入解读，因此这些问题的解决尚待于新考古材料的发现和学术研究的不断深入。

（七）南宋铁钱窖藏

两宋时期，蜀地经济发达，铸造了大量的铁钱，现今巴蜀地区常有宋代铁钱窖藏发现。截至目前，人们已在芦山、峨眉山、仪陇、犍为、邛崃等地发现了多处宋代铁钱窖藏。这些窖藏的时间大多在南宋端平时期。从理论上讲，钱币窖藏多发生于突发的战乱时期，两宋更迭期间虽然全国政局动荡，但是四川地区因为特殊的地理环境而免受战乱影响，实现了政权平稳过渡。南宋端平时期，蒙古军队进入四川，战争迭起，而四川承平日久，商业发达，因此在战争爆发之时，不易搬运的铁钱往往会被大量地人为埋藏。

---

① 谢雁翔：《四川出土的宋代铁钱》，《四川文物》1984年第3期。
② 贾杰三：《四川近年出土的两宋铁钱考述》，《四川文物》1990年第5期。

　　从发现的窖藏来看，南宋时期四川虽然是专门的铁钱行用区，但是在局部地区还是有铜钱流通。人们在芦山县的宋代铁钱窖藏中就发现崇宁通宝、崇宁重宝、政和通宝三种铜钱各一枚。但是就其近200千克的体量来说，三枚铜钱的数量已经是微乎其微了。[①]在仪陇的窖藏中，发现4千克左右钱币，清理后有419枚，其中铜钱23种，数量达252枚，铜钱所占比例超过了一半，其中还发现了西夏的天盛元宝铜钱。[②]虽然宋代川峡四路皆用铁钱，但是作为出川要道的川东北地区却常常流入外路铜钱。淳熙之时，京西路之均州、房州铜钱流入金州、利州，这些地区从"止用交子、铁钱"变成"兼用铜钱"的区域，朝廷惧怕铜钱流入川内，因此用交子兑换金州、利州的铜钱。仪陇发现铜铁杂用的窖藏印证了宋代川峡四路流入铜钱的历史事实，也从侧面反映出两宋时期川峡四路虽然实行严格的铜铁货币分区流通制度，但是民间贸易往往会打破不同流通区的边界，出现铜钱、铁钱混用的现象。这次仪陇窖藏中超过一半的钱币是铜钱，其比例之高，为川内宋代钱币窖藏所罕见。

　　在四川发现的南宋钱币窖藏中，铁钱背记监的有"邛""利""惠""川""定""松""春""汉""同"等，还有宣和通宝背"陕"钱。"邛""川"为邛州惠民监、"利"为利州绍兴监、"定"为嘉定丰远监，这些都是川内钱监。"松"为舒州宿松监，"同"为舒州同安监，在今天安徽安庆境内。"春"为蕲州蕲春监，"汉"指汉阳军汉阳监，在今天湖北境内。宣和通宝背"陕"者为陕西铸造。可以看出，南宋时期在川内流通的铁钱不仅有四川本地钱监铸造的铁钱，还有陕西、湖北、安徽等地钱监铸造的铁钱。但是川铸铁钱占据了主要份额[③]，其种类和数量都远超川外铁钱。在蒲江县发现的南宋铁钱窖藏中，有四川铸造铁钱190种，陕西铸造者1种，湖北铸造者49种，安徽铸造者12种。除了川铸铁钱外，最多的就是湖北铸造的铁钱，可见宋代四川地区和湖北地区的经济交流和商业贸易是较为频繁的，这主要还应归功于长江这条黄金水道。陕西虽然也与四川相邻，但是大巴山和秦岭的阻隔使两地的交流不是那么的顺畅。此外，在

---

① 周日琏：《四川芦山出土宋代铁钱》，《中国钱币》1990年第4期。
② 王永平、李青兰：《仪陇县立山乡发现南宋窖藏》，《四川文物》1988年第5期。
③ 贾杰三：《四川近年出土的两宋铁钱考述》，《四川文物》1990年第5期。

川外的钱币窖藏中很少有宋代川铸铁钱的发现，这说明南宋时期的四川是铁钱的净流入区。这一方面是因为四川经济发达，铁钱需求量长期超过铸造量，另一方面也反映出四川地区的钱监铸造量相对于本地发达的经济来说，其实是不足的。

南宋时期，北宋的铁钱仍然夹杂行用。从出土的情况来看，南宋的钱币窖藏中还有部分北宋铁钱，但是所占比例远远低于南宋铁钱。峨眉山市出土的南宋铁钱窖藏，考古工作者在清理后发现，南宋铁钱占总数的90%左右。[①]仪陇南宋钱币窖藏中，除去铜钱之外，北宋铁钱仅有1枚，而南宋铁钱有12种153枚，南宋的铁钱也占据了绝大多数。[②]这说明在南宋时期，北宋铁钱虽然还存在，但是经过长期回收、熔铸，其在流通的铁钱中占比越来越小。

南宋四川铁钱的品类之多，令人目不暇接，兹据四川铁钱的出土资料，将南宋四川铁钱的品类予以整理，详见表13-1。

表13-1　南宋四川铁钱品类统计表[③]

钱　文	折　值	读　法[④]	书　体	钱幕文字			
				上	下	右	左
建炎通宝	小　平	直	楷				
绍兴通宝	小　平	直	楷				
绍兴通宝	小　平	直	楷	利			
绍兴通宝	折　二	直	楷				
绍兴通宝	折　二	直	楷	利			

① 金普军：《峨眉山市出土两宋铁钱初探》，《四川文物》2006年第4期。
② 王永平、李春兰：《仪陇县立山乡发现南宋窖藏》，《四川文物》1986年第2期。
③ 此表根据《四川出土铁钱表》《四川出土铁钱表续》《四川蒲江惠民监出土宋代窖藏钱币》《四川出土的宋代铁钱》《中国古钱谱》等文章、书籍以及实际出土材料整理而成。
④ 直读，简称"直"，钱币文字按照上下右左的顺序排列，先上下，后右左，因此称为"直读"；旋读，简称"旋"，钱币文字按照上右下左的顺排列，绕钱币顺时针旋转，因此称为"旋读"。

续　表

钱　文	折　值	读　法	书　体	钱幕文字			
				上	下	右	左
隆兴元宝	小　平	旋	楷				
隆兴元宝	折　二	旋	楷				
隆兴元宝	折　二	旋	篆				
隆兴通宝	小　平	直	楷				
乾道元宝	小　平	旋	楷				
乾道元宝	小　平	旋	行				
乾道元宝	小　平	旋	篆				
乾道元宝	折　二	旋	楷				
乾道元宝	折　二	旋	楷	邛			
乾道元宝	折　二	旋	篆				
乾道元宝	折　二	旋	篆	邛			
淳熙元宝	小　平	旋	楷				
淳熙元宝	小　平	旋	篆				
淳熙元宝	小　平	旋	楷	利			
淳熙元宝	小　平	旋	篆	邛			
淳熙元宝	小　平	旋	篆	利			
淳熙元宝	折　二	旋	楷	丰			
淳熙元宝	折　二	旋	楷	邛			
淳熙元宝	折　二	旋	楷	利			
淳熙元宝	折　二	旋	楷				
淳熙元宝	折　二	旋	篆				
淳熙元宝	折　二	旋	篆	邛			
淳熙元宝	折　三	旋	楷				
淳熙元宝	折　三	旋	楷	∵			

续　表

钱　文	折　值	读　法	书　体	钱幕文字			
				上	下	右	左
淳熙通宝	折　二	直	楷				
淳熙通宝	折　二	旋	楷				
淳熙通宝	折　二	直	楷	二			
绍熙元宝	小　平	旋	楷				
绍熙元宝	折　二	旋	楷				
绍熙元宝	折　三	旋	篆				
绍熙元宝	折　三	旋	楷	⌣			
绍熙元宝	折　三	旋	楷	⌣	四六		
绍熙元宝	折　三	旋	楷	⌣		四	七
绍熙元宝	折　三	旋	楷	⌣		四	八
绍熙元宝	折　三	旋	楷	⌣		四	九
绍熙元宝	折　三	旋	楷	⌣		伍	十
绍熙元宝	折　三	旋	楷	⌣七五			
绍熙元宝	折　三	旋	楷	⌣七七			
庆元元宝	折　二	旋	楷				
庆元元宝	折　五	旋	楷	川卅四			
庆元元宝	折　五	旋	楷	川		卅	五
庆元元宝	折　五	旋	楷	川		三	六
庆元元宝	折　五	旋	楷	川		卅	七
庆元元宝	折　五	旋	楷	川六	卅五		
庆元元宝	折　五	旋	楷	川六	卅六		
庆元元宝	折　五	旋	楷	川六	卅七		
庆元元宝	折　五	旋	楷	川		五	五
庆元元宝	折　五	旋	楷	川		五	六

续　表

钱　文	折　值	读　法	书　体	钱幕文字			
				上	下	右	左
庆元通宝	小　平	旋	楷				
庆元通宝	小　平	直	篆				
庆元通宝	折　二	直	楷				
庆元通宝	折　三	旋	楷				
庆元通宝	折　三	旋	楷	‿			
庆元通宝	折　三	直	楷				
庆元通宝	折　三	直	楷	川三六			
庆元通宝	折　三	直	楷	‿	五十		
庆元通宝	折　三	直	楷	‿	五一		
庆元通宝	折　三	直	楷	‿	五二		
庆元通宝	折　三	直	楷	‿	五三		
庆元通宝	折　三	直	楷	‿	五四		
庆元通宝	折　三	直	楷	‿	五五		
庆元通宝	折　三	直	楷	‿	五六		
庆元通宝	折　三	直	楷	利六	五六		
嘉泰元宝	折　三	旋	楷				
嘉泰元宝	折　三	旋	楷	利	十六		
嘉泰元宝	折　三	旋	楷	利	二十		
嘉泰元宝	折　三	旋	楷	利元	五七		
嘉泰元宝	折　三	旋	楷	利元	五八		
嘉泰元宝	折　三	旋	楷	利元	五九		
嘉泰元宝	折　三	旋	楷	利	六十		
嘉泰元宝	折　三	旋	楷	川一	卅八		
嘉泰元宝	折　三	旋	楷	川一	卅九		

续　表

钱　文	折　值	读　法	书　体	钱幕文字			
				上	下	右	左
嘉泰元宝	折　三	旋	楷	川二	卅九		
嘉泰元宝	折　三	旋	楷	川三	四十		
嘉泰元宝	折　三	旋	楷	川三	四一		
嘉泰通宝	小　平	直	楷				
嘉泰通宝	小　平	直	楷	利二			
嘉泰通宝	折　三	旋	楷				
开禧元宝	折　三	旋	楷				
开禧元宝	折　三	旋	楷	利			
开禧元宝	折　三	旋	楷	利	六一		
开禧元宝	折　三	旋	楷	利	六二		
开禧元宝	折　三	旋	楷	利六十			
开禧元宝	折　三	旋	楷	川三	四二		
开禧元宝	折　三	旋	楷	三川	四二		
开禧元宝	折　三	旋	楷	川三	四三		
开禧元宝	折　三	旋	楷	川三	四四		
开禧元宝	折　三	旋	楷	川三	四九		
开禧通宝	小　平	旋	篆				
开禧通宝	折　二	旋	楷				
圣宋重宝	折　五	直	楷	利壹	五		
圣宋重宝	折　五	直	楷	川壹	五		
嘉定元宝	小　平	旋	楷				
嘉定元宝	小　平	旋	楷	一			
嘉定元宝	折　二	旋	楷				
嘉定元宝	折　三	旋	楷	二			

续　表

钱　文	折　值	读　法	书　体	钱幕文字			
				上	下	右	左
嘉定元宝	折　三	旋	篆				
嘉定元宝	折　三	旋	篆	三	三		
嘉定元宝	折　五	直	楷				
嘉定元宝	折　五	旋	楷				
嘉定元宝	折　二	旋	楷	邛	西一		
嘉定元宝	折　三	旋	楷	⌣　西一			
嘉定元宝	折　五	直	楷	西二	伍		
嘉定元宝	折　五	直	楷	西三	伍		
嘉定元宝	折　五	直	楷	邛	折伍		
嘉定元宝	折　五	旋	楷	利貳	伍		
嘉定元宝	折　五	旋	楷	利壹五			
嘉定元宝	折　三	旋	楷	利			
嘉定元宝	折　五	旋	楷	利五			
嘉定元宝	折　二	旋	楷	利州	二		
嘉定元宝	折　二	直	楷	利	州	行	使
嘉定元宝	折　五	直	楷	行	伍		
嘉定元宝	折　五	直	楷	当	伍		
嘉定元宝	折　五	直	楷	用	伍		
嘉定元宝	折　五	旋	楷	利州	伍		
嘉定元宝	折　五	旋	楷	利三	伍		
嘉定通宝	小　平	直	篆				
嘉定通宝	折　二	旋	楷				
嘉定通宝	折　二	直	楷				

续　表

钱　文	折　值	读　法	书　体	钱幕文字			
				上	下	右	左
嘉定通宝	折二	直	隶				
嘉定通宝	折五	直	楷	复	伍		
嘉定通宝	折五	直	隶	用	伍		
嘉定通宝	折五	直	楷	西三	伍		
嘉定通宝	折五	直	楷	直	伍		
嘉定通宝	折五	直	楷	用	五		
嘉定通宝	折五	直	隶	通	五		
嘉定通宝	折五	直	楷	行	五		
嘉定通宝	折五	直	篆	行	五		
嘉定之宝	折三	直	楷				
嘉定之宝	折三	直	楷	利	州	行	使
嘉定之宝	折五	直	楷	正	五		
嘉定至宝	折三	直	楷				
嘉定至宝	折五	直	楷	惠	伍		
嘉定兴宝	折五	直	楷	正	伍		
嘉定正宝	折五	旋	楷	⌣			
嘉定正宝	折二	旋	楷	⌣			
嘉定正宝	折三	旋	楷	⌣			
嘉定真宝	折三	直	楷	⌣			
嘉定真宝	折三	直	行				
嘉定安宝	折三	旋	楷	三			
嘉定安宝	折三	直	楷				
嘉定安宝	折二	旋	楷	⌣			
嘉定新宝	折三	旋	楷	三			

续　表

钱　文	折　值	读　法	书　体	钱幕文字			
				上	下	右	左
嘉定新宝	折　三	旋	楷				
嘉定万宝	折　三	旋	楷	⌣			
嘉定永宝	折　二	旋	楷	定	二		
嘉定永宝	折　三	旋	楷	定	三		
嘉定永宝	折　二	旋	楷	定	⌣		
嘉定永宝	折　三	旋	楷	定	⌣		
嘉定永宝	折　三	旋	楷				
嘉定崇宝	折　三	旋	楷	⌣			
嘉定崇宝	折　三	直	楷	⌣			
嘉定洪宝	折　三	旋	楷	三			
嘉定全宝	折　二	旋	楷	⌣			
嘉定全宝	折　二	旋	楷				
嘉定全宝	折　三	旋	楷	三			
嘉定珍宝	折　五	直	楷	使	伍		
嘉定圣宝	折　五	直	楷				
嘉定圣宝	折　五	直	篆				
嘉定圣宝	折　五	直	楷	行五			
嘉定隆宝	折　三		楷				
嘉定隆宝	折　三	旋	楷	三			
嘉定泉宝	折　三	旋	楷	⌣			
嘉定封宝	折　五	直	楷	权	伍		
宝庆元宝	小　平		楷				
宝庆元宝	折　三	旋	楷				

续 表

钱 文	折 值	读 法	书 体	钱幕文字			
				上	下	右	左
宝庆元宝	折 三	旋	楷	惠	三		
宝庆元宝	折 三	旋	楷	惠	正二		
宝庆元宝	折 三	旋	楷	惠	正三		
大宋通宝	小 平		楷				
大宋元宝	小 平		楷				
大宋元宝	折 三	旋	楷				
大宋元宝	折 三	旋	楷	三			
大宋元宝	折 三	旋	楷	泉	三		
大宋元宝	折 三	旋	楷	定	三		
大宋元宝	折 三	旋	楷	利	行	州	使
绍定元宝	小 平		楷				
绍定元宝	折 三	旋	楷				
绍定元宝	折 三	旋	楷	三			
端平通宝	折 五	直	楷	惠五	东上		
端平通宝	折 五	直	楷	惠五	东中		
端平通宝	折 五	直	楷	惠五	东下		
端平通宝	折 五	直	楷	惠五	西上		
端平通宝	折 五	直	楷	惠五	西中		
端平通宝	折 五	直	楷	惠五	西下		
端平元宝	折 三	直	楷	邛			
端平元宝	折 五	直	楷				
端平通宝	折 五	直	楷	邛	五		
端平通宝	折 五	直	楷	定五	北上		
端平通宝	折 五	直	楷	定五	北中		

续　表

钱　文	折　值	读　法	书　体	钱幕文字			
				上	下	右	左
端平通宝	折　五	直	楷	定五	北下		
端平通宝	折　五	直	楷	定五	东上		
端平通宝	折　五	直	楷	定五	东中		
端平通宝	折　五	直	楷	定五	东下		
端平通宝	折　五	直	楷	北上	伍		
端平通宝	折　五	直	楷	北下	伍		
端平通宝	折　五	直	楷	东中	伍		
端平通宝	折　五	直	楷	五	东中		
嘉熙通宝	折　十	直	楷	十	东二		
淳祐通宝	折二十	直	楷	庆		当二	十文
淳祐通宝	折　百	直	楷	当	百		

朱印红团——两宋纸币

钱重原难利转输，民间交子券相符。

花纹敕字分年限，故事红团印以朱。[1]

在宋代的蜀地，诞生了全世界最早的纸币——交子。费著《楮币谱》载："蜀民以钱重难以转输，始制楮为券，表里印记，隐密题号，朱墨间错，私自参验，书缗钱之数，以便贸易，谓之交子。"大观元年（1107），"改交子务为钱引务，所铸印凡六：曰敕字，曰大料例，曰年限，曰背印，皆以墨；曰青面，以蓝；曰红团，以朱。六印皆饰以花纹，红团、背印则以故事"[2]。除了交子，宋代的巴蜀地区还曾有川引和川会等多种纸币发行、流通。

（一）交子的前身

交子的诞生并不是一蹴而就的，而是经历了一个漫长的演变过程。早在唐代宪宗时期，就已经出现纸币的前身——飞钱，飞钱又叫作便换，实际上是一种带有汇兑性质的票据。飞钱的产生与商业的发展息息相关，同时也对唐代的财政、货币及商品经济的发展产生了深远的影响。

---

① 【清】刘燕庭：《嘉荫簃论泉截句》，《丛书集成续编》本，上海：上海书店出版社，1995年，第233页。

② 【元】费著：《楮币谱》，【宋】洪遵等：《泉志（外三种）》，上海：上海书店出版社，2018年，第185页。

1. 唐代的飞钱

一方面，唐代疆域辽阔，各地商业交流频繁，作为主要流通手段的铜钱被大量使用和转运。唐代铜钱每贯重六斤四两，长途贩运相当耗费人力物力，李太白所说的"腰缠十万贯，骑鹤下扬州"在现实中是不可能实现的。另一方面，长途运输铜钱很不安全，唐代诗人刘驾在《贾客词》中写道："寇盗伏其路，猛兽来相迫。金玉四散去，空囊委路歧。"这是对当时商人长途贩运携带钱财不便的真实写照。与此同时，国家的统一和社会的稳定使民间商业信用取得了长足的发展。正是在这样的需求之下，唐代出现了我国汇兑业务的雏形——飞钱。关于飞钱最早的记载是在唐宪宗时期，但是其历史应当更久远。《新唐书·食货志》记载："（宪宗）时商贾至京师，委钱诸道进奏院及诸军、诸使富家，以轻装趋四方，合券乃取之，号'飞钱'。[1]"元和六年（811）二月，制文中出现"茶商等公私便换见钱"[2]的语句。可见当时已经有"便换"了，并且既有公家便换，又有私家便换。

唐代赵璘《因话录》称："有士鬻产于外，得钱数百缗，惧川途之难赍也，祈所知纳于公藏而持牒以归，世所谓便换者，置之衣囊。"[3]元和七年（812）王播上奏称："商人于户部、度支、盐铁三司飞钱，谓之便换。"[4]《因话录》所言"纳于公藏而持牒以归"，王播所言"商人于户部、度支、盐铁三司飞钱"，即为公家便换。唐代各个道在京城都设有名为"进奏院"的机构，其职责是呈交奏章、传递文书、交纳赋税等。各地在京城的商人把钱款交给各道驻京的进奏院，由进奏院开具"文牒"或"公据"，票券上写明交钱人的姓名、钱款数额以及取钱机构的名称、地点。票券的一份交给商人，另一份派专人传送至本道的取钱机构。商人返回，至取钱机构出示票券，经办人核对二份票券相符后，将钱如数付给。进奏院接受商人的钱，并非全数押运回本道，而是充入本道向朝廷交纳的

---

① 【宋】欧阳修、宋祁：《新唐书》卷五十四《食货志》，北京：中华书局，1975年，第1388–1389页。
② 【后晋】刘昫等：《旧唐书》卷四十八《食货志》，北京：中华书局，1975年，第2102页。
③ 【唐】赵璘：《因话录》卷六，清文渊阁《四库全书》本。
④ 【后晋】刘昫等：《旧唐书》卷四十八《食货志》，北京：中华书局，1975年，第2121页。

赋税中，如此一来，本道应交的赋税就不用全数运往京城。这样不仅安全，还免去了诸多麻烦与劳顿。采取这种方法，政府和商人两得其便。有时候商人便换的数额巨大，使京师积钱量很大，有些人就会乘机从中牟利，因此政府曾一度禁止便换铜钱。①后元和七年（812），唐宪宗下令由朝廷户部、度支、盐铁三司统一经营飞钱业务，收取手续费，规定每飞钱一贯付费一百文。②

另一种是私办的飞钱，由一些大商人利用总店与设在各地分店之间的联系，向不便携款远行的商人发放票据，商人可凭此票据在私商所开的联号取兑货款。私商办理飞钱大多不收取手续费，因当时交通不畅，一般情况下合券要在一两月后，所以私商可以利用时间差赚取利息收益。

唐代的飞钱行用不久，就因社会局势动荡、信用危机加剧而停用。唐穆宗长庆元年（821）朝廷下令禁断"公私便换钱物"③，至此不论公私经营的便换业务，一并都被禁止而停顿。④

飞钱，作为一种异地汇兑的信用凭证，依靠政府和富商的公信力作为保证，以文牒、公据作为媒介，并且写有钱款数额等信息，初步具有了实物货币向纸币转变的趋向，这是交子诞生的先声，《宋史·食货志》中也写道"会子、交子之法，盖有取于唐之飞钱"⑤。但是从现有的史料来看，飞钱并不进入市场，只限固定人使用，不具备一般等价物的作用，飞钱的性质还是一种汇兑凭证。

2. 宋代的便钱和交引

进入宋代之后，飞钱的汇兑形式被沿用下来，宋开宝三年（971），官府在开封设置官营汇兑机构"便钱务"，为商人直接办理异地汇款。

北宋时期还有一种有价证券——交引，又叫交钞，产生时间较交子早。据《宋史·食货志》载："雍熙后用兵，切于馈饷，多令商人入刍

---

① 【后晋】刘昫等：《旧唐书》卷四十八《食货志》，北京：中华书局，1975年，第2102页。
② 【宋】欧阳修、【宋】宋祁：《新唐书》卷五十四《食货志》，北京：中华书局，1975年，第1389页。
③ 【宋】宋敏求：《唐大诏令集》卷七十《长庆元年正月》，北京：中华书局，2008年，第392页。
④ 王纪洁：《唐代"飞钱"若干问题考证》，《武汉金融》2015年第12期。
⑤ 【元】脱脱等：《宋史》卷一百八十一《食货志》，北京：中华书局，1985年，第4403页。

粮塞下，酌地之远近而为其直，取市价而厚增之，授以要券，谓之交引。"① 又《群书考索》记："乾德二年（964），诸州民有茶，附折税外，官悉市之，许民于京师输金银钱帛，官给券，就榷货务以茶偿之。后以西北用兵，又募商人入中粟麦竹木，于边郡给文券，谓之交引。"② 这种交引已经与官交子很接近了，只不过后来的交子是以铁钱计值，而此时的交引是实物或者金银的凭证，交子之名或许就来源于交引。

（二）交子

交子，又名楮券、铁缗钞。产生在宋真宗、仁宗时期，是世界上最早的真正意义上的纸质货币。

关于交子名称的由来，日本学者加藤繁指出："交子、会子、关子，本来都是大略相同的词汇，交、会和关有会合、对照的意思，交子、会子、关子，不外是指对照的凭证，就是对照后证明无误的证据文件。"③ 彭信威在《中国货币史》中讲到"交"是交合的意思，即指合券取钱。并且认为之所以称为交子，或许与四川方言有关系。④ 宋史专家汪圣铎曾经撰写专文《"交子"释义》来解释"交子"名称的由来，他认为"交子"之名，可能来源于交引，"交"为交纳之意，之所以称"子"，并非方言，而是当时民间的称呼，宋代民间白话称呼多加"子"，如"照子""投子""背子"。⑤ 汪说最令人信服。

1. 私交子

交子在北宋前期产生，经历了一个由民办到官办的过程。最先出现的是民间的私交子，《续资治通鉴长编》载："益、邛、嘉、眉等州岁铸钱五十余万贯，自李顺作乱，遂罢铸，民间钱益少，私以交子为市，奸弊百出，狱

---

① 【元】脱脱等：《宋史》卷一百八十三《食货志》，北京：中华书局，1985年，第4479页。
② 【宋】章如愚：《群书考索》后集卷五六《茶盐》，清文渊阁《四库全书》本。
③ 【日】加藤繁著，吴杰译：《中国经济史考证》第二卷《交子、会子、关子的语意》，上海：商务印书馆，1963年，第59页。
④ 彭信威：《中国货币史》，上海：上海人民出版社，1965年，第280页。
⑤ 汪圣铎：《"交子"释义》，《中国钱币》1996年第1期。

讼滋多。"①王小波、李顺起义导致四川铁钱停铸，铁钱减少，贸易不便，民间就"私以交子为市"。可见王小波、李顺起义时期，民间就已经出现了交子，并且还作为等价物来交换买卖。这是关于交子最早的记载。

私交子诞生之后，由蜀地的十六户富商担保发行，关于十六户富商主持交子的情况，李攸《宋朝事实》有载：

> 始，益州豪民十余万户连保作交子，每年与官中出夏、秋仓盘量人夫，及出修糜枣堰丁夫物料。诸豪以时聚首，同用一色纸印造。印文用屋木人物，铺户押字，各自隐密题号，朱墨间错，以为私记。书填贯，不限多少。收入人户见钱，便给交子，无远近行用，动及万百贯。街市交易，如将交子要取见（现）钱，每贯割落三十文为利。每岁丝蚕米麦将熟，又印交子一两番，捷如铸钱。收买蓄积，广置邸店、屋宇、园田、宝货。亦有诈伪者，兴行词讼不少。或人户众来要钱，聚头取索印，关闭门户不出，以至聚众争闹。官为差官拦约，每一贯多只得七八百，侵欺贫民。②

十六户富商主持交子时，已经初步形成印刷交子的统一样式。交子用统一的纸张印造，印记有屋木人物，还有防伪标志、押字和隐密题号，并且朱墨间错以为私记，防止伪造。这时候的交子没有固定面额，其面额根据需要题写。

因为私交子的民间性质，没有政府的强制管理，所以存在许多问题。有奸商发行交子后，"赀稍衰，不能偿所负"③，于是闭门不出，不兑现发行的交子，最后导致民事纠纷，聚众争闹。

2. 官交子

正是因为私交子存在诸多问题，才出现了政府统一发行的官交子。官交子的发行是自下而上推动的，首先是真宗大中祥符四年（1011）由知益州张咏设立官交子的基本规则：一交一缗，以三年一界换之。《湘山野

---

① 【宋】李焘撰，上海师范大学古籍整理研究所、华东师范大学古籍整理研究所点校：《续资治通鉴长编》卷五十九《真宗景德二年》，北京：中华书局，2004年，第1315页。
② 【宋】李攸：《宋朝事实》卷一五《财用》，清武英殿《聚珍版丛书》本。
③ 【宋】李焘撰，上海师范大学古籍整理研究所、华东师范大学古籍整理研究所点校：《续资治通鉴长编》卷一百一《仁宗天圣元年》，北京：中华书局，2004年，第2342页。

录》记载："（张咏）以剑外铁缗辎重设质剂之法，一交一缗以三年一界换之。"①虽然由知益州出面设立，但此时交子并没有经过朝廷的批准，也没有设立官营的交子务，此时的交子还是一种官督民办的形式，私交子的弊端不能完全革除。针对交子的弊端，出现了两种不同的对策：寇瑊守蜀，上奏朝廷"废交子不复用"，并且"收闭交子铺"，令"民间更不得似日前置交子铺"，但是因此导致"市肆经营买卖寥索"。转运使薛田建议设置官营交子务，发行官交子，但是朝廷没有回应。寇瑊离职之后，薛田代之，与转运使张若谷再次请求官营交子，最终获得批准，天圣元年（1023）十一月朝廷正式批准设立益州交子务。《续资治通鉴长编》载：

> 大中祥符末，薛田为转运使，请官置交子务以榷其出入，久不报。寇瑊守蜀，遂乞废交子不复用。会瑊去而田代之，诏田与转运使张若谷度其利害。田、若谷议废交子不复用，则贸易非便，但请官为置务，禁民私造。又诏梓州路提点刑狱官与田、若谷共议，田等议如前。（天圣元年十一月）戊午，诏从其请，始置益州交子务。②

李焘的《宋朝事实》也详细记载了知益州寇瑊取缔交子，知益州薛田、转运使张若谷、梓州提刑王继明等人复议设置官营交子务的具体情况：

> 知府事、谏议大夫寇瑊奏："臣到任，诱劝交子户王昌懿等，令收闭交子铺，封印卓，更不书放。直至今年春，方始支还人上钱了当。其余外县有交子户，并皆诉纳，将印卓毁弃讫。乞下益州，今后民间更不得似日前置交子铺。"奉圣旨，令转运使张若谷、知益州薛田同共定夺。奏称："川界用铁钱，小钱每十贯，重六十五斤，折大钱一贯，重十二斤。街市买卖至三五贯文，即难以携持。自来交子之法久为民便，今街市并无交子行用，合是交子之法归于官中。臣等相度欲于益州就系官廨宇，保差京朝官，别置一务，选差专副曹司拣捎子，逐日侵早入务，委本州同判专一提辖。其交子一依自来百姓出给者阔狭大小，仍使本州铜印印记。若民间伪造，许人陈告，支小钱五百贯，犯

---

① 【宋】文莹撰，郑世刚、杨立扬点校：《湘山野录·续录·玉壶清话》，北京：中华书局，1984年，第4页。
② 【宋】李焘撰，上海师范大学古籍整理研究所、华东师范大学古籍整理研究所点校：《续资治通鉴长编》卷一百一《仁宗天圣元年》，北京：中华书局，2004年，第2342-2343页。

人决讫，配铜钱界。"奉敕令梓路提刑王继明与薛田、张若谷同定夺闻奏。称："自住交子后来，市肆经营买卖寥索。今若废私交子，官中置造，甚为稳便。仍乞铸'益州交子务'铜印一面，降下益州，付本务行使。仍使益州观察使印记，仍起置簿历，逐道交子上书出钱数，自一贯至十贯文，合用印过上簿封押，逐旋纳监官处收掌。候有人户将到见钱，不拘大小铁钱，依例准折交纳置库收锁，据合同字号给付人户，取便行使，每小铁钱一贯文，依例剋下三十文入官。其回纳交子，逐旋毁抹合同簿历。[①]

官交子依照私交子的样式，并且钤印本州铜印印记，面额也从之前的"一交一缗"改为"一贯至十贯文"。交子的管理也有一套制度，铁钱兑换交子时，交子务"起置簿历"，交子填写面额后，要"上簿封押""纳监官处收掌"。交子兑换铁钱纳回交子时，"毁抹合同簿历"，并且每一贯需要扣除三十文小钱入官。这时的交子已经属于以国家信用作支撑而强制发行的纸质货币符号，是真正意义上的纸币了。

3. 交子产生的原因

首先，交子的产生与之前飞钱（便换）的汇兑形式是密不可分的。飞钱最早出现在唐代，进入宋代之后这种汇兑形式为宋代所沿用，宋代开宝三年（971），官府在开封设置官营汇兑机构"便钱务"，为商人直接办理异地汇款。唐代的飞钱和宋初的便钱只是一种异地汇款的票据，不进入市场流通，不在商品交易的过程中起媒介作用。但是其作为纸币的雏形，是交子出现的先声，可以说最早的私交子就是一种进入市场的飞钱。

其次，交子首先产生在民间，主要是因为四川地区使用因太重而不便于交易的铁钱。吕祖谦在《历代制度详说》中讲道："蜀用铁钱，其大者以二十五斤为一千，其中者以十三斤为一千，行旅赍持不便，故当时之券会生于铁钱不便，缘轻重之推移，不可以挟持。"[②]大者，即景德大铁钱；中者，即是祥符大铁钱；小者，即直一小铁钱。吕祖谦直接点明当时交子的产生是因为铁钱过重，行旅赍持不便。费著《楮币谱》也说："蜀

---

① 【宋】李攸：《宋朝事实》卷一五《财用》，清武英殿《聚珍版丛书》本。
② 【宋】吕祖谦：《历代制度详说》卷七《钱币》，民国《续金华丛书》本。

民以钱重难以转输，始制楮为券。"①宋代的其他史料如《宋史·食货志》、曾巩的《隆平集》、章如愚的《山堂群书考索》也都提到交子的产生与铁钱不便行用有直接关系。

再者，蜀地爆发王小波、李顺起义，嘉、邛、益州等钱监停铸铁钱达十多年之久，民间出现钱荒，铁钱的减少也刺激了交子的使用。李焘在《续资治通鉴长编》记载道："益、邛、嘉、眉等州岁铸铁钱五十余万贯，自李顺作乱，遂罢铸，民间钱益少，私以交子为市。"②正是因为民间的钱少，才刺激了民间"私以交子为市"，这标志着交子已经进入市场流通，距离成为真正意义上的纸币又近了一步。

最后，官交子的产生是因为民间私交子缺乏管理而出现欺诈、拖欠等问题，引起民众的不满。但交子已经在民间行用，如果废弃则不利于贸易，于是就设置官营交子务，利用国家权力官方发行交子。自此，世界上第一种真正意义的纸币诞生了。

4. 交子的使用和增发

官营交子使用约80年，主要流通区域是在川峡四路。

自天圣二年（1024）发行官交子后，交子发行数额总体上是在稳定中逐步增印，每界从天圣二年的一百二十五万余贯，增加到了元符年间（1098—1110）的一百八十八万余贯。从熙宁五年（1072）开始发行两界交子，两界交子并行，并且前后两次增发交子。费著《楮币谱》详载其事：

> 自（天圣）二年二月为始，至三年二月终，凡为交子一百二十五万六千三百四十贯，其后每界视此数为准。交子旧以二月二十日起界，清献公为记时已迁至七月也。熙宁五年续添造一界，其数如前，作两界行使，从监官戴蒙之请也……自元丰元年兼放两界之后，绍圣元年增一十五万（道），元符元年增四十八万道。祖额每界以一百八十

① 【元】费著：《楮币谱》，【宋】洪遵等：《泉志（外三种）》，上海：上海书店出版社，2018年，第184页。
② 【宋】李焘撰，上海师范大学古籍整理研究所、华东师范大学古籍整理研究所点校：《续资治通鉴长编》卷五十九《真宗景德二年》，北京：中华书局，2004年，第1315页。

八万六千三百四十为额，以交子入陕西转用故也。①

此时的交子，已经不仅局限于在四川境内使用，而是由四川流入陕西、甘肃等地，在一定程度上导致四川地区交子数量不足，这又进一步刺激交子增发。《文献通考》卷九《货币考》载："绍圣元年，成都路漕司言：'商人以交子通行于陕西，而本路乏用，请更印制。'诏一界率增造十五万缗。是岁，通旧额书放百四十万六千三百四十缗。"②

神宗、哲宗时期虽然增发交子，但基本上还在合理范围内，并没有像北宋后期和南宋时期那样几十上百倍地印刷纸币，导致"引法大坏"。

5. 交子的面额

交子初创之时，面额"一交一缗"，之后面额分为"一贯至十贯文"，具体数额都是临时填写，加盖官印。宋仁宗宝元二年（1039）和宋神宗熙宁元年（1068），交子的面额发生了两次变化。宝元二年，交子有了固定的面值，80%的为十贯，20%为五贯，不再发行一到四贯、六到九贯的交子。《楮币谱》载：

> 每道初为钱一贯至十贯。宝元二年以十分为率，其八分每道为钱十贯，其二分每道五贯。若一贯至四贯、六贯至九贯，更不书放。③

熙宁元年，宋廷又将交子面值减小，60%为一贯，40%为五百文。以"重轻相权、易于流转"，《宋朝事实》记载："逐界交子十分内，纽定六分书造一贯文、四分书造五百文，重轻相权，易为流转。"④

交子面额的缩小和大小面额按比例发行，更方便民间交易使用，这与我们今天所使用的纸币已经相差无几了。

6. 交子的印刷与管理

北宋初期，十六户富商联保印制私交子时就使用统一纸张，还利用私记防伪。薛田奏请官印交子时，向朝廷请示官交子"一依自来百姓出给者

① 【元】费著：《楮币谱》，【宋】洪遵等：《泉志（外三种）》，上海：上海书店出版社，2018年，第184–185页。
② 【元】马端临：《文献通考》卷九《钱币考》，北京：中华书局，2011年，第242页。
③ 【元】费著：《楮币谱》，【宋】洪遵等：《泉志（外三种）》，上海：上海书店出版社，2018年，第185页。
④ 【宋】李攸：《宋朝事实》卷一五《财用》，清武英殿《聚珍版丛书》本。

阔狭大小，仍使本州铜印印讫"①，可见官交子沿袭了私交子的样式。关于北宋时期官交子的具体样式和管理，我们今天已经不得而知，大观元年（1107）交子务更名为"钱引务"，交子也更名为"钱引"，但其印刷和管理同官交子是一样的，在《楮币谱》中，费著详细地记载了北宋后期钱引印刷和管理的具体情况，我们也可以从中获取北宋时期官交子印刷的诸多信息：

> 所铸印凡六：曰敕字，曰大料例，曰年限，曰背印，皆以墨；曰青面，以蓝；曰红团，以朱。六印皆饰以花纹，红团、背印则以故事。监官一员，元丰元年增一员。掌典十人，贴书六十九人，印匠八十一人，雕匠二人，铸匠六人，杂役一十二人，禀给各有差。所用之纸，初自置场，以交子务官兼领，后虑其有弊，以他官董其事。②

官交子采用不同颜色套印，并且有诸多的印记：敕字、大料例、年限、青面、红团等，并且背面印故事。面背双印的设计，颇与今天的纸币相似。

交子务设置监官一人，元丰后改为两人。另外还有掌典十人，贴书六十九人，印匠八十一人，雕匠六人，铸匠二人，杂役一十二人，一共187人。这已经是一个人员齐全的印钞工厂了。

在熙宁元年（1068）之前，官交子使用普通纸张印刷，纸张从置场③中购买。之后为了防止伪造，就设置了单独为印刷交子提供纸张的抄纸院。《楮币谱》载，熙宁元年，"戴蒙又请置抄纸院，以革伪造之弊。引有两界与官自抄纸，皆自蒙始"④。由此交子的印刷形成了一整套生产线和产业体系。

7. 交子流通区域

交子诞生之初，流通区域仅限于川峡四路，但是作为一种利国利民的"先进科技产物"，交子的流通区域逐渐扩大。

---

① 【宋】李攸：《宋朝事实》卷一五《财用》，清武英殿《聚珍版丛书》本。
② 【元】费著：《楮币谱》，【宋】洪遵等：《泉志（外三种）》，上海：上海书店出版社，2018年，第185页。
③ 置场，是宋代史料中常见词，大体是指官府与百姓进行贸易而在某地设置的一个交易场所。参见李晓：《宋朝政府购买制度研究》，上海：上海人民出版社，2007年，第314页。
④ 【元】费著：《楮币谱》，【宋】洪遵等：《泉志（外三种）》，上海：上海书店出版社，2018年，第185页。

庆历七年，陕西路开始借益州交子使用。《续资治通鉴长编》载："（庆历七年二月己酉）诏取益州交子三十万于秦州，募人入中粮草。时议者谓蜀商多至秦，方秦州乏军储，可使入中以交子给之。"①仁宗时期，陕西路使用川交子的数量不多，共"两次借却交子六十万贯"，与陕西的盐钞共同在民间流通，但是这批交子"并无见钱桩管，只是虚行印刷"，"散在民间，转用艰阻，已是坏却元法，为弊至深"②。到了神宗时期，陕西开始大量地使用交子，并且废止了之前行用的盐钞。《续资治通鉴长编》载："（熙宁四年春正月）庚戌，诏陕西已行交子，其罢永兴军买盐钞场。"③陕西的交子屡兴屡废，熙宁九年（1076）正月甲申，"诏陕西交子法更不行，官吏并罢"④。陕西交子被罢后，益州印刷的川交子仍然大量在陕西行用。崇宁元年（1102）"复行陕西交子"⑤，在蔡京的建议下，陕西发行交子三百万贯。《皇朝编年纲目备要》载："（蔡京言）茶马司将川交子通入陕西，民已取信。今欲造三百万贯，令陕西与见钱、盐钞兼行，仍拨成都常平司钱一百万贯充本。从之。"⑥

在川交子的影响之下，铜、铁钱混用的河东路也开始发行交子。《皇宋通鉴长编纪事本末》载其始末：

> （熙宁二年闰十一月）条例司言："西京左藏库副使高遵裕等十一人各乞置交子务。本司详交子之法，用于成都府路，人以为便，今河东公私苦运铁钱劳费，宜试如遵裕等议行交子之法。仍令转运司举官置务。"从之。⑦

河东路使用交子仅仅半年，在熙宁三年（1070）七月朝廷就下令"罢潞州

---

① 【宋】李焘：《续资治通鉴长编》卷一百六十《仁宗庆历七年》，北京：中华书局，2004年，第3862页。

② 【宋】李攸：《宋朝事实》卷一五《财用》，清武英殿《聚珍版丛书》本。

③ 【宋】李焘：《续资治通鉴长编》卷二一九《神宗熙宁四年》，北京：中华书局，2004年，第5329页。

④ 【宋】李焘：《续资治通鉴长编》卷二七二《神宗熙宁九年》，北京：中华书局，2004年，第6668页。

⑤ 【元】马端临：《文献通考》卷九《钱币考》，北京：中华书局，2011年，第242页。

⑥ 【宋】陈均：《皇朝编年纲目备要》卷二六《徽宗崇宁元年》，北京：中华书局，2006年，第66页。

⑦ 【宋】杨仲良：《皇宋通鉴长编纪事本末》卷第六十六，哈尔滨：黑龙江人民出版社，2006年，第1164页。

交子务"，但是在北宋末年河东路又有使用会子的记载，会子始于南宋高宗绍兴年间，河东路北宋末年使用的会子或即交子、钱钞之类。

宋徽宗时，交子行用区域再次扩大，并且逐渐扩展到除汴京外的全国范围。崇宁年间（1102—1106），除在陕西发行三百万贯交子外，朝廷也在京西北路、淮南路等地推行交子。《宋史·食货志》载："崇宁三年，置京西北路专切管干通行交子所，仿川峡路立伪造法。通情转用并邻人不告者，皆罪之。私造交子纸者，罪以徒配。"① 《皇朝编年纲目备要》载："（崇宁）四年四月，诏淮南许通用交子。六月，又诏交子并依旧法路分，兼通行诸路，惟不入京。"②

崇宁四年六月，朝廷又出台新的政策：诸路改用钱引，已经流通的交子用钱引兑回，而四川路仍然使用交子。《宋会要辑稿》载：

> （崇宁）四年六月二十三日，榷货务买钞所言：奉旨交子并依旧法路分，兼诸路通行，其在京及京畿行用等旨挥，更不施行。钱引依此印造，诸路用钱引，四川依旧施行。其已行交子，渐次以钱引兑换。官吏等并归买钞所，共为一局，合用"榷货务买钞所"朱记。所有旧交子务铜朱记一面乞下少府监毁弃，所有"在京提举交子官印"铸印一十面，今合改作"提举钱引之印"六字为文。"在京交子务交子记"八字铜朱记一十面，今改作"榷货务买钞所钱引记"九字为文。乞下本监改铸降下。从之。③

两年后的大观元年，四川交子务也更名为"钱引务"，以钱引替代交子。"交子"之名从此退出历史舞台。

---

① 【元】脱脱等：《宋史》卷一百八十一《食货志》，北京：中华书局，1985年，第4404页。
② 【宋】陈均：《皇朝编年纲目备要》卷二六《徽宗崇宁元年》，北京：中华书局，2006年，第66页。
③ 【清】徐松辑，刘琳等校点：《宋会要辑稿·职官二七》，上海：上海古籍出版社，2014年，第3719页。

（三）川引

1. 川引的发行

所谓川引，即四川钱引。大观元年，四川交子务更名为钱引务，以钱引替代交子。四川的钱引仅仅是交子名称的更改，两者并无太大区别，其发行的界数也是接续交子的。《宋史·食货志》载：

> 大观元年，诏改四川交子务为钱引务。自用兵取湟、廓、西宁，借其法以助边费，较天圣一界逾二十倍，而价愈损。及更界年，新交子一当旧者四，故更张之。以四十三界引准书放数，仍用旧印行之，使人不疑扰，自后并更为钱引。①

交子更名为钱引与交子的大量滥发有关系。北宋徽宗时期，为筹措军费，官府大量印刷交子，导致交子迅速贬值。《建炎以来朝野杂记》甲集卷一六《四川钱引》载：

> 崇观间，陕西用兵，（交子）增印至二千四百三十万缗（原注：崇宁元年增二百万，二年又增一千一百四十三万，四年又增五百七十万，大观元年又增五百五十四万），由是引法大坏，每兑界以四引面易其一。蔡京患之，大观元年夏，改交子为钱引，旧交子皆毋得兑。三年秋，诏复以天圣年额为准。②

天圣二年发行交子一百二十五万余贯，大观年间到了二千四百三十万贯，交子印刷数量增加了近二十倍。大量的钱引和交子在市场上流通，导致纸币严重贬值。每界到期兑换新界交子只能"四引面易其一"，"川蜀四十二界以后钱引……官司奉法不谨，纵民减价……引直……成都才直二三百……民间贸易十千以上，令钱与引半用"③。正是因为交子严重贬值，朝廷才改"交子务"为"钱引务"。

更交子为钱引的措施不能从根本上解决通货膨胀的情况。于是朝廷宣布四十一界至四十三界发行的交子和纸币不再兑收，散落在民间的四十一

---

① 【元】脱脱：《宋史》卷一百八十一《食货志》，北京：中华书局，1985年，第4404页。

② 【宋】李焘：《建炎以来朝野杂记》甲集卷一六《四川钱引》，北京：中华书局，2000年，第364页。

③ 【元】马端临：《文献通考》卷九《钱币考》，北京：中华书局，2011年，第242页。

界到四十三界交子成为废纸。而四十四界钱引数额根据天圣年间的旧额发行。崇宁大观年间增发纸币而导致的通货膨胀，一直到宣和年间，才"引价复平"。①

南宋初年，因为战争频繁，四川再次加印钱引，虽然朝廷屡次下令禁止，但是囿于时局，屡禁不止。《建炎以来朝野杂记》甲集卷一六《四川钱引》载：

建炎初，靳博文为益漕，以军食不继，始以便宜增印钱引六十二万缗（原注：二年六月）。其后张忠献、卢立之、席大光相继为帅，率增印矣。绍兴七年夏，诏四川不得泛印钱引（原注：五月庚寅）然边备空虚，泛印卒如故。十年春，用楼仲辉议，诏印钱引者徒二年，不以赦免（原注：正月戊子）。未数月，以赡军钱阙，又命印五百万缗（原注：三月戊子）。十三年，郑亨仲复奏增四百万缗（原注：三月辛卯）。②

费著《楮币谱》亦载：

建炎二年，罢铸钱，复用元符所增之额。三年，增一百万。绍兴元年增六十万，二年增一百四十万，三年增五百万，四年增五百七十万，五年增二百万，六年增六百万。皆以给利、夔两路军费。七年，有旨不许泛印。八年，以边报急阙，增三百万充籴买。九年，以移屯陕西，合给籴本，及陕西六路新复州军衣赐，增两百万。增数既多，签书枢密院事楼照奉使陕西，奏禁泛料，始定著刑章。十年，以赡军急阙，增五百万。十三年，以都运司之请，增四百万。③

绍兴初年，前后十一次增发钱引，增加数额相较于北宋崇宁、大观年间有过之而无不及。李心传在《建炎以来系年要录》中提到建炎初年"八年间，累增二千五十四万缗"④。南宋朝廷并非不知道脱离本金大量增发钱引会导致通货膨胀，但是因为战争的巨大耗费，最后只能继续加印。

自绍兴议和（1141）之后，川引发行逐渐进入相对稳定阶段。到了

① 【元】脱脱：《宋史》卷一百八十一《食货志》，北京：中华书局，1985年，第4404-4406页。
② 【宋】李焘：《建炎以来朝野杂记》甲集卷一六《四川钱引》，北京：中华书局，2000年，第365页。
③ 【元】费著：《楮币谱》，【宋】洪遵等：《泉志（外三种）》，上海：上海书店出版社，2018年，第186页。
④ 【宋】李心传：《建年以来系年要录》卷二十九，北京：中华书局，1988年，第571页。

绍兴末年，因为宋、金关系的再次紧张，川引发行数量又有较大的增加。《建炎以来朝野杂记》甲集卷一六《四川钱引》："（绍兴）三十年，军事将起，王赡叔增印一百七十万缗（原注：三月）。又明年，虞并甫宣谕川、陕，亦增印一百万缗（原注：三十二年六月己丑）。"①《建炎以来系年要录》卷一八四载："（绍兴三十年三月）四川总领所乞增印钱引一百七十万缗以备军费，是月，许之。通前后两界为四千万缗有奇，视天圣所书数凡三十倍。"②此后，南宋发行钱引的数量仍然逐渐增多，到了庆元三年（1197），"前后两界共书放钱引四千九百万缗有奇"③。后来将二界并行改为三界并行，到嘉泰末年，两届交子已达到五千三百余万缗，三界加起来已经将近八千万缗。《建炎以来朝野杂记》载："建炎初，张魏公浚出使复以便宜增印。自后因仍不已，至嘉泰末，两界书放凡五千三百余万缗，通三界所书放视天圣祖额至六十四倍。逮嘉定初，每缗止直铁钱四百以下。议者患之。"④

因为市面上流通的钱引数额太大，于是朝廷准备收兑部分钱引。嘉定元年（1208）十一月，四川总领所决定收兑回笼半界九十界钱引。《建炎以来朝野杂记》载："总领财赋陈逢孺乃与僚属议出库管金、银、度牒与民，收回半界（钱引）。金每两直六十缗，银每两直六缗二百，度牒每道一千二百缗，度库管所藏可直一千三百万。"⑤

嘉定三年（1210）春，四川制置使安丙提议兑收九十界剩余半界，事成之后安丙又欲兑收九十一界钱引，虽然遇到阻力，但也兑收了一部分钱引。从嘉定元年开始兑收旧引，稳定了钱引的市场价格，缓解了通货膨胀。《建炎以来朝野杂记》记载道："自（嘉定）元年三月，两收旧引凡

① 【宋】李焘：《建炎以来朝野杂记》甲集卷一六《四川钱引》，北京：中华书局，2000年，第365页。
② 【宋】李心传：《建炎以来系年要录》卷一八四，北京：中华书局，1988年，第3088—3089页。
③ 【宋】李焘：《建炎以来朝野杂记》甲集卷一六《四川钱引》，北京：中华书局，2000年，第365页。
④ 【宋】李焘：《建炎以来朝野杂记》乙集卷一六《四川收兑九十界钱引本末》，北京：中华书局，2000年，第790页。
⑤ 【宋】李焘：《建炎以来朝野杂记》乙集卷一六《四川收兑九十界钱引本末》，北京：中华书局，2000年，第790页。

二千五百万缗有奇，而引直遂复如故。"①

虽然在嘉定初年收兑钱引取得了一定的成效，但南宋朝廷的支出与日俱增，钱引还在继续增发，所有回收旧引的措施都如同扬汤止沸。到了端平元年（1234），川引已经达到一亿七千万缗了，是天圣年间初行交子时的百余倍，即使是跟嘉定元年相比，钱引的数额也增加了一倍。《历代名臣奏议》载端平元年大臣李鸣复的上疏："今京楮之出至二十千万有零矣，而印造未已；蜀楮之出至十七千万矣，而用度未足。"②川引增发数额之巨，可见一斑。

淳祐年间（1241—1252），川引重新编界。因为川引是接续交子编界，而交子则是"约以百界"，满九十九界之后，川引于淳祐初年重新编界，发行第一界。《贵耳集》载：

> 乖崖张公帅蜀时，请于朝，创用楮币，约以百界。尝见蜀老儒辈言，谓此是世数所关。七八年前已及九十九界，蜀闾建议虚百界不造，而更造所谓第一界。③

每界收兑时间也延长到十年一易。开禧之后，因为军费支出庞大，钱引往往不能按时兑界，只能"展年收兑"。淳祐九年（1249）之后，朝廷顺应这个趋势，改为十年一界。《宋史》卷一八一《食货志·会子》载：

> （淳祐）九年，四川安抚制置大使司言："川引每界旧例三年一易。自开禧军兴以后，用度不给，展年收兑，遂至两界、三界通使，然率以三年界满，方出令展界，以致民听惶惑。今欲以十年为一界，著为定令，则民旅不复怀疑。"从之。④

此时的川引三界并行，十年一易，数额动辄上亿缗，俨然已经成为国家盘剥百姓的工具。

2. 川引的印刷地

川引的印刷地在成都，具体机构为钱引务，钱引务前身即北宋时期的

① 【宋】李焘：《建炎以来朝野杂记》乙集卷一六《四川收兑九十界钱引本末》，北京：中华书局，2000年，第790页。
② 【宋】李鸣复：《论用兵五可忧疏》，《历代名臣奏议》卷九九《经国》，清文渊阁《四库全书》本。
③ 【宋】张端义：《贵耳集》卷下，清文渊阁《四库全书》本。
④ 【元】脱脱等：《宋史》卷一百八十一《食货志》，北京：中华书局，1985年，第4410页。

交子务，但其具体地点已无从考证。不过我们可以从《楮币谱》的记载中，找到钱引务抄纸场地点的蛛丝马迹：

> 大观元年五月，改交子务为钱引务……所用之纸，初自置场，以交子务官兼领，后虑其有弊，以他官董其事。隆兴元年，始特置官一员莅之，移寓城西净众寺。绍熙五年，始创抄纸场于寺之旁，遣官治其中。抄匠六十一人，杂役三十人。①

净众寺的地点，《成都府志》记载："僧之言曰，净因寺俗呼万佛，近又易佛为福矣！相传建汉延禧年间，或曰即古净众寺，若竹林寺地。唐无相禅师建塔，镌佛者万，寺以故名。"②

另据《成都城坊古迹考》记载：

> 万佛寺，六朝名安浦，又名再兴寺。唐至北宋名净众寺，一称竹林寺。南宋至明初净因寺习惯称万佛寺，历来为城西古迹名胜。

> 北巷子南接石灰中街西口，北抵金仙桥，金仙桥北向里许即有万佛寺，唐代名净众寺，宋名净因寺。③

《成都城坊古迹考》中所载的"金仙桥"，地名至今尚存，根据"金仙桥北向里许即有万佛寺"的记载，万佛寺大体位置在成都市金牛区人民北路中国铁道第二勘察设计院（简称中铁二院）。1953年，中铁二院在进行基础建设开挖地基时，曾挖掘出残破佛像、佛头以及伎乐天像和须弥座等200余件文物，这些文物至今还收藏于四川省博物院、四川大学博物馆和成都市博物馆，这就是净众寺的遗迹。有学者根据《楮币谱》的记载认为此处即为交子诞生地，今日此地有新建的交子诞生地石碑。其实，《楮币谱》所言"移寓城西净众寺"，指的是南宋钱引务抄纸场，此处应是南宋钱引务抄纸场的旧址，而最开始设立的益州交子务并不在此处。四川大学前辈学者胡昭曦先生根据《宋朝事实》"于益州旧系官廨宇……别置一务"的记载，推测交子务初设时很可能就在当时的"益州衙署"内，该说法考证较为精审。④

---

① 【元】费著：《楮币谱》，【宋】洪遵等：《泉志（外三种）》，上海：上海书店出版社，2018年，第185页。
② 【明】冯任修、张世雍等纂：《新修成都府志》卷五十三，天启元年刻本。
③ 四川省文史研究馆：《成都城坊古迹考》，成都：成都时代出版社，2006年，第325—327页。
④ 胡昭曦：《宋代交子具体诞生地探考杂识》，《四川大学学报（哲学社会科学版）》2006年第4期。

（四）川会

川会，即四川会子，川会的发行主要是为了平息滥发川引所导致的市场混乱。

早在绍兴三十一年（1161），四川总领王之望即上疏请求将增发钱引的权力交予地方，他在奏疏中说："乞密降省札，略示大数付之望，不下转运司收掌，令之望酌度事宜，或三五十万，或百十万道，作番次旋旋增添，不令外人知所添之数，足以给用即止，不必尽如朝旨所增。"①朝廷同年予以同意："诏四川总领所添印三百万道，委王之望专一收掌，逐旋约度合用之数，作料次给降，足以给用即止。"②

由此，地方掌控了钱引的发行权，这与后来四川钱引的泛滥有很大关系。到宝祐年间（1253—1258），纸币贬值严重，三界钱引同时行用，钱引发行时已严重贬值，往界川引只能"以五当一"。宝祐二年（1254）又发行银会子，"以一当百"，纸币贬值已经严重影响经济的运行。

宝祐四年（1256），曾经在川任职的大臣李曾伯认为地方掌握自印钱引的权力导致了钱引的泛滥，他在奏疏中说：

> 楮之所以贱者以多故，楮之所以多者以自造故。蜀自比年以来，造楮之权尽付制司，虽据其言曰某年某界印造若干，多寡在手，谁得而问！竭西山之楮，易陆海之珍，往往多以虚取实而去。③

他又提出"当先收此权，以归公上"，希望将纸币发行权收归中央。④朝廷基本上采纳了李曾伯的建议，于宝祐四年废除川引，"印造之权，归之朝廷，仿十八界会子造四川会子，视淳祐之令作七百七十陌，于四川州县

---

① 【宋】李心传：《建炎以来系年要录》卷一百九十三，北京：中华书局，1988年，第3253-3254页。

② 【宋】李心传：《建炎以来系年要录》卷一百九十五，北京：中华书局，1988年，第3289页。

③ 李曾伯：《救蜀楮密稿》，刘琳、曾枣庄：《全宋文》卷七八二六，上海：上海辞书出版社，2006年，第三百三十九册，第233页。

④ 李曾伯：《救蜀楮密稿》，刘琳、曾枣庄：《全宋文》卷七八二六，上海：上海辞书出版社，2006年，第三百三十九册，第233页。

公私行使"①。自此钱引正式退出历史舞台，四川开始行用川会。但是关于川会的史料不多，《宋史·食货志》载，咸淳五年（1269）"复以印板发下成都运司掌之，从制司抄纸发往运司印造毕功，发回制司，用总所印行使，岁以五百万为额"②。川会的印刷、发行都重归朝廷手中，并且有多个部门分工协作，印板和抄纸由制司③掌管，印刷为地方运司④负责，最后用总领所⑤之印印行，每年的印刷都有定额。

（五）宋代纸币钞板

北宋时期的交子以及南宋时期的川引、川会至今尚未发现实物。自20世纪30年代以来，学界陆续发现三块（组）宋代印钞铜版。一块被称为"北宋小钞版（又名千斯仓钞版）"，一块是南宋"行在会子库"钞版，还有一组是南宋"关子"钞版。"北宋小钞版"在中华人民共和国成立之前就流出到国外，在国内仅留拓本数页。日本学者奥平昌洪的《东亚钱志》首次著录该钞版，并将其定为南宋会子钞版。该钞版之后又长期被讹认为乃北宋交子钞版，20世纪50年代出版的《中国货币史》将其称之为"官交子"或者"钱引"。实际上该钞版并不是交子或会子的钞版，有学者在研究后认为，其实它是北宋小钞版。⑥

至今人们未能发现交子、川引和川会的实物和印版，可能跟宋代政府的销版制度有关。崇宁四年改交子为钱引时，榷货务上疏言："所有旧交子务铜朱记一面，乞下少府监毁弃。"⑦宝祐四年造川会子时，又称"两

① 【元】脱脱等：《宋史》卷一百八十一《食货志》，北京：中华书局，1985年，第4411页。"七百七十陌"，意为以七十七文为足陌的见钱一贯，即七百七十文为一贯，见刘森：《省与陌》，《中国钱币》1986年第3期。
② 【元】脱脱等：《宋史》卷一百八十一《食货志》，北京：中华书局，1985年，第4411页。
③ 制置司之省称，徽宗朝，经画边防军事之需，设制置使。
④ 发运司之省称，自北宋初期即兼管铸钱。
⑤ 四川总领所，绍兴十八年（1148）始设，总领四川财赋、军马、钱粮。
⑥ 吴筹中、吴中亚：《中国货币文化宝库中的两颗明珠——两宋钞版新探》，《中国钱币》1984年第1期。
⑦ 【清】徐松辑，刘琳等校点：《宋会要辑稿·职官二七》，上海：上海古籍出版社，2014年，第3719页。

料川引并毁"①。废交子行川引后，民间的交子都换作钱引，为了防止盗版印刷，旧的交子铜印、钞版也被销毁；而废钱引行川会子后，钱引也都用川会子替换回收，川引钞版当然也会被销毁。因此，今天我们很难见到交子和川引的实物与钞版。

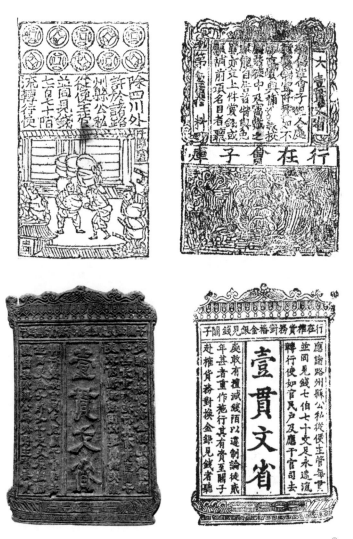

图14-1　北宋小钞版印文、南宋会子钞版印文、南宋关子钞版及印文②

① 【元】脱脱等：《宋史》卷一百八十一《食货志》，北京：中华书局，1985年，第4411页。

② 南宋关子钞版及其印文高22.7厘米，宽15.1厘米，图片取自施继龙、李修松：《东至关子钞版研究》，合肥：安徽大学出版社，2009年。

益州通行——大夏政权钱币

> 宫泉宝货可为真，蜀郡通行利小民。
>
> 制楮权钱才贰贯，奈何夏主亦消沦。

　　元朝末年，天下大乱。至正十一年（1351），全国爆发红巾军起义，起义军分为韩山童、刘福通领导的东系红巾军和徐寿辉、彭莹玉领导的西系红巾军。西系天完红巾军广西两江道宣慰使明玉珍伺机从夔门溯江而上，占领重庆，攻陷成都，川渝各州尽入囊中，之后又占据云南北部。至正二十二年（1362），明玉珍受刘桢等人拥立称帝，国号"大夏"，以恢复汉族王朝的统治相号召，建元"天统"，定都重庆。大夏政权仿效周制设六卿，以刘桢为宗伯，分蜀地为八道：上川西道、下川西道、上川北道、下川北道、上川东道、下川东道、上川南道、下川南道，更置府州县官名。大夏政权统治范围覆盖重庆、四川、陕南、湘西、黔北、滇北等地。明玉珍统治时期，巴蜀地区较为稳定，人民较为富足，《明氏实录》载："夏主（明玉珍）躬行俭约，禁侵掠，薄税敛，一方咸赖小康焉。"[①]

（一）天统通宝、天统元宝

　　关于明夏铸币，始见于清人的著述，《历代钱法备考》载："元至正二十三年（1363），直州玉山人明玉珍据成都，僭号'夏'，建元'天

---

① 【清】钱谦益：《国初群雄事略》卷五《夏明玉珍》，北京：中华书局，1982年，第125页。

统',铸天统通宝钱。"①

天统年间铸造的钱币有两种:一为"天统通宝"小平钱,方孔窄郭,真书对读,直径2.3厘米,字为楷体;二为"天统元宝"小平钱,方孔窄郭,篆书对读,直径2.5厘米,字为铁线篆。重庆中国三峡博物馆藏有天统通宝、元宝各一品。

天统元宝、天统通宝二钱,清代翁树培的《古泉汇考》、张崇懿的《钱志新编》等书都有著录,都说是明玉珍所铸。民国收藏大家丁福保沿袭以上观点,在其《古钱大辞典》《历代古钱图说》中也收录了天统通宝和元宝二钱。《历代古钱图说》中所著录的两枚天统钱为民国收藏家张季量的藏品,张氏对这两品古泉非常珍爱,在钱拓上留有"季量藏泉"四字的阴文朱印(见图15-1)。

图15-1　天统通宝、天统元宝②

由于明氏立国年限很短,钱币铸造不多,天统钱传世品为古钱界所罕见。因此有学者认为今天发现的天统通宝、元宝尚有疑问,如马定祥先生认为其是安南所铸。③仔细分析,天统钱确实有可疑之处,从文字风格来

① 【清】沈学诗:《历代钱法备考》卷七,清抄本。
② 天统通宝直径2.3厘米,天统元宝直径2.5厘米,图片取自《历代古钱图说》。两品皆为张季量旧藏,张季量为民国时期收藏家,居上海,与丁福保、罗伯昭、郑家相、王荫嘉、戴葆庭等人交好,是寿泉会的参与者之一,还是古泉大家马定祥的老师。
③ 林勃:《明夏文物遗迹初探》,《中国民族博览》2017年第3期。

看，天统通宝文字风格与元代至大通宝、徐寿辉所铸天启通宝、朱元璋所铸大中通宝、明初洪武通宝、永乐通宝等钱币风格有所不同。元末明初起义军钱币文字承袭元代铸币，文字风格俊俏秀丽，而天统通宝文字较为饱满丰盈，元末明初铸币"通"字皆为类角头通，如元末至正通宝，"通"字作"通"，朱元璋所铸大中通宝，"通"字作"通"，而天统通宝，"通"字为方头通，写作"通"，其书体风格与当时的钱文风格有所不合。前辈学者不同的观点，以及该钱不同于时代风格的钱币书法，使得天统通宝和元宝的铸造时代更加扑朔迷离。对天统钱真伪的断定，也只能期待更新的考古发现了。

（二）天统国宝

四川绵竹文管所藏有"天统国宝"背"蜀府官钱"一品，钱径3.8厘米，穿径0.9厘米，重27克。钱文篆书，"天统"二字与"天统元宝"之"天统"风格一致，面文"天统国宝"，背文"蜀府官钱"，皆直读。之所以单独介绍此钱，是因为此钱不单单是仅见之品，而且其来历也颇有传奇色彩。此钱系绵竹杨庆祥先生1950年捐赠。杨庆祥先生，字雁南，为晚清戊戌六君子之一的杨锐长兄之子，成都存古学堂毕业，后任教于成都建国中学，癖好古泉币，教学三十余年，各处搜索古泉，并撰成《中国历代币制图考》一书，但可惜未能出版。1950年杨庆祥先生将其平生所藏古泉、刀布及《中国历代币制图考》手稿一并捐献给绵竹县人民政府文物保管委员会。[1]杨庆祥先生在其《捐献古物之申请书》中详细介绍了其古泉刀布等文物的来龙去脉：杨锐就义后，其子杨庆昶于1912年去世，无嗣。杨锐生前收藏之古物刀布由其长兄杨聪之子杨雁南继承，此枚钱币也是杨锐之藏品。[2]杨锐有泉癖，精鉴赏，叶德辉《古泉杂咏》早已载其事迹，若此

---

① 宁志奇：《百年风云仰铁肩——戊戌六君子杨锐故里足迹揽胜》，《绵竹文史资料选辑（第十七辑）》，1998年，第3页。
② 宁志奇：《县藏真稀古钱"天统国宝"初考》，《绵竹文史资料选辑（第六辑）》，1987年，第89页。

品为杨锐故物，应当不是赝品，此枚钱币或即明玉珍在蜀地所铸之官钱，抑或是后来民间所铸压胜之品，文献不足，缺疑待考。杨锐是四川绵竹人，少求学于尊经书院，后参与戊戌新政，与刘光第、林旭、谭嗣同为军机四章京，极力主张改革，探求兴学、练兵、用人的救亡之策，康有为称其"名为章京，实为宰相"，及新政败亡，慨然就义。戊戌六君子中，蜀有二人，此足见蜀人求强图新、不苟生、不畏死之精神。戊戌之变虽发生于一百二十年之前，睹物怀人，虽世殊时异，杨锐这种以民族国家为重的精神和气节仍然值得百年之后的国人去追念与学习。

（三）益州通行钞

旧传明夏钱币，另有"益州通行钞"一种。该钞为棉皮纸木刻板印刷，高约40厘米，宽约29厘米，中有双黑线框郭，框郭左右两侧刻双龙纹，龙首相对上伸于上郭外，中有火球珠一枚，作二龙戏珠状，下郭外为海水纹饰。框郭内上栏刻楷书"益州通行钞"五字，左右各有篆书"福民""利国"字样。下栏分为三格，右为"工部监印"，中为"蜀郡行使，当制钱贰贯"，左为钞法条文："现值国家初建，民间元气丧失，市面发现钱荒，故令工部监制。印造贰贯钱钞，一律通行使用。便利商民交易，以资周转市面。缴纳国家粮款，均与制钱无异。倘有阻挠伪造，斩首示众不贷。天统元年　月　日。"[1]益州通行钞的真伪问题同样存在争论，明玉珍建大夏政权，分蜀地为八道，其中不见"蜀郡"之称谓。另外制钱之意是以朝廷定制铸造钱币以区别于前代旧钱，"制钱"之名称始于明代，洪武年间（1268—1398）印行大明宝钞，尚且称"大明宝钞与铜钱通行"，并不称"制钱"，而今见之"益州通行钞"称"当制钱二贯"。"益州通行钞"整体版面设计也与元代"至正通行宝钞""中统元宝交钞"、明代"大明宝钞"有较大差异。另外"益州通行钞"为棉布印刷，字体不古。因此，笔者认为今天能见到的"益州通行钞"当为伪品。

---

① 董其祥：《明玉珍大夏政权货币简介》，《四川文物》1988年第1期。

宝色精彩——明代四川钱币

清忠奉制小崇祯，广贵重加应太平。

江泸榆青新旧季，户工官局十干成。

皇敕嘉忠制府共，一钱仍比八钱供。

连珠星小峨眉细，两字新厘一字封。[①]

崇祯通宝版式繁多，其小版无算，仅背文相异者，就有几十品之多。背文有"清忠""奉制""广""贵""重""加""应""太平""江""泸""榆""青""新""旧""季""户""工""皇敕""嘉""忠""制""府""共""新厘"还有天干"甲""乙""丙""丁""戊""己""庚""辛""壬""癸"十字。其中背"重""嘉""加""泸""忠""清忠"等品为巴蜀所铸。崇祯通宝背字钱是古钱币中一个比较有特色的品种，巴蜀铸崇祯通宝背纪地钱是明代蜀钱的重要代表。

（一）明代四川铸钱始末

明初钱钞并行，兼用金银。在四川地区，"蜀人止用茴银、米、布贸易货物，而钱钞遂不行"[②]。长期"用茴银、米、布"这些一般等价物来进行交易，给民间的贸易带来了不便，其实是反映了明初四川地区经济模式的衰退。

---

① 叶德辉：《古泉杂咏》，《丛书集成续编》本，上海：上海书店出版社，1995年，第330页。
② 【明】虞怀忠修，【明】郭棐纂：《四川总志》卷十九，明万历刻本。

　　成化年间，巡按御史屠镛曾经遣义民"持银数千两，易钱于江南等处，散民间行之"①，虽然在短时间内起到了一定的作用，但是易钱行使终究不是长久之法。

　　至万历四年（1576），钞法也已经滞废多年，朝廷令户、工两部铸钱，并且在"十三布政司、南北直隶开局铸钱。每府发镟边样钱100文，直隶州50文令照式铸造"②。（万历）《四川总志》载："万历五年（1577），奉旨疏通钱法，布政司遵依户部咨送万历通宝式开局鼓铸。"③

　　万历五年虽然鼓铸制钱，但川人习惯用银两，只有川东部分地区使用少量制钱，因此四川的铸钱事业逐渐衰落。万历末年，征讨播州土司，官府收入困乏。为了充实财政，万历四十六年（1618），四川巡抚饶景晖上书朝廷要求在四川重新开局鼓铸制钱，希望在省城（成都）、重庆、夔州（今重庆奉节县）、泸州、嘉定（今四川乐山市）、顺庆（今四川南充市）、保宁（今四川阆中市）、潼川（今四川三台县）等地设炉铸钱。《四川通志》载其事：

　　　　蜀中自征播之后，兵荒频见，公私交困，臣旁求理财之道，可以佐今日之急者，无如钱法。按五铢钱、交子务，皆起于蜀，铜官诸山又皆在蜀封内。今钱法盛行海内，而蜀反缺焉。岂卓王孙、邓通能富饶于汉，王建能经制于唐，今之蜀独异耶？成化间御史屠镛、正德间御史熊相，皆倡议行之，而究中阻。至万历五年，奉旨疏通钱法时，翕然称便，而市民习用菁银，渐复废格，唯川东尚行之耳……蜀往日之钱局具在，鼓铸不难，州县之条陈亦各称便，暂借官银以为工费……钱局四道开局铸造，川西在省城，川东在重庆、夔州府，川南在泸州、嘉定，川北在顺庆、保宁、潼川，待二三年后仍归并布政司，始分之以广流布，终合之以总利权，似属长便。④

　　朝廷同意了饶景晖的请求，规定新铸"钱制每钱一文止重一钱二分，较定画一"，"铜色宜纯，字画宜端，轮廓宜匀，胚胎宜厚，熔炼宜精，其

---

① 【清】黄廷桂等修纂：（雍正）《四川通志》卷十五下，清文渊阁《四库全书》本。

② 【明】申时行撰：《大明会典》卷一百九十四《工部》，明万历内府刻本。

③ 【明】虞怀忠修，【明】郭棐纂：《四川总志》卷十九，明万历刻本。

④ 【清】黄廷桂等修纂：（雍正）《四川通志》卷十五下，清文渊阁《四库全书》本。

'万历通宝'文宜仍旧不必更易"①。至此，四川初步形成了在川西、川东、川南、川北几个地方同时开炉鼓铸的局面，川铸钱多为足重钱，铜质精好，铸量大，蜀地成为重要的铸钱基地。

到了天启时期，各地都开设铸钱局，已经是"开局遍天下"②，当时全国有三大铸币中心：北京、南京和四川。四川地区继续沿用万历末期的政策，不仅仅在省城铸币，在各州府也设厂铸币，铸币局分布大致和万历年间相同，《如梦录》一书记载："天启五年（1625），川西在省城，川东在重庆、夔州府（今重庆奉节县），川南在泸州、嘉定（今四川乐山市），川北在顺庆（今四川南充市）、保宁（今四川阆中市）、潼川（今四川三台县）铸钱"，与万历四十六年（1618）饶景晖的上疏所请相同。③有学者根据《如梦录》的记载认为明代四川铸钱应始于天启五年（1625），实际上如上文所交代，四川早在万历五年就开始铸币了。天启年间，四川所铸钱都是光背或背星月，至今没有发现天启钱背后有四川记地者。到崇祯时期铸造崇祯通宝，四川铸钱才在钱幕加铸地名。

（二）川铸崇祯通宝背纪地钱

崇祯钱背字繁多，四川所铸崇祯通宝亦是如此。有背"重"，重庆府铸；背"嘉""加"，嘉定铸；背"沪"（"泸"字之简写），泸州铸；背"忠""清忠"，忠州铸；背"太平"，一说为夔州太平县铸；背"府"，一说为夔州府所铸。

按照钱文笔画和钱幕文字的位置、大小，又可以分为多种版别。如背"加"者，有背上"加"、背下"加"两种；背"沪"者，有背上"沪"、背下"沪"、背下"沪"上星、背大"沪"、背小"沪"五种；背"忠"者，有背上"忠"、背上倒"忠"两种；背"重"者，有背上"重"、背右"重"、背小"重"、背大"重"、上"重"右"一钱"、上

① 【清】黄廷桂等修纂：（雍正）《四川通志》卷十五下，清文渊阁《四库全书》本。
② 【清】张廷玉等：《明史》卷八一《食货志》，北京：中华书局，1974年，第1968页。
③ 张善熙、薛玉树：《四川历代铸钱地址初考》，《四川文物》2001年第4期。

"重"右"一钱"下星月等多种，样式繁多。

从发现的钱币实物来看，四川所铸崇祯通宝，背文纪地只有重庆、嘉定、泸州、忠州、夔州几处，却没有省城成都，但在《四川通志》和《如梦录》中都明确记载省城铸钱，可知省城成都所铸钱都是光背或背星月，各地铸钱则在钱幕加铸地名，以与省城所铸钱币相区别。

明代后期，朝廷财政紧张，大量铸造减重钱。明代弘治十八年（1505）定钱重每文一钱二分，隆庆四年（1570）改定钱重每文一钱三分，万历四年（1576）每文实重一钱二分，镟边钱每文重一钱三分。天启年间开铸天启通宝时，铸钱开始减重，从一钱二分逐渐减至一钱一分，后又减至一钱。崇祯皇帝即位，希望增加钱重，"定每文重一钱三分，务令宝色精彩"①，但是此举无法有力推行，之后又再改定钱式"每文重一钱，每千值银一两，南都钱轻薄，屡旨严饬，乃定每文重八分"②。因此有学者将崇祯钱分为"南钱"和"北钱"，重一钱者为北钱，重八分者为南钱。四川铸造的钱币较为精好，钱体虽小，但是都能维持在一钱左右，较为符合当时朝廷的标准，属于"北钱"一系。

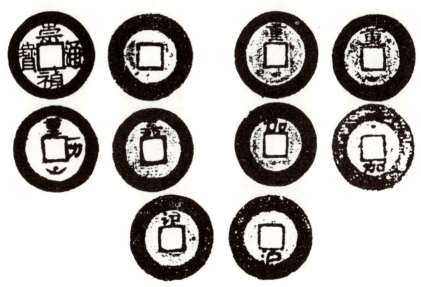

图16-1　崇祯通宝背"沪""嘉""重""重一钱"③

---

① 【清】嵇璜：《续文献通考》卷十一《钱币考》，文渊阁《四库全书》本。
② 【清】张廷玉：《明史》卷八十五《食货志》，北京：中华书局，1974年，第1968页。
③ 直径约2.4厘米。图片来自《中国古钱谱》《大明泉谱》。

西王赏功——大西政权钱币

杀人放火果何功，骂煞西王张献忠。

不羡浮光银币上，只无铁像铸川中。[1]

明朝末年，统治阶级腐化，赋税沉重，灾荒四起，全国爆发大范围的农民起义。张献忠（1606—1647），字秉忠，号敬轩，外号黄虎，陕西定边县人。崇祯三年（1630）张献忠在家乡聚集十八寨农民组织了一支队伍响应王嘉胤等人的暴动，自号"八大王"。张献忠起义之后，转战川、陕、鄂等省，曾经先后多次入川作战。崇祯十七年（1644）十二月，张献忠攻克成都，在成都建立大西政权，建元"大顺"。造新历，号"通天历"，以成都为西京，自称"西王"，命令臣民一律称之为"老万岁"，臣民须立"西朝皇帝万岁"牌位于大门，供奉香花。其义子孙可望、李定国居东西两府，称千岁。大西政权设立了一整套完整的中央机关，任命官员，还在成都设立铸局，鼓铸大顺通宝钱，有光幕、背"工"、背"户"三种。为了封赏功臣，铸造了西王赏功钱。

（一）西王赏功钱

西王赏功钱，有金、银、铜三种质地，存世数量极少。西王赏功钱性质特殊，它不是流通的货币，而是用于赏功的赏功钱。"西王"即是张献忠所自称的"大西国王"，"赏功"即表明了西王赏功钱币的性质。我国古代就有金银

---

[1] 此诗为刘嘉灵所作，见罗伯昭：《罗伯昭钱币学文集》，上海：上海古籍出版社，2017年，第110页。

钱，明代皇帝常常以内府金银钱为赏赐之物，明代奖赏军功主要是用赏功牌。西王赏功钱是明代赏功制度的延续，取明代赏功牌"赏功"之名，用金、银、铜三种材质，结合货币圆形方孔的形制，从而铸造了别具特色的赏功钱。[①]明代的赏功制有三等，永乐间称为奇功、首功、次功，后改为奇功、头功、齐力三等，西王赏功钱有金、银、铜三等，应该对应的是明代三等赏功等级。

西王赏功钱最早见于清代光绪末年的成都，至民国时期已相继发现有金、银、铜三种质地，并被数位泉家所收藏。新中国成立后，这些西王赏功钱大多捐赠或转让给各级博物馆。对于传世的西王赏功钱，马定祥先生在《历代古钱图说》的批注中有很详细的著录。

关于金质西王赏功钱，马定祥先生《历代古钱图说》记载道："金钱发现二枚，一枚早年被镕，另一为蒋伯埙旧藏，金色淡黄，珍。"[②]

第一枚金钱，于光绪末年为四川成都张扫巴所得，却被熔化得金。罗伯昭先生曾详细地记述此事：

> 光绪末，成都市上五洞桥一冷摊，悬一旧铁钱，大似折二，已累月矣。有张扫巴者，扪之而柔，知其非铁，以八十文买之，视其字，西王赏功也。持归，磨其轮，赫然赤金也，欣欣然夸侪辈曰：吾无意得一金钱。闻之泉贾惊集其门求观，则彼已镕之，得金二钱余重。泉贾顿足叹曰：若不镕，值黄金二十倍！张瞠目丧气，后悔者数月。[③]

另一枚西王赏功金币为蒋伯埙先生所藏。蒋氏于1927至1932年入川工作，任职于当时的四川重庆邮政局，此品西王赏功金币就是他在此期间获得的。1937年全面抗战爆发，在杭州沦陷前夕，蒋氏随省邮政局撤至浙南丽水县工作。在离开杭州居所时，他把多年积集的古钱等埋藏于桃花弄故居地下，其后全部被盗失去，该枚金质西王赏功钱也在这时"失掉"，从此杳无踪影。事实上，桃花弄藏泉只是掩人耳目，这枚金钱并未丢失，一直为蒋伯埙先生所藏。1963年，蒋伯埙先生将收藏的大部分古钱捐献、转让给上海博物馆，这枚西王赏功金币即在此列。

银质西王赏功钱，马定祥先生《历代古钱图说》载："银钱首见二枚，

① 霍宏伟：《中国国家博物馆藏西王赏功钱考》，《中国钱币》2011年第4期。
② 马定祥：《历代古钱图说》，上海：上海人民出版社，1992年，第173页。
③ 罗伯昭：《罗伯昭钱币学文集》，上海：上海古籍出版社，2017年，第110页。

罗伯昭、申砚丞[①]各藏一枚，珍。"[②]据学者关汉亨先生统计，银质西王赏功钱先后发现4枚。第一枚西王赏功银钱为清末民初金石收藏家申砚丞所获，申氏所藏银质西王赏功钱未知去向，泉拓亦未留给后人。第二枚银钱为罗伯昭先生于1933年获自重庆，该银钱曾在1940年中国泉币学社第14次例会上与泉友见面，供同好观赏。浙江湖州籍古泉收藏家陈达农先生亦收藏1枚银质西王赏功钱，钱文笔画较粗犷，属于另一版式，珍泉拓本收录于《中国民间钱币藏珍》一书中。朱活《古钱新典》另外著录一枚在甘肃武都县农村发现的西王赏功背"大顺"银币，泉径4.5厘米。[③]

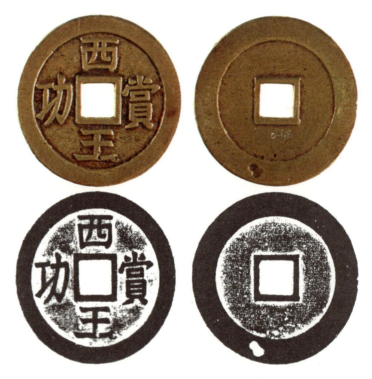

图17-1　西王赏功金币及其拓片[④]

---

① 申砚丞，生卒年不详，贵州人，长期寓居重庆，清末民国收藏家。蓄金石书画甚富，幼年癖古泉，老而不倦。他是罗伯昭先生的启蒙老师，罗伯昭称："余之好古泉，自观申氏泉始"。解放后，申砚丞向当时的西南博物院（今中国三峡博物馆）捐献了大量的文物。
② 马定祥：《历代古钱图说》，上海：上海人民出版社，1992年，第173页。
③ 关汉亨：《中华珍泉追踪录》，上海：上海书店出版社，2001年，第248页。
④ 直径4.5厘米，上海博物馆藏。图片取自霍宏伟：《中国国家博物馆藏西王赏功钱考》，《中国钱币》2011年第4期。

其中罗伯昭所藏银质西王赏功钱的传承最为有绪，罗伯昭曾撰文细述所藏西王赏功银钱的来历：

> 先是四川富顺胡氏有巨厦，陈腐不堪矣，雇工拆之，于梁上得一银泉，曰"西王赏功"，胡以遗其戚谊宋芸子，宋清季之经学大家也。后宋氏中落，其侄孝齐携此泉至渝求沽，索价千金，适同好蒋伯埙君见之，惊为奇珍，因议价未果，孝齐携此泉走成都，后蒋君亦去杭不返。次年，孝齐将游申汉，挟此泉求善价，途次渝城。时余回渝，因泉贾得见此泉，果然妙品，文字挺拔，黑锈班烂，巨似折十，俨然天启、兴朝风度，叹为奇遇，遂以重值得之，时民国廿二年春三月也。后蒋君悉余获此泉，为余庆，议以天成元宝见易，余未之许也。①

该钱乃富顺胡氏拆除家中楼阁时得于房梁之上，后来赠给宋芸子，宋芸子即近代享誉学林的经学大师宋育仁，他是清末的改良思想家、洋务运动实业家，曾经出使欧洲，被誉为四川"睁眼看世界"的第一人。后来宋氏中落，该钱又由宋育仁之侄宋孝齐之手辗转而归罗伯昭，罗伯昭甚为宝爱，蒋伯埙试图用后唐的天成元宝与罗伯昭交换，但是罗氏始终不能割舍。罗伯昭过世后，他的儿女四人合议后于1979年将此枚钱币捐赠给上海市博物馆。笔者近日因事赴沪，又参观上海市博物馆，见到陈列在中国历代货币馆中的此枚银币，竟然有一种久别重逢的感觉，遂回想起书中记载此币辗转传承的故事。该币能保存到今日，诚为不易。一枚钱币背后有西王铸钱的史事、获于梁上的奇遇，又为经学大家收藏，受古泉藏家宝爱，今日又得万千市民欣赏，真可谓是"惯看秋月春风"。而人生不及百年，日月忽其不淹，贫富与时偕尽，荣辱止于此身。悲夫！世间显达之人众矣，又有谁能及古泉之寿！

---

① 罗伯昭：《谈西王赏功钱》，马飞海等：《罗伯昭钱币学文集》，上海：上海古籍出版社，2017年，第110页。

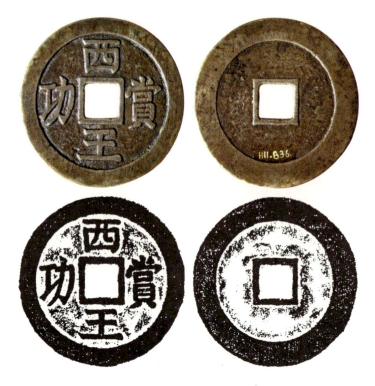

图17-2　西王赏功银币及拓本①

　　铜质西王赏功钱，马定祥《历代古泉图说》："西王赏功铜钱与金、银钱版式相同，有红、黄铜质，存世亦少，珍。"②

　　罗伯昭先生最早谈到西王赏功铜钱："西王赏功铜泉，成都龚熙台据一，后归与上海张齐斋③，其他尚未见真者。"④据关汉亨先生考证："铜质西王赏功钱，本世纪（20世纪）仅发现3枚。叔驯得西王赏功铜品，惜未留下泉拓供世人欣赏。该珍泉已随齐斋出国而远走异邦，今已不知下

---

① 　直径4.5厘米，国家博物馆藏。图片取自霍宏伟：《中国国家博物馆藏西王赏功钱考》，《中国钱币》2011年第4期。
② 　马定祥：《历代古钱图说》，上海：上海人民出版社，1992年，第173页。
③ 　张叔驯，名乃骥，字齐斋，南浔张石铭第七子，为房地产巨商，博收古钱珍品，和天津方药雨、四川罗伯昭，号称"南张北方巴蜀罗"。
④ 　罗伯昭：《谈西王赏功钱》，马飞海等：《罗伯昭钱币学文集》，上海：上海古籍出版社，2017年，第110页。

落。"① 另一枚西王赏功铜品为上海泉家孙鼎先生收藏，该泉拓本曾刊于1954年上海泉家祝寿泉帖册上，后孙氏将此泉捐赠给上海博物馆。上海博物馆藏有两枚西王赏功铜币，另外一枚购自蒋伯埙先生。国家博物馆亦藏有一枚铜质西王赏功钱，为罗伯昭先生所捐。天津市历史博物馆亦藏有一枚。

图17-3　西王赏功铜钱拓片②

自西王赏功钱被发现和著录后，学者们就陆续对此展开研究，张丹斧③、罗伯昭先后于1933年、1935年在上海《晶报》撰文，介绍有关西王赏功币的发现、收藏情况。张丹斧首次提出了西王赏功钱金、银、铜"三品说"。1938年，丁福保所编《古钱大辞典》刊行，将西王赏功钱拓本及相关研究文字汇集书中。1940年，丁福保所编《历代古钱图说》由医学书局出版，该书对西王赏功钱金、银、铜"三品说"予以肯定，这一观点通过此书得到泉界更大范围的认可。20世纪，西王赏功钱可谓凤毛麟角，传世之品屈指可数，至21世纪江口沉银遗址发掘，西王赏功钱才大批见世。

① 关汉亨：《中华珍泉追踪录》，上海：上海书店出版社，2001年，第248页。
② 直径4.5厘米，上海博物馆藏。图片取自霍宏伟：《中国国家博物馆藏西王赏功钱考》，《中国钱币》2011年第4期。
③ 张丹斧（1868—1937），近代文学家、报人、收藏家、书画家。原名扆，后名延礼，字丹斧，晚号丹翁，江苏仪征人。他涉足多个领域，且成就卓越：精于诗歌；他是民国著名报人，《大共和日报》主编、《神州日报》编辑、《晶报》主笔；小说方面，他是鸳鸯蝴蝶派重要成员，与李涵秋、贡少芹齐名，为"扬州三杰"之一；他又是民国收藏家，酷爱古泉，收藏钱币、书画、甲骨等藏品几百件；他对书法也颇有造诣。

（二）江口沉银与西王赏功钱

近年，彭山江口张献忠沉银遗址中出土了大量金质和银质西王赏功钱，这是迄今为止西王赏功钱最大规模的出土。

明清两代所著录的史料中有张献忠千船沉银的记载。南明建昌卫掌印都司俞忠良在其所著《流贼张献忠祸蜀记》中说：

> 隆武二年（1646）丙戌九月十六日，副总兵曹勋率建南兵克邛州，距成都仅两日行程。献忠离成都，率贼营男妇百余万操舟数千蔽岷江而下。都督杨展起兵逆击之，战于彭山之江口，展身先士卒遣小舸载火器以攻贼舟，风大作，舟火，士卒鼓勇，皆殊死战，贼败。贼舟首尾相衔，骤不能退，风烈火猛，势若燎原。官兵枪铳弩矢百道俱发，贼舟多焚，所掠金玉珠宝及银鞘数千万，悉沉江底。①

川西地区也一直流传着"石龙对石虎，金银万万五。谁人识得破，买下成都府"的童谣。人们曾认为张献忠沉银地点在成都望江楼边的成都府河，民国时期军阀曾经在此发掘张献忠宝藏，但一无所获。也有民间商人找寻张献忠宝物。1937年冬，成都人杨白鹿得到一幅"张献忠藏银图"，于是成立锦江淘金公司，开展打捞工作。他们照原图纸方位丈量，推断出埋藏金银的地点是望江楼下游对岸原石佛寺下左侧接近江心的江边。于是1938年冬对该地区进行挖掘，最后虽然挖出了石牛和石鼓，但没有挖到宝物。

殊不知，张献忠真正的沉银地点在彭山的江口，彭山县江口镇位于成都南部锦江与岷江的交汇之处，这与张献忠率部南逃的路线符合。《彭山县志》载有乾隆年间在江口附近曾打捞到宝物的史事，"乾隆五十九年（1794）冬季，渔者于江口河中获刀鞘一具，转报总督孙士毅，派员赴江口打捞数日，获银万两并珠玉器等物"②。从"获银万两并珠玉器等物"的记载来看，这次打捞行动确有所得，但是受当时人力、物力、技术等原因影响，只是打捞到张献忠沉宝中很少的一部分。当地政府之后又对该水

① 【明】俞忠良：《流贼张献忠祸蜀记》，民国三年西昌镇南寺刻本。
② 【清】史钦义：(嘉庆)《彭山县志》，嘉庆十九年刻本。

域进行过两次打捞，但是没有收获。

2011年到2015年，有不法分子多次对眉山江口遗址进行潜水盗掘[1]，专家们通过对公安系统追回的江口遗址中出土文物的研究以及实地考察，基本确认此处为张献忠沉银遗址。2017年，四川省文物考古研究院等单位联合对四川省眉州市彭山区江口镇附近的岷江河道进行局部围堰，抽干堰内江水后进行发掘。遗物夹杂于泥沙卵石之间或分布于由砖红色粉砂岩构成的基岩冲刷槽内，经过发掘，共清理出各类遗物达3万余件。其中，发现西王赏功金银币200余枚，令世人瞩目，若加上前期盗窃流失的金银币，数量更大。[2]

图17-4　被盗掘的江口沉银遗址金锭

① 蒋麟：《张献忠沉银盗掘案始末》，《文物天地》2017年第1期。
② 霍宏伟：《四川彭山江口遗址出水西王赏功金银币探讨》，《中国国家博物馆刊》2018年第8期。

图17-5　江口沉银遗址出土西王赏功金币、银币^①

（三）大顺通宝

大顺通宝是张献忠大西政权所铸造的正式流通货币，钱文楷书，铜质精良，钱体厚实，直径约2.65厘米。钱幕有光背、背"工"、背"户"、背"川"、背"川户"四种，其中光背、背"工"、背"户"者较多，背"川户"者稀少，背"川"字者仅见于旧时钱谱记载，未见有实物。国家博物馆藏有一枚大顺通宝背"川户"，"川户"二字分列钱幕上下两端，是难得一见的珍品。

---

①　直径4.5厘米，图片取自《江口沉宝》。

关于大顺通宝的铸造，清代学者彭遵泗在《蜀碧》一书中记载：

［顺治元年（1644）冬十月十六日］流贼张献忠踞藩府称帝，僭号大西，改元大顺，以成都为西京。贼僭位，置丞相六部以下等官……是时，贼设铸局，取藩府所蓄古鼎玩器及城内外寺院铜像，熔液为钱，其文曰"大顺通宝"，令民家家悬顺民号帖，以大顺新钱订之帽顶……贼钱肉色光润，精致不类常铜，至今得者作妇女簪花，不减赤金。①

大顺通宝钱体厚重，尤其是背"工"、背"户"者，铜质精良，清代有学者认为是当二钱。翁树培云："大顺通宝幕'户'、幕'工'，径八分，重一钱六分，疑是当二钱。"②

大顺通宝除了有光背和背文的区别，根据文字风格的不同，还可以分为两种版别，钱币界一般称为云南版和四川版。四川版大顺通宝面文端庄，"通"字为三角通，"顺"字"页"旁、"宝"字"贝"旁两脚呈八字分开。另一版字体较为遒劲，"通"头为菱头通，写法与孙可望入滇后铸造的兴朝通宝几乎相同，文字风格一脉相承，故一般称之为云南版。四川版大顺通宝背"工"、背"户"和光背存世量都不少，云南版以背"工"者为多。

大顺通宝是蜀钱的重要品类，多出土于成都附近，民间常有出土，但见于记载的批量出土并不多。1975年，成都市望江楼附近府河淘取沙石，随沙石一起挖出一批大顺通宝铜钱，共计1500余枚。这批钱币分为3种类型：一型背穿下有"工"字，二型背穿下有"户"字，三型背面无字。钱径约2.65厘米，重约5克。1976年，成都郊区永丰公社太平村村民在取土时，于距地表深1.5米处发现大顺通宝25千克，背铸有"工""户"等铭文或素面无文，钱径均为2.7厘米左右。③2017年在江口沉银遗址发掘中，也出土了一批大顺通宝钱。

---

① 【清】彭遵泗：《蜀碧》卷二，清《指海》本。
② 【清】翁树培：《古泉汇考》，中华全国图书馆文献缩微复制中心，1994年，第1395页。
③ 成都市文物管理处：《成都市郊发现大顺通宝》，《考古》1977年第5期。

图17-6　大顺通宝光背、背"工""户""川户"①

　　西王赏功钱和大顺通宝钱承袭明代天启、万历以来的铸造风格，尤其是继承了四川地区铸钱的风格，其铸造工艺、使用材质出于明钱之上。随着大西政权余部的南退，大西钱币风格又直接影响到明末清初西南地方的割据政权，后来孙可望所铸之兴朝通宝、南明的永历通宝，甚至后来吴三桂政权所铸造的利用通宝、洪化通宝和昭武通宝，铸钱风格也都脱胎于此。这种铸造大气、风格粗犷、文字古朴、铜质精良的铸钱风格，更是直接开启了西南地区（尤其是云南地区）粗犷的钱风，后世宝云局朴拙大气的钱币风格受其影响很深。大西钱币承前启后，意义可谓深远矣！

① 　大顺通宝背"工""户"，直径2.8厘米，成都南郊太平村出土，图片取自成都市文物管理处：《成都市郊发现大顺通宝》，《考古》1977年第5期。大顺通宝背"川户"，直径2.7厘米，图片取自罗卫：《历代农民起义军钱币》，北京：文物出版社，2011年。大顺通宝光背，江口沉银遗址出土，直径2.68厘米，图片取自高大伦等编：《江口沉宝》，北京：文物出版社，2018年。

宝川局造——清代四川制钱

同福临东江，宣原苏蓟昌。

南河宁广浙，台桂陕云漳。

　　清代早期，朝廷吸取宋元时期滥发纸币扰乱经济、动摇国本的教训，禁止户部和各地商号印发纸质货币，市面所流通者唯有银两和制钱。相较于明代，制钱在百姓日用交易中使用更加频繁，因此清代成为中国历史上制钱铸造的一个高峰。清代铸钱承袭明制，在钱背加铸地名，并且用满汉两种文字标注，上文所引的诗《康熙通宝钱幕二十字歌》，就是用康熙通宝钱币背面所用汉字写成，乃铸造康熙通宝的二十个钱局的简称。清代制钱直至雍正年间才确定相应的规范，钱幕二字为满文"宝"字加满文铸局简称。

（一）宝川局铸康熙通宝

　　清代四川铸钱始于康熙年间。康熙七年（1669）四川开设鼓铸局，成都府局铸背"川"字康熙通宝，这是清代四川首次铸钱。但是康熙通宝背"川"字钱绝少，诸多钱谱也未能著录，实物更是罕有，康熙通宝背字歌中也是没有"川"。这可能与康熙年间四川鼓铸制钱的时间很短有关。成都府局于康熙七年开局鼓铸，康熙九年（1671）时任四川巡抚张德地上疏朝廷，请求停铸货币：

　　　　四川僻处边地，州县本无存留钱粮，而陆路有栈道之艰，水道有川江之险，若银钱并收，则起解甚累，见在无需钱之用，请停鼓铸。①

张德地的上书得到户部的议准，四川从此停止鼓铸制钱。

（二）雍正、乾隆、嘉庆、道光四朝铸币

雍正元年（1723）又有人建议在四川设局鼓铸制钱，因"矿沙未旺"而作罢。②雍正十年（1732）四川巡抚宪德奏请于省城成都府开局鼓铸，朝廷于是在成都设宝川局，铸雍正通宝，这是清代四川大规模铸钱的开始，距离康熙年间停铸制钱已有60年。新设的宝川局设炉十五座，钱幕铸满文"宝川"二字，"每年开铸二十四卯，用铜铅三十二万斤，采买滇铜及黔铅应用"，后来因为"买运滇铜，恐不敷用，止建炉八座"。此时宝川局所铸制钱，铜铅配铸比例为6∶4，与京局③不同。《蜀故》载："四川局以铜货高低不一，兼之沙水异宜，仍以铜六铅四配。"④

乾隆年间，宝川局铸造乾隆通宝，铸量逐年增多。乾隆五年（1740）改铸青钱，改变原来铜六铅四的配比，按照京局配比鼓铸。乾隆十二年（1747）宝川局进行了扩建，铸炉又有所增加。

乾隆十七年（1752），因"驮脚稀少，雇觅维艰"，将往年运赴陕西的制钱"改拨川省老洞沟厂铜二十五万斤"，宝川局也"减炉七座"。乾隆十九年（1754），宝川局又复置七炉，恢复到之前的规模。⑤乾隆二十年（1755），宝川局铸炉增加到了四十座，并且增添了厂房，铸量进一步扩大。乾隆三十年（1765）宝川局铸量再次增加，每年加铸二卯。

乾隆后期，因为铜矿供应不济，宝川局的铸造量开始减少。乾隆

---

① 【清】罗廷权等修，【清】衷兴鉴等纂：（同治）《重修成都县志》卷三《食货志》，清同治十二年刻本。
② 【清】罗廷权等修，【清】衷兴鉴等纂：（同治）《重修成都县志》卷三《食货志》，清同治十二年刻本。
③ 京局，清代京城的铸钱局，即户部宝泉局和工部宝源局。
④ 【清】彭遵泗：《蜀故》卷四《钱法》，北京：国家图书馆出版社，2017年，第43页。
⑤ 【清】罗廷权等修，【清】衷兴鉴等纂：（同治）《重修成都县志》卷三《食货志》，清同治十二年刻本。

四十六年（1781），四川总督文绶以厂铜不敷额用，奏请停炉减卯，户部议准。乾隆五十九年（1794），四川总督福康安议奏筹办钱法，宝川局暂行停止鼓铸，并于宁远府收买小钱，设炉改铸，计缴过小钱九十五万八千九百四十八斤。①

图18-1　宝川局铸雍正通宝、乾隆通宝②

嘉庆元年（1796）宝川局重新鼓铸，铸造嘉庆通宝，铜铅比例为铜六铅四。《成都县志》载："嘉庆元年，代办四川总督英善奉敕旨暨户部行文，令照例开炉鼓铸，并将新定样钱及铜六铅四章程颁行到局。"③今天故宫博物院藏有一枚嘉庆通宝宝川局祖钱④，该祖钱较一般宝川局嘉庆通宝大，《成都县志》所载颁行到宝川局的"新定样钱"即为故宫所藏祖钱所铸。嘉庆五年（1800），京局铸钱，改用净铜、白铅、黑铅三色配搭，

① 【清】罗廷权等修，【清】衷兴鉴等纂：（同治）《重修成都县志》卷三《食货志》，清同治十二年刻本。
② 雍正通宝直径2.77厘米、2.82厘米，乾隆通宝直径2.5厘米，图片取自奥平昌洪：《东亚钱志》，民国二十七年刻本。
③ 【清】罗廷权等修，【清】衷兴鉴等纂：（同治）《重修成都县志》卷三《食货志》，清同治十二年刻本。
④ 祖钱，是指最早生产的一枚钱币，一般都是由工匠选取优质金属精雕而成，用来翻砂铸造出一批样钱，再颁发到各地，然后再按照样钱翻砂铸造一般的流通货币。祖钱因为往往是雕刻而成，又被称作"雕母"。

奉旨通行各省，宝川局以铜五十二斤、白铅四十一斤、半黑铅六斤半三色配铸，自嘉庆五年八月开炉至六年二月按照此配比铸造。[①]

　　道光年间，宝川局铸造道光通宝，仅小平钱一种，其具体铸造情况史料缺载。故宫博物院也藏有一枚宝川局道光通宝的祖钱（如图18-2所示），用以铸造朝廷颁发给宝川局的样钱。

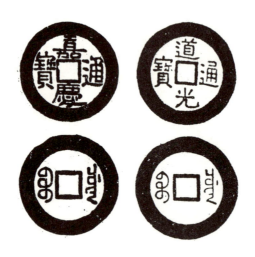

图18-2　宝川局嘉庆通宝祖钱、道光通宝祖钱[②]

（三）咸丰、同治、光绪三朝铸币

　　咸丰年间（1851—1861），因为太平天国战争的影响，滇铜北运受阻，各铸钱局铜料缺乏，纷纷铸造虚值大钱。宝川局在咸丰年间除铸造咸丰通宝小平钱外，还铸造咸丰元宝当十、咸丰元宝当五十、咸丰元宝当一百几种面额的大铜钱。其中当十又有大字和小字两种较为明显的版别。

---

① 【清】罗廷权等修，【清】衷兴鉴等纂：（同治）《重修成都县志》卷三《食货志》，清同治十二年刻本。
② 故宫所藏嘉庆通宝祖钱直径2.7厘米，道光通宝祖钱直径2.75厘米，图片取自黄鹏霄：《故宫清钱谱》，北京：中央民族大学出版社，1994年。

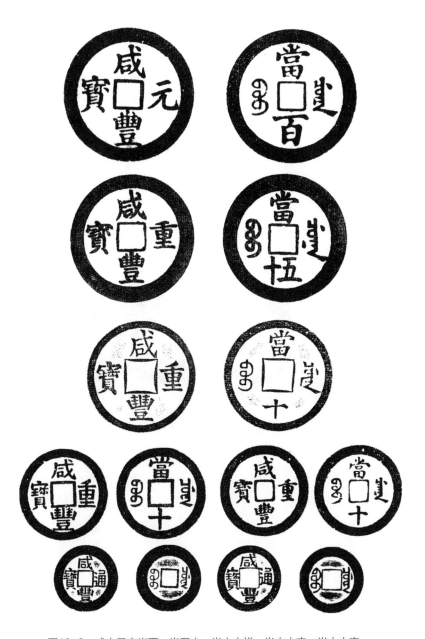

图18-3　咸丰元宝当百、当五十、当十大样，当十大字、当十小字，
小平部颁式，小平地方式①

───────────

① 咸丰元宝当百直径5.62厘米，当五十直径5.03厘米，大样当十直径4.4厘米，大字当十直径
3.61厘米，小字当十直径3.59厘米，小平部颁式直径2.63厘米，地方式直径2.23厘米。图
片取自齐宗祐：《咸丰钱的版式系列——自藏自拓咸丰钱集》，北京：中华书局，2002年。
按，为便于排版，此处各钱币图片非原大，略有缩小。

　　同治年间，四川省宝川局仅仅铸造同治通宝小平钱一种，分为大字版和小字版，小字版均重约九分（3.36克），大字版均重约一钱（3.73克）。小字版与宝川局咸丰通宝小平制钱文字风格一致，当为同治初年铸造；大字版与宝川局光绪通宝大字版文字风格一致，当为同治后期铸造。关于同治年间宝川局的铸币历史史载不详，但从同治后期大字版均重增加的角度来看，同治后期宝川局的铜铅供应情况当有所好转。

　　光绪年间，宝川局铸光绪通宝小平钱和光绪元宝当十钱。还有一种铸造精美的光绪通宝小平钱，在钱幕下侧有篆文"川"字，极为少见。近些年随着钱币收藏逐渐转热，这种川局光绪小平钱多被归为套子钱一类，其实际性质尚不明确。

图18-4　宝川局铸同治通宝①

　　咸丰之后，铜矿、铅矿资源日益短缺，宝川局也因铜铅缺乏而屡屡停铸，光绪年间宝川局铸钱所用铜铅更加紧缺。光绪元年（1875）八月的《京报》中载："川省前因应铜短绌，宝川局频年停卯，钱价渐昂，难保无私铸挽和之弊。"②光绪九年（1883），丁宝桢也在上疏中也提到："近因铜铅短绌，宝川局频年缺铸。"③宝川局向来使用黔铅，但光绪年间黔铅开发殆尽，价格日昂，为了继续鼓铸，宝川局不得不使用纯度较低的铅。光绪十一年（1885），朝廷规定每钱一文重一钱，而宝川局铜铅矿多使用贵州土铅，纯度不够，若钱重一钱，则钱体"掷地破碎，难以经久行使"，于是宝川局长期铸造的是重一钱二分的铜钱，这在当时各钱局制钱

①　大字版，直径2.25厘米，图片取自奥平昌洪：《东亚钱志》，民国二十七年刻本。
②　《光绪元年八月二十八日京报全录》，《申报》光绪元年九月初十日。
③　丁宝桢：《丁文诚公奏稿》卷二三《清查库款完竣折》，光绪十九年刻本。

中属最重者。[1]光绪二十四年（1898），宝川局根据朝廷的指示改铸枚重一钱的制钱，又改铸枚重八分的制钱。由此也可以凭重量的轻重和版别的差异将现有的宝川局光绪通宝分成几类：均重在一钱二分左右的是光绪二十四年（1894）之前所铸；均重为一钱左右的为光绪二十四年所铸；均重八分的为光绪二十四年之后所铸；重量低于八分的应该就属于私铸。[2]

在引进西方机器之后，川省还曾用造币机机制光绪通宝背宝川小平钱，后文还有介绍。机制宝川局光绪通宝存世量很少，今日已经较难见到。

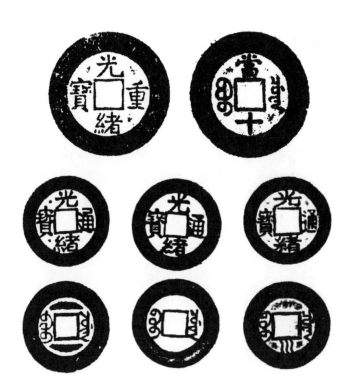

图18-5　宝川局光绪通宝当十小平、背"川"[3]

---

[1]　《申报》1894年8月21日，第7663号，第12版。存世的宝川局光绪通宝制钱各个版别均重都不足一钱二分，或许是因铸造时火耗导致重量下降。

[2]　马明宗：《川省铸造光绪通宝制钱始末》，《中国钱币》2021年第4期。

[3]　宝川局光绪通宝背"川"直径2.32厘米，图片取自《中国历代货币大系》。宝川局光绪通宝小平直径2.4厘米，图片取自《东亚钱志》。宝川局光绪重宝当十直径3.3厘米，图片取自《历代古钱图说》。

（四）宝川局

清代铸钱皆出自铸钱局，自雍正之后，一省一局，名称以省名之简称冠以"宝"字，如云南省为宝云局、陕西省为宝陕局。雍正十年（1732）在四川省城所设置的铸钱局则称为"宝川局"，宝川局是清代四川最主要的铸币场所，因此有必要单独介绍。

宝川局创制之初，曾选址在成都某处的民房中，因为地方狭小，不便铸造，后来迁到四川省城蜀王府附近。（雍正）《四川通志》载：

> 宝川钱局一所应设在成都府省城之内，先经前抚都院奏明，捐买原定房室一所，共六十五间。今查前项房屋原系民房，其规模样式并不可作钱局，且地方狭小，椽木朽坏，墙垣低薄，逼近居民，更非严密之地，不便于彼处设局，兹选得贡院内西偏有余地一处，极其宽大严密，宜于此设立宝川钱局一所，应于大院墙内前后建房大小一百一十三间。①

（嘉庆）《大清一统志》载："蜀王府在府城内，明太祖第十一子（朱）椿，洪武中封蜀，建有城，周五里，今改其南为贡院，北为宝川局。"②（雍正）《四川通志》载："铸钱局旧在司署内，今设于贡院后，名宝川局。"③（同治）《重修成都县志》载："宝川局，治西南，与贡院相连，系明蜀藩府后门内，有协办、库官、门官、委员各署。"④由上述几种文献可以推测宝川局大致位置当在清代贡院的西偏北一带，与贡院相连，约在今成都天府广场、四川科技馆一带。

乾隆年间承平日久，人民较为富足，贸易的发展需要大量的制钱，因此宝川局不断扩大铸币规模，其厂房也不断扩建。乾隆十二年（1748），宝川局进行了第一次扩建，四川巡抚纪山请增炉十五座，铸钱分半运陕，择于宝川局东首空地，建总门一座、左右班房六间、炉房门一座、炉房

---

① 【清】黄廷桂等修纂：（雍正）《四川通志》卷十五下，清文渊阁《四库全书》本。
② 【清】穆彰阿：（嘉庆）《大清一统志》卷三百八十五，《四部丛刊续编》影旧抄本。
③ 【清】黄廷桂等修纂：（雍正）《四川通志》卷二五，清文渊阁《四库全书》本。
④ 【清】罗廷权等修，【清】衷兴鉴等纂：（同治）《重修成都县志》卷三《食货志》，清同治十二年刻本。

三十间、锉磨房三十间、供应房十五间，添建库房六间，于乾隆十二年十月兴工，至十三年二月竣工。①乾隆二十年，因为修葺城墙，宝川局铸币再次增加，厂房进行了第二次扩建，添建炉宿房二十间、擦磨房二十间，添建库房四间。至此，宝川局的规模达到鼎盛。

宝川局的编制和管理有一套详细制度，《蜀故·钱法》有详细的记载：

> （宝川）局设总理一员、协办一员、库官一员、巡绰一员，岁各给月费钱六十千文；书办十名，岁给饭食钱九十六千；巡拦皂役更夫二十四名，岁给工食钱二百三十串四百文；岁支工费钱三百串，以为致祭炉神，日用灯油纸费；岁支书办纸笔钱二十四串。②

可知，宝川局常设人员有总理一员、协办一员、库官一员、巡绰一员、书办十名、巡拦皂役更夫二十四名。但是没有记载常设的工匠人数，只是记载有"炉匠工料钱"，"旧炉每正销铜铅锡一百斤，给炉匠工料钱一千八百二十文，新炉每正销铜铅锡一百斤，给炉匠工料钱一千六百三十八文"③。由此我们推测宝川局是没有常设工匠的，铸钱的工匠或为临时招募。光绪二十一年（1895）的《申报》报道了一位名为魏仁贵的宝川局工匠的情况："魏仁贵向在宝川局学造制钱，因钱局停止，在各处打铜度日。"④可以看出，宝川局铸钱工人确实是临时招募，钱局停铸，工人就四散找其他营生活路。

除此之外，宝川局还设置监铸官一名，而这个监铸官"以同知、通判选充"⑤，也就是说，地方的行政长官还挂职监督宝川局制钱的铸造。

宝川局的铸造量非常巨大，从雍正年间开设后就处于不断增铸的状态，至乾隆中后期，铸造量臻于极盛。乾隆十二年（1747），铸钱分半

---

① 【清】罗廷权等修，【清】衷兴鉴等纂：（同治）《重修成都县志》卷三《食货志》，清同治十二年刻本。
② 【清】彭遵泗：《蜀故》卷四《钱法》，北京：国家图书馆出版社，2017年，第45页。
③ 【清】彭遵泗：《蜀故》卷四《钱法》，北京：国家图书馆出版社，2017年，第45页。
④ 《申报》1985年6月5日，第7946号，第13版。
⑤ 【清】黄本骥：《历代职官表》卷二《户工二部铸钱局》，长沙：岳麓书社，2009年，第850页。

运陕西，而此年宝川局所运付陕西钱文31200余串[①]，以此可推知此年宝川局铸量约为62400串。乾隆二十年（1755），宝川局有炉四十座：旧炉三十座，每年用红铜60万斤，黑铅7.8万斤，白铅49.8万斤，板锡2.5万斤，共铸钱145600串；新炉十座加铸操练番屯一卯，每年用红铜5万斤，白铅4.15万斤，黑铅0.65万斤，板锡0.21万斤，共铸钱12133串330文[②]，新旧两炉所铸之钱已过15万串。嘉庆之后，宝川局铸造数额虽有变化，但是差别不大，均维持在较高的铸造额。嘉庆五年（1800），宝川局铸钱配额为179259串，附加14868串，共194127串。同治四年（1865），成都省铸局实铸为157733333文，折157733串。[③]

光绪时期，因为外国银元大量流入，导致财政危机，政府无力大规模开采铜矿、铅矿，宝川局铸量急剧减少，时常陷入无铜可铸的境地，最终彻底停铸。至光绪三十年（1904），宝川局已经停铸有年，川督锡良就在宝川局旧址设立劝工农政局和劝工外厂，专收穷苦孩童，学习工艺。[④]宝川局也退出了历史舞台。

（五）宁远府局

宁远府局是乾隆时期临时设立的一个较小的铸钱局，存在时间一年左右，目的是熔铸市面小钱，铸造合重钱，设炉四座，依京局"铜四铅六"的配比铸钱。

宁远府为雍正六年（1728）设立，府治西昌（在今四川省西昌市区），辖西昌、盐源、冕宁三县，会理一散州，越嶲一散厅。因为距离省

① 【清】罗廷权等修，【清】衷兴鉴等纂：（同治）《重修成都县志》卷三《食货志》，清同治十二年刻本。

② 马文骞编：《四川古代有色金属史料》，成都：四川省冶金工业厅冶金志编辑办公室，1985年，第52页。

③ 张善熙：《近代四川铸造和流通的清朝制钱》，《西南金融》1989年S1期。

④ 《川督奏派员采铜及设立劝工农政局事北京》，《申报》（上海版）1905年11月23日，第11712号，第4版。亦见四川省地方志编纂委员会：《四川省志·大事纪述》，成都：四川科技出版社，1999年，第169页。

城较远，官铸钱不能通行至此，市面大量通行私铸小钱。乾隆五十九年
（1794）四川总督福康安提出筹钱办法，建议宝川局停铸，设宁远府局。
《蜀故·钱法》载：

> 乾隆五十九年，四川总督福康安议奏筹办钱法，拟将省城宝川
> 局暂行停止鼓铸，并于宁远府收买小钱设炉改铸，计收缴过小钱
> 九十五万八千九百四十八斤。①

《盐源县志》也记载了宁远府局设立的具体情况：

> 宁远一带，距省窎远，兼系崇山峻岭，运费不赀，局钱不能运
> 往，小钱亦不能运出，宜于宁远府设局收买小钱，先于司库拨银四万
> 两，运至宁远，遵旨委臬司林俊常川，在彼专收缴，即于该处设炉四
> 座，收缴小钱，每斤给价六十文，收钱到局，照依京局之例，以高铜
> 六分白铅四分配铸，以期钱质精坚，用重永久，经宁远府知府李宪宜
> 于乾隆六十年五月二十五日开炉改铸起，至嘉庆元年三月十七日，已
> 将汉番境内小钱一律收缴至完，即于三月十七日将炉座全行裁撤，工
> 匠各令散归，移交各原籍收管，造册清销。②

宁远府局虽然是一个临时设立的小铸钱局，但其设立也是有关一时经
济制度的举措，其背后反映的是清朝政府对川南民族地区经济的管理和控
制。宁远府局的设立充实了川南地区制钱的供应，在一定程度上缓解了当
地私铸横行的局面，对于维护国家统一和民族团结具有重要意义。

---

① 【清】彭遵泗：《蜀故》卷四《钱法》，北京：国家图书馆出版社，2017年，第43页。
② 【清】辜培源修，【清】曹永贤纂：（光绪）《盐源县志》卷三，清光绪刻本。

师夷长技——清末四川机制币

开山矿冶可经年，元宝得来值几钱。

蜀厂大清铜币造，运来多少到川滇。

清朝末年，中国开始引进西方的造币技术仿造铜元、银元。四川也跟随这一时代大势，购买机器，制造机制币。这是蜀地钱币历史上的一件大事，从秦半两开始延续了两千余年的中国传统铸币工艺开始被近代化的机制币制造技术所取代。巴蜀机制币在新技术引进之初就带有浓厚的地域特色。

（一）四川省造光绪元宝银元

光绪二十二年（1896），四川总督鹿传霖向清廷上奏请求开办银元局，得到朝廷的同意。新建的银元局厂房附属于成都机器局，经费借自县库和藩库，机器、模具等设备采买于美国新泽西州的汉立克纳浦机器公司（Ferracute Machine Company）。中国政府通过在上海的茂生洋行（American Trading Company）向美国汉立克纳浦机器公司订购3套造币设备：其中两套用于生产新式的制钱和铜币，分别设于成都和武汉，产能分别为每日30万枚和25万枚；一套生产银币，产能每日15万枚，设置于成都。汉立克纳浦机器公司提供印花机、冲饼机、冲孔机、制模机、熔炉、退火炉、烧铸炉、轧片机、锅炉等一系列设备。很快，汉立克纳浦机器公司将设备制作试车完成，打包运往中国。与此同时，汉立克纳浦机器公司派出技术人员跟随机器一起赴成都进行安装试制，技师强必尔

（Henry Janvier）自美国新泽西启程，从美国西岸的旧金山乘船经过日本的横滨再到上海，与茂生洋行的英籍雇员艾文澜（Henry Everall）会面，乘船到万州后转陆路，于1898年4月3日到达成都。①因为强必尔喜欢摄影，因此为我们留下了许多珍贵影像。本次机器出口是汉立克纳浦机器公司第一次将生产的机器销售到国外，厂方比较重视，因此也留下了大量的详细资料。

　　光绪二十四年（1898）六月，银元局厂房落成。根据强必尔记载，造币厂实际设置在作为兵工厂使用的成都机器局内，当时成都机器局生产一种需要两人操作的鸟枪，生产的设备来自英国，但是具体操作的工人都是中国人。按照原本的设计，银元铸造厂设在川东，机制制钱厂设在成都，后来为了方便管理，银元铸造厂和制钱厂一并留在成都。②当时计划在同一个生产车间内生产铜元和银元，但是到达成都后，强必尔发现成都机器局准备的生产车间却是两个不相连的房子。此外，强必尔还面临另外一个问题，那就是机器设备在宜昌转运时，置放岸边，因长江涨水，导致机器浸泡在水中达一个半月。强必尔回忆道："机器锈的像废铁，四台铜币印花机、冲饼机、发动机、锅炉、传动轴都一样糟，若要区分，则以冲饼机受损情况最严重。有些必须破坏才能拆开，所有零件都要清洗，部分要重新制作。"经过清洗、修整，1898年7月12日，机器检修完工并试车，机器虽然能重新运转，但因钢模锈蚀严重，"钱币龙身上有很多伤痕，其余部分也有瑕疵"，强必尔把样币交由艾文澜呈送清廷官吏，但官员们对这些缺陷并不在乎，反而认为是防伪的额外的保障。③

　　如今，美国费城造币厂仍然收藏着用雕刻原模制作的光绪元宝"尒宝"④铝质样币。中国国家博物馆所展出的"四川省造光绪元宝"一套五枚，也是在美国以原模制成的样币。

①　因为部分材料是取自强必尔的记载，而强必尔的记载采用公历纪年，为了保证材料的准确性，我们在引用时一仍其旧。
②　《申报》（上海版）1896年9月19日 第8414号12版，《光绪二十二年八月初二日京报全录》。
③　孙浩：《百年银圆——中国近代机制币珍赏》，上海：上海科学技术出版社，2018年，第58页。
④　"尒宝"即"寶"字中的"尔"写作"尒"，作"寶"，是"寶"的异体字。

　　除了"尒宝"以外，光绪元宝中还有"缶宝"[1]的版别，有的学者如史威尼（James Sweeny）认为是光绪二十二年（1896）左右由英国代制[2]，而孙浩在《百年银圆——中国近代机制币珍赏》中认为该币可能为国内雕模制作，其时代大约与"尒宝"相近。[3]除了上述两种较大的版别之外，四川省造光绪元宝银元还有很多细微的版别，错版也不在少数。

图19-1　四川银元局购买的设备及银元局内景[4]

① "缶宝"即"寶"字中的"尒"写作"缶"，作"寚"，也是"寶"的异体字。
② James O. Sweeny. *A Numismatic History of The Birmingham Mint*，1981. 转引自孙浩：《百年银圆——中国近代机制币珍赏》，上海：上海科学技术出版社，2018年，第58页。
③ 孙浩：《百年银圆——中国近代机制币珍赏》，上海：上海科学技术出版社，2018年，第58页。
④ 强必尔摄，图片取自《中国铜元精品展》《百年银元》。

图19-2　四川银元局光绪元宝金样①

　　除了光绪元宝龙洋，宣统年间四川造币厂还生产过宣统元宝龙洋，其
面额大小一如光绪元宝龙洋，仅仅将"光绪"的年号改为"宣统"而已。

①　汉立克纳普公司为四川银元局所生产的光绪元宝金样，直径分别为4.0厘米、3.3厘米、
　　2.35厘米、1.85厘米、1.55厘米，现藏于汉立克纳普机器公司。

图19-3 宣统元宝[1]

（二）机制宝川局光绪通宝制钱

　　十九世纪末，四川仿效宝泉、宝源、宝广、宝津等局，以机制技术代替传统铸造工艺来制作圆形方孔钱，面额仍然以文为单位。机制宝川局光绪通宝制钱，圆形方孔，直径约2.3厘米，面文楷书"光绪通宝"四字，幕文满文"宝川"二字，一如宝川局所铸光绪通宝，其唯一的区别，就是此种机制币并非传统土法浇铸，而是由造币机器冲压而成。长期以来，学界对机制宝川局光绪通宝制钱的铸造缺乏研究，更不能明白其铸造年代和地点。二十世纪末成都钱币学会编写的《四川铜元研究》总结历年的出土材料和研究成果，集四川机制铜币研究之大成，但该书也仅能够根据四川成都造币厂光绪二十九年（1903）试铸铜元时"就原购铸小制钱废机修改应用"的记载，断定光绪二十九年前确实铸造过机制方孔小平钱，并且认为所谓的"小制钱废机"，就是铸造机制宝川

---

①　直径3.9厘米，图片取自《百年银元》。

局光绪通宝制钱的机器。①这是根据旧有的材料所能做出的最合理的结论了。

从《百年银元》一书披露的汉立克纳普机器公司的档案中，我们了解到光绪二十二年（1896）中国政府向美国汉立克纳浦机器公司订购过3台造币机，其中一台留在成都，日产30万枚新式制钱，即所谓的"原购铸小制钱废机"，后来这台废旧机器又被修复，用于试铸新式铜元。

图19-4　机制宝川局光绪通宝制钱②

（三）四川官局造光绪元宝

光绪二十六年（1900），广东在铸造银元的基础上，仿照香港铜仙铸造了铜元。新式铜元铸造精良，民间称便，政府获利甚厚。光绪二十七年（1901）十二月，清政府谕沿江沿海各省仿铸，于是全国各省纷纷仿铸铜元。在仿铸机制铜元的大潮下，四川省也开始制铸造铜元。

光绪二十八年（1902）川督岑春煊始议在川省铸造铜元。光绪二十九年（1903）六月，朝廷正式在成都设铜元局开工试铸。铸造之初，成都铜元局附属于成都机器局（即老兵工厂，位置在成都东南角拱背桥）。所使用的机器由以前压铸制钱的压钱机改造而成，仿户部颁发的祖模铸造，之后又从日本和美国进口造币机铸造铜元。③到年底时，铸造"当五""当

①　成都市钱币学会：《四川铜元研究》，成都：四川人民出版社，1999年，第21页。
②　直径2.25厘米，图片取自《中国钱币大辞典·铜元卷·清编》。
③　A. M. Tracey Woodward. *The minted Ten-cash Coins of China*. Revised Edition, 1971.转引自何代水、周沁园：《百年铜圆——中国近代机制币珍赏》，上海：上海科技出版社，2013年，第82页。

十""当二十"几种面额的铜元合制钱32500余串。三种铜元正面为"光绪元宝"四字,上眉为"四川官局造"五字,下为币值字样,背面为龙纹及英文省名和面额。当时称为"官局造"者仅有福建和四川两省所造铜元,四川官局造铜元中有错配满文"宝福"者,存世量极少,这是"四川官局造"铜元改自"福建官局造"模板的证据。

四川官局造铜元铸造"为数虽不多,然民间乐于行用,各州县纷纷具文请领,所铸铜元一售而空"。于是铜元局员工日夜赶铸,还添加机器,加修厂房,派员驻宁远、会理专司办铜,并拟购洋铜以资铸造。

图19-5　四川官局造光绪元宝①

———————————

① 光绪元宝当二十文,张璜旧藏,直径3.6厘米;当十文,张璜旧藏,直径3.1厘米;当五文,马定祥旧藏,直径2.8厘米。张璜,近代香港钱币收藏家,有《中国银圆及银币目录》一书。

（四）四川省造光绪元宝

光绪三十年（1904），四川铜元局改仿湖北式样，光绪三十年四月的
《四川官报》载："去岁所铸铜元（四川官局造铜元），字文未免过多，
现仿鄂省式样改造，铸模上列'四川省造'四字，下则分列'当十''当
二十'等字样，其余龙纹花样均与旧式不同。"[①]新改版的钱币正面上眉
"四川官局造"五字改为"四川省造"四字，币面中心改为芙蓉花，铜元
背面的龙图也由坐龙改为水龙和飞龙，所铸铜元有五文、二十文、三十文
三种面额，其中当三十文面额为清末铜元中所独有。

图19-6　四川省造光绪元宝[②]

① 四川官报书局：《四川官报》第八册，光绪三十年四月。
② 四川省造当五光绪元宝，直径3.1厘米，马定祥旧藏；当十，直径3.2厘米，张璜旧藏；
当二十，直径3.6厘米，当三十，直径4.3厘米，蒋伯埙旧藏。图片取自《百年铜圆——
中国近代机制币珍赏》。

光绪三十一年（1905），"铜元因出数日多，事繁任重，（铜元局）始与机器局划分，各立各账，旋并铜元、银元两局为四川银铜元总局"，这开启了铜元局、银元局合并的先河，各省纷纷仿效。光绪三十一年五月，四川试铸黄铜铜元，以铜七锌三配熔，民间乐用，但是因不合户部规定而停铸，仍改用紫铜铸造。现存的四川省造光绪元宝中有黄铜材质者，就是在此期间铸造的。

（五）中心"川"大清铜币

光绪三十二年（1906）六月，四川银铜元总局从天津造币厂领回当二、当五、当十、当二十四种模具①，这批模具即大清铜币钱模。同年七月，户部对各省的造币厂进行改革，将各省造币厂裁撤归并为九处，户部统一成色，统一管理。各分厂统一命名为户部某分厂，之前所铸光绪元宝祖模一律废止，以户部总厂的大清铜币为标准统一颁发祖模，各省局在币面中心加铸省名。四川银铜元总局更名为"四川户部造币分厂"，为四川户部造币五厂，并依照章程开始改铸中心为"川"、丙午纪年的大清铜币，币面左右标明"户部"二字。当时规定每厂每月铸数不能超过六十万枚。中心"川"十文、二十文铜元铸造量较大，中心"川"二文、五文铜元铸量极少，为珍稀名品。同年九月，户部改名为度支部，四川户部造币分厂更名为"度支部造币蜀厂"。度支部造币蜀厂仍归省有，但铜币余利提四成交度支部作为练兵经费，六成留厂备用。

光绪三十四年（1908）二月，度支部通敕各省暂行停铸铜币。此时各省已设厂、所20处，竞相鼓铸，铜币已充斥各大商埠市面。因为四川地理位置重要，且川铸铜元为民间乐用，川督赵尔丰请免停蜀厂铸造，度支部造币蜀厂获准续铸。

---

① 潘峻山：《成都造币厂史料》，《四川文史资料选辑（第四十一辑）》，成都：四川人民出版社，1993年，第83页。

图19-7　光绪丙午年造中心"川"大清铜币①

图19-8　宣统度支部中心"川"当二十文铜元②

---

① 中心"川"大清铜币十文，直径2.8厘米；五文，直径2.2厘米；二文直径1.7厘米。图片取自《百年铜圆——中国近代机制币珍赏》。

② 中心"川滇"大清铜币十文，直径2.8厘米，二十文，直径3.3厘米，图片取自《百年铜圆——中国近代机制币珍赏》。

宣统元年（1909），度支部又下令撤并各省银铜厂局。川滇边务大臣
赵尔丰复以"边地辽阔，铜元不敷，尚须续铸"为由，请求续铸，最后
获得朝廷允许，四川遂成为宣统年间少数可续铸大清铜币的省份。度支部
造币蜀厂将"光绪年造"大清铜币改版为"宣统年造"，将"户部"字样
改版为"度支部"字样，此时其他各铸币局仍沿用"户部"字样，"度支
部"字样的大清铜币为清末四川铜元的一大特色品种。

（六）中心"川滇"大清铜币

光绪末年，英、俄等列强染指西藏，西南边疆局势不稳，频频爆发战
乱。光绪三十年（1904）赵尔丰针对西藏与川、滇藏族聚居区时局，向
四川总督锡良上《平康三策》。光绪三十一年（1905）赵尔丰平定"巴
塘之乱"，稳定了康区局势。光绪三十二年（1906）锡良奏请"乘此改土
归流，照宁夏、青海之例，先置川边事务大臣"，以求"川滇边藏声气相
通，联为一致，一劳永逸"。同年，清政府任命赵尔丰为川滇边务大臣，
管辖四川打箭炉（今康定）及所属各土司和康区。为了对抗在康区日益泛
滥的印度卢比，赵尔丰请成都造币厂代铸四川藏洋，川边乐用，但是小面
额四川藏洋发行数量较少，康区货币流通缺乏辅币，于是赵尔丰又请四川
造币厂铸造铜元，即"丙午川滇大清铜币"，该铜元形制同于中心"川"
大清铜币，唯中间纪地"川"字改为"川滇"两字，主要流通于川滇地
区。该"丙午川滇大清铜币"为宣统年间铸造，但是仍然沿用"光绪"年
号和"丙午"纪年，应该是用旧模改制的钱模铸造。该铜元与四川藏洋一
起在川滇地区流通，有力地维护了康区的金融秩序，保障了地区稳定和国
家主权完整。

图19-9 户部丙午川滇大清铜币[1]

（七）中心"川"一文铜元

引进西方造币技术之后，各省造币厂大量发行大面额铜元，与此同时各省铸币局所铸制钱急剧减少，有的省份已经停铸制钱多年，导致铜元和制钱的兑换比例失衡，民间缺乏小面额辅币，严重影响了民间的贸易。光绪三十四年（1908）正月十三日，清廷发布上谕，令各铸币局发行一文铜元。

前以制钱缺乏，各省鼓铸当十铜元，以期相辅而行。乃近来铜元益多，制钱益少，铜元一枚不足抵制钱十文之用。而奸商折扣盘剥，颇足为害市面，且小民因制钱太少，零星日用诸多不便……自非铸用一文之钱，令一文本位常存，不足以显铜元当十之数，保铜元行销之利……着度支部通行各省厂，凡铸当十铜元，必须于定额之外加铸三成一文新钱，以资补救。[2]

度支部造币蜀厂遂增铸中心"川"字戊申纪年一文铜元，该币铸造精良，成本较高，故蜀厂并未按照朝廷所要求的"十文铜元之三成"足额铸造。[3]未几，光绪驾崩，中心"川"一文铜元也停止铸造。现在此种铜元存世量已经非常少，好品已难一遭。

---

① 中心"川滇"大清铜币十文，直径2.8厘米，二十文，直径3.3厘米，图片取自《百年铜圆——中国近代机制币珍赏》。
② 成都市钱币学会：《四川铜元研究》，成都：四川人民出版社，1999年，第39页。
③ 何代水、周沁园：《百年铜圆——中国近代机制币珍赏》，上海：上海科技出版社，2013年，第91页。

图19-10 光堵戊申中心"川"一文铜元①

（八）清末四川造币机构

清末四川造币机构名称几经更易，而将其称为"四川造币厂"是民国时期才正式确定的，其旧址是清末铸造机制币的主要地点。光绪二十四年（1898）四川银元局设立，二十九年（1904）四川铜元局设立。光绪三十一年（1905）两局合并为四川银铜元总局。三十二年（1906）收归户部，称为"四川户部造币分厂"，旋改为"度支部造币蜀厂"。宣统二年（1910），度支部造币蜀厂改名为"成都造币分厂"，收归部有，归天津总厂管辖。同年四月，清廷颁布《币制则例》，度支部尚书载泽奏请"现在币制既经厘定，亟应将各省所设银铜各厂一律裁撤，专归天津总厂铸造。惟中国幅员辽阔，非一厂所能敷用，拟请将汉口、广州、成都、云南四处改为分厂，统归天津总厂管辖"，朝廷从其议。自此，四川造币厂彻底与机器局划清厂房界限，各立门户，在成都铁板桥街购置基地，修建办公房舍及国币库房。

清末四川造币厂的铸造量很大，截至宣统年间四川共铸当五、当十、当二十文3种面值的大清铜币77559万余枚，折合制钱885万余串，光绪年间所铸光绪元宝数量更在大清铜币之上，省内各地铜元已基本取代制钱流通。《百年铜圆——中国近代机制币珍赏》一书还记载清代银元的铸造量：光绪年间，一元主币生产约647万枚，其中二十七年、二十八年合计140万余枚、二十九年78万余枚、三十年32万余枚、三十一年22万余枚、三十二年108万余枚、三十三年149万余枚、三十四年118万余枚；宣统年间，一元主币的生产量为285万余枚；清末四川主币的生产量约为933万枚。

---

① 直径1.68厘米，图片取自《百年铜圆——中国近代机制币珍赏》。

表19-1　清末四川造币情况

造币机构	级别	设立年份	铸造品种	铸造面额
四川银元局	省属	光绪二十四年	光绪元宝	库平七钱二分、库平三钱六分、库平一钱四分四厘、库平七分二厘、库平三分六厘
四川铜元局	省属	光绪二十九年	四川官局造光绪元宝	当五、当十、当二十
		光绪三十年	四川省造光绪元宝	当五、当二十、当三十
四川银铜元总局	省属	光绪三十一年	四川省造光绪元宝	当五、当二十、当三十
四川户部造币分厂	省属	光绪三十二年七月	中心"川"丙午大清铜币	当二、当五、当十、当二十
			中心"川滇"丙午大清铜币	当十、当二十
度支部造币蜀厂	省属	光绪三十二年九月	中心"川"丙午大清铜币	当二、当五、当十、当二十
			中心"川滇"丙午大清铜币	当十、当二十
		光绪三十四年	中心"川"字戊申纪年铜元	当一
		宣统元年	中心"川"度支部宣统年造大清铜币	当二十
成都造币分厂	部属	宣统二年	中心"川"度支部宣统年造大清铜币	当二十

引进西方造币技术后，四川除了在成都设立四川造币厂外，在重庆也设立了铜元局。清末，重庆早已形成集散市场，商业非常发达，市面上已

有成都及沿江各省所铸铜元流通，并且对铜元的需求量很大，又加上贵州省也时常调拨川省铜元，成都一局铸造不能满足日益增长的需求。光绪三十一年（1905）川督锡良经省咨议局同意，在重庆设立铜元局，其资金由川路公司股银二百万两拨付，在距离重庆市区五公里的苏家坝子建筑厂房，购买机械物料，铸造铜元所得余利用于添助修路，可见重庆铜元局设立之初就有商业营利的目的。光绪三十二年（1906），占地近两百亩的重庆铜元局落成，建筑为中式平房，就倾斜地形筑成两台，上台为局址，下台就英制、德制设备各建厂房，故有所谓"英厂""德厂"之称。英制设备未进行安装，原封未动。德制设备按生产工序一次全部安装到位，计有化验、配料、压片、冲坯、印花、摇光等七个所（车间）。压片是生产过程中的主要环节，根据九次碾压的需要安装了九台重、中、轻型压片机，并安有各型备用机各一台。辅助工序上设有铜模、修理、动力、锅炉四个所。修理所的翻砂设备相当完善，修理所除了能够修配各种零件外，还能翻铸各式机床座子和浇钢备件，以供压片之需。动力所有号称"大马力"和"小马力"的蒸汽引擎各一部，所发电力用于钢片、冲坯、印花、摇光、修理的动力需要和高级职员的宿舍照明。此外，还设有储炭所储备煤炭，材料所保管收发原材料。重庆铜元局在当时可谓设备先进，规模宏大。这些设备如果日夜开工生产，可日产铜元40万枚。在一切条件都已具备，只待开工铸造之际，就遇到光绪三十二年（1906）各省造币厂局第一次裁撤归并，重庆铜元局接到度支部命令后中止铸造。之后打算将铜元局改为炼钢厂，最终也没有真正开办，所购机器物料仍闲置野外。辛亥革命后，重庆铜元局为军阀把持，才正式开工铸造。

永利川边——四川藏洋

白银铸像行炉关，为制英夷分利权。

旧老忠臣今不在，徒留野叟赋闲谈。

四川藏洋是清末四川银元局仿照印度卢比而铸，流通于川滇地区的一种银币。官方称为"藏元"，民间有"藏洋""川卡""四川卢比""赵尔丰钱"等叫法，一般称之为"四川藏洋"。它的铸行经历了酝酿铸造、民间试铸、朝廷批准等几个阶段，整个过程与中国封建王朝自上而下的铸币传统不同，四川藏洋的铸造是"先斩后奏"，起于民间智慧，地方先行铸造，最终被朝廷认可并正式铸造发行。

（一）炉关币

炉关币是行用于炉关的银币，因银币上打制"炉关"两字而得名，是四川藏洋的前身。炉关即打箭炉（今康定），因康定扼守康藏要道，是往来川藏的重要关口，因此又被称为炉关。

光绪十九年（1893），英属印度迫使西藏亚东开埠通商，印度卢比银币便大量流通于我国西藏地区。至光绪二十年（1894），印度卢比侵入打箭炉等川边地区。印度卢比重三钱二分，制造精美，成色稳定，大小适中，便于携带，很快占领了藏区和康区的货币流通市场。英印商人将印度卢比以高出银价数倍的比值换走白银，导致川边商民强烈反抗。

打箭炉厅同知刘廷恕大声疾呼"印币亡边"，并采取实际行动抵制印度卢比。刘廷恕最先试铸与印度卢比大小相近，重量同样为三钱二分的高成色银币，人们称之为"炉关币"。因缺乏记载，现在已经不清楚炉关币的具体铸造时间和铸造情况。

图20-1　炉关币①

　　原国民政府四川省财政厅厅长甘典夔在《清末至解放前四川地区货币概况（初稿）》中记载："打箭炉同知刘廷恕初以印币亡边之说请四川总督奎俊设法抵制，奎以引起外交为虑不报。刘两次复请，始默许以藏饷之银，试铸三钱二分纯银币，以为抵制之建议。银币之正面有'炉关'两字，背面中有夷文，并用花纹围绕。因系土法铸造，出口无多，币为纯银，民间乐用。而边饷亦以此币发放，供不应求，始改由四川省银元局代造。"②

　　《打箭炉厅志》记载刘廷恕于光绪二十三年（1897）至三十一年（1905）任打箭炉厅同知，据《清史稿》卷二百记载，奎俊于光绪二十四年（1898）十一月至光绪二十八年（1902）七月任四川总督。刘向奎俊报请铸造银币应在此时，故"炉关"银币当开铸于光绪二十五（1899）至二十八年（1902）之间。③刘廷恕所铸炉关币系土法打制，"炉关"说明其流通范围在打箭炉一带。虽然该币民人称便，但也有很大的弱点，土法铸造的效率较低，规模小，铸造欠缺统一性，这些因素都严重削弱了炉关币对于印度卢比的竞争力。

①　图片来自王春利：《中国金银币目录》，北京：中国商业出版社，2012年。
②　甘典夔：《清末至解放前四川地区货币概况（初稿）》，转引自杨易：《四川藏元铸造历史及帝王像辨证》，《民族学刊》2018年第5期。
③　王承志：《四川藏洋》，《中国钱币》1988年第3期。

（二）四川藏洋

如上所述，由于炉关币的铸造效率低、规模小，缺乏统一性，于是后来便由四川银元局代铸。四川银元局代打箭炉地区制造银币的具体时间已经失载，但至迟在光绪二十八年（1902）四川省银元局已经开始铸造藏洋。

四川藏洋的积极推动者刘廷恕在《不平鸣·颠末刍言》中说道："（光绪）二十八年，条陈请省铸三钱二分银元，以敌印度卢比。银元局发商运炉售卖，每元作三钱五分，由余开导创造，汉夷通用称便，推行甚广，永为地方利源。"[①]刘廷恕提到光绪二十八年（1902）所铸藏洋币值为三钱五分，而光绪三十一年（1905）锡良向朝廷请示仿照印度卢比铸造的四川藏洋，重量与印度卢比相同，亦为三钱二分。由此可以推断，光绪二十八年四川银元局所造藏洋与光绪三十一年之后铸造的四川藏洋，在重量上有所差别，但其具体样式是否有差异，今已经无从考证。初铸的藏洋重三钱五分，略重于印度卢比，显然是为了增强竞争力。

光绪三十一年（1905）十一月二十九日，时任四川总督锡良正式向朝廷奏请仿造印度卢比铸四川藏洋：

> 印度卢比流行藏卫，渐及各台。近年则竟浸灌至关内打箭炉并滇省边境，价值任意居奇，兵商交困，利权尽失，而内地银钱又凤非番俗所能信行。因查川省机器局设有铸造银元厂，经前督臣奎俊奏明在案。近以成本不敷周转，银元作辍不常，爰饬照印度重三钱二分为一元卢比，自行试铸，制造务精，银色务足，一面标以汉文，铸成后虽核计获利甚微，而行之炉厅及附近边台，汉番亦均乐用，洵足以保我利权免致外溢。现饬随时酌量续批鼓铸，发充饷需等项。仍体察情形，期于足用而止，以恢市政而利边氓。[②]

光绪三十二年（1906）二月初四日，主管财政处大臣奕劻经过议论后同意铸造四川藏洋，并上奏光绪皇帝，立即得到了光绪皇帝"依议"的首

---

① 【清】刘廷恕:《不平鸣》，手抄本。
② 中国人民银行总行参事室金融史料组:《中国近代货币史资料》（第一辑），北京：中华书局，1964年，第834页。

肯，由此开始正式仿照印度卢比铸造藏洋，并且要求新铸藏洋只能在康藏流通，其他省份不能仿造。仅光绪三十二年，四川银元局就铸造了一百万元四川藏洋运往康藏。四川藏洋面值分为三种：一元，重三钱二分，直径约3.0厘米；半元，重一钱六分，直径约2.4厘米；四分之一元，重八分，直径约1.8厘米。

四川藏洋铸造时间较长，从光绪年间一直铸造到1942年，从光绪二十八年（1902）至1916年在成都铸造，1930年至1942年在康定铸造。在习惯上，人们按时间先后把四川藏洋的铸造分为四个时期，即：光绪二十八年（1902）至宣统三年（1911）为第一期；1912年至1916年为第二期；1930年至1935年为第三期；1936年至1942年为第四期。四川藏洋的成色随着铸造时间的推移逐步降低，差别很大，含银量较高的达90%以上，较低的每元含银仅三分二厘，含银量仅有10%左右。所以，人们又按含银成色的高低，把四川藏洋分为四类，含银在九成左右的列作第一类；七、八成的列作第二类；五、六成的列作第三类，五成以下的由于显出铜色，便称为"红藏洋"，列为第四类。由于铸模、工艺、质量的差异，四川藏洋又有众多的版别，仅差别明显的就有几十种。

因为铸行时间长，四川藏洋的铸造量非常大，面额为一元的四川藏洋总铸量为2550万至2750万枚左右，半元的约为13万枚，四分之一元约为12万余枚。半元、四分之一元均系成都铸造。民国建立之后，军阀为了敛财，就只铸造最大面额（一元）的藏洋，丝毫不管民间辅币的缺乏，这也是后来藏族聚居区出现宰口藏洋、私铸藏洋的直接原因。

图20-2　四川藏洋金样[①]

———————————

① 直径3.07厘米、1.93厘米，现藏中国钱币博物馆。

　　四川藏洋是在特定区域内流通的货币。光绪三十二年（1906）准许四川造币厂代造四川藏洋之时，清廷就规定"此项银币专为藏卫而设，应准在西藏及附近边台行用，作为特别商品，自不得自便行使内地。各省情不同，亦不得援案铸造，致紊市制"①。在实际流通中，四川藏洋主要还是在康区行用，在西藏也有少量流通。清末民国时期，中印贸易繁荣，贸易额相当大，英属印度货物占据了我国西藏的大部分市场，英属印度政府为了更好地控制市场，当藏民持四川藏洋向英属印度商人购货时，英属印度商人推说四川藏洋成色不足，不是拒用就是减价使用。因此，四川藏洋在金融贸易斗争中处于不利地位。为此，清政府也采取了对四川藏洋的保护政策，宣统元年（1909），赵尔丰和驻藏大臣联豫咨请川督赵尔巽将四川藏洋照本位三钱二分行使，并奏请由四川鼓铸当十铜元一千万枚运康，辅四川藏洋而行。②税收机关亦采取相应措施，在征税时则只收四川藏洋，不收印度卢比。康藏与四川、云南的经济联系十分紧密，于是四川藏洋将印度卢比赶出康区，在康区广泛流通使用。而我国西藏地区因与印度的边境贸易较为频繁，从而市面上印度卢比较多，四川藏洋较少。王承志先生在《四川藏洋》一文中提到，四川藏洋流通的主要范围为除泸定、九龙以外的整个康区；西藏的昌都、芒康等地；青海的玉树、称多、囊谦等地。

　　民国时期，政府还曾在康区设立专门铸造四川藏洋的康定造币厂，厂址在康定县南门。民国初年所铸四川藏洋，因为成色降低，在康定市场上的价值由三钱二分降为二钱五分，成都造币厂无利可图，遂在1916年停铸藏洋。成都造币厂停铸导致康藏地区藏洋价格回涨，川康边防军第二旅旅长马骕见此情景，即呈准川康边防总指挥刘文辉在康定设厂铸币。马骕由成都运入机器、雇进技工，于1930年5月4日正式开工，当日即铸出四川藏洋四千元。康定造币厂分事务、工务两股，股下按工种设段。工务股下设钢模、融化、捶片、辗片、打坯、印花、机修等段。该厂于1930年5月4日至1933年初由马骕主管，1933年初至1935年初由川康边防军第一旅旅长余松林主管，1935年底至1939年元旦由康定边关税局局长张家汉

---

① 中国人民银行总行参事室金融史料组：《中国近代货币史资料》（第一辑），北京：中华书局，1964年，第834页。
② 此处"当十铜元"即川滇大清铜币，前文已经有介绍。

主管，1939年1月至1942年停铸前，由西康省财政厅会办李先春主管。期间，康定造币厂因遭抢、被焚、待料等原因曾多次停工，累计开工时间约140个月，总铸量8000万至1000万元。由于康藏不出产白银，该厂所需白银大部分为印度银砖，后期亦熔化老旧银锭取银；所需铜料大部分是西昌铜板，有时也熔化老旧铜元。

（三）藏洋的私铸

除了成都造币厂和康定造币厂所造的藏洋，市面上还存在着大量的私铸四川藏洋，这些私铸藏洋为牟取暴利，往往为窳劣之品，含银量极低。如20世纪30年代康定市面上所谓的"青海藏洋"，1938年曾流通于炉霍的"克罗洋钱"，1958年人民银行在收兑中发现的"铝镍藏洋"等。

1930年3月，冯玉祥率西北军主力撤出甘肃参加中原大战，甘肃出现政治真空。甘肃省主席孙连仲任命马步芳的叔父马麟进驻兰州任甘肃保安司令，兼任甘肃骑兵暂编第一师师长，维持兰州政局。在兰州掌握军政大权的马麟委托甘肃造币厂采用铜镶银的工艺仿铸了一批四川藏洋，在青海藏族聚居区流通使用，故被称为"青海藏洋"或"马麟藏洋"。马麟用这种藏洋套购藏区成色好的银两和珍贵皮毛、药材等，解决了当地钱荒，又搜刮了大量的财富。甘肃铸造的青海藏洋与川铸四川藏洋形状、图文、重量、大小均相仿，直径3.0厘米，重11.0克左右。其正面为光绪皇帝侧面像，背面为花纹环绕着的"四川省造"四个汉字。但是该币制造工艺粗劣，含银量极低，流通中稍有摩擦便露出铜色，使币面光绪皇帝头像颜色斑驳，因此老百姓又戏称它为"烂脸藏洋"。青海藏洋铸造了十余万枚，由于其含银量较低不受商人和牧民欢迎，发行半年后就被排斥到玉树一带流通，1958年被民贸公司按废铜回收。青海藏洋虽然成色不好，但是因为铸造较少，反而较为稀见。[①]

在流通过程中，康区还出现过四川藏洋的变异形态：宰口藏洋与加印

---

① 王振民：《青海省玉树藏族自治州玉树货币史探讨》，《青海金融》2007年增刊。

藏洋。印度卢比侵入康区后，因缺乏辅币找补，有人便将整元卢比一分为二或一分为四，充作二分之一或四分之一卢比零用。民国时期四川藏洋辅币更加紧缺，人们便如法炮制，将四川藏洋分割后作为辅币使用，因为这种分割在当地的俚语中称为"宰割"或"宰口"，因此被宰割的四川藏洋也被称为"宰口藏洋"。有的在宰割时竟抽去中心三分之一，只剩下呈新月形的两小月，而每月仍充半元，以从中牟利。在实际的流通过程中，卖货方为维护自身利益，十元以上的交易，往往须有整币搭用方能成交，大额交易则只收少量宰口藏洋。在康北道孚至青海玉树一带，一般的市场皆规定以二八比例搭配交易，即一百元中必须付八十元整币。地方当局均严禁对藏洋进行宰割，税收机关亦只收整币。含银量较低的藏洋和红藏洋宰割后则不能通用，因此在市面上流通的含银量较低的藏洋多数还是整币，而宰口藏洋往往是含银量比较高的早期藏洋。加印藏洋是以长青春科尔寺为主体的调解委员会所为，该会在含银量较低的藏洋或红藏洋上打上印记，用"以二当三"或"以三当四"强行升值的方式流通。但是长青春科尔寺在收债时却并不管印记，而是只收成色好的。

　　四川藏洋在康区行用了五十余年，是中国近代史上行用较久的机制币之一。清末在康区行用的四川藏洋成功地将印度卢比赶出了康区，这是清政府为数不多的胜利的金融货币战，维护了国家的利益和主权，在中国的货币史上写下了浓墨重彩的一页。进入民国之后，随着军阀混战的到来和各地财政的枯竭，军阀大量增发藏洋，降低藏洋的含银量，变相地对百姓进行剥削，给人民群众带来了沉重的负担。中华人民共和国成立伊始，为了顺应藏族同胞的使用习惯、维护藏族聚居区的稳定，人民银行除在康定、丹巴、甘孜等县收兑过几千枚四川藏洋外，对四川藏洋采取了"不收、不兑、不禁"的"三不"政策，并发行适量"袁大头银元"与其平行流通。同时人民银行紧密地配合着商品的流通，稳步扩大了人民币的发行，康区逐渐形成人民币与四川藏洋、"袁大头银元"混合流通的市场局面。1958年4月1日，甘孜州人民委员会发布了全州禁止金银流通的布告，从该年7月1日起，人民银行对四川藏洋"以杂银予以收进"，至1958年底收兑工作基本完成，四川藏洋正式退出货币流通的历史舞台。

大汉纪元——四川军政府钱币

> 龙旌已换白旗悬，新政元年铸宝川。
>
> 永固金瓯千万里，奈何汉字十八圈。

武昌起义后，各省纷纷响应，先后宣布独立。

在四川，保路军包围了成都，川督赵尔丰控制不住四川的局面，只得签订《四川独立条约》，将政权交给四川保路运动的领导人蒲殿俊等立宪派人士。1911年11月27日，大汉四川军政府于成都成立，蒲殿俊任都督，原陆军统制官朱庆澜为副都督。12月8日，成都发生兵变，蒲殿俊出逃，众推尹昌衡任都督。大汉军政府所用的旗帜为十八圈汉字旗，1911年11月27日，大汉军政府成立之时，"民家皆树白旗，中署汉字，周以圆规十八，盖取十八行省之义"。英国驻成都总领事评论该旗帜："宣布成立军政府之后，接着升起了新的旗帜。那面旗帜（我想中国其他地方也是如此）是白色的，上面有红色（汉字），周围有十八颗星绕成的一个圆圈，形状像是太阳，但颜色是黑的。"华西大学教授路得·那爱德拍摄了当时十八圈汉字旗悬挂在成都街头的照片。

重庆方面，1911年11月5日，同盟会会员夏之时在成都龙泉驿率新军起义，然后经简阳、安岳直赴重庆。22日，张培爵组织各界群众数千人在朝天观召开独立大会，迫使重庆知府钮传善缴印反正，当即迎接夏之时军入城。蜀军政府正式宣布成立，推举张培爵为都督，颁布了军政府政纲、对内外宣言，又着手整顿军队，建立统一的革命武装。

至此，四川出现了成、渝两个军政府并存的局面。尹昌衡曾打算武力统一，蜀军政府也曾邀滇军入川帮助统一，后双方于1912年1月派代表会商，于2月2日协定：两军政府合并；以成都为政治中心，设四川军政府，以成、渝两处都督分任正副都督；重庆为重镇，设镇抚府。这样，四川宣告统一，尹昌衡出任四川军政府都督，张培爵任副都督，重庆镇抚府以夏之时为镇抚总长。

（一）大汉纪元方孔钱

在大汉军政府存在的短暂时间里，曾经铸造过面文"大汉纪元"和"大汉"两种方孔制钱。大汉纪元钱，钱径约3.1厘米，钱面正书直读"大汉纪元"四字，钱幕为满文"宝川"两字。大汉钱，钱径、重量与大汉纪元钱相当，钱面正书"大汉"两字，分列钱穿上下，钱幕文字一如大汉纪元钱。

图21-1　"大汉纪元""大汉"背宝川①

关于"大汉""大汉纪元"方孔钱是否是官铸流通钱币的问题，长期以来争议颇多。有学者认为大汉纪元钱并不是流通钱，因为还有很多银质手工打制的薄片型钱币带有大汉名号，而这一类银质薄片型钱币并不是

---

① "大汉纪元"背宝川，直径3.06厘米，为成都乐泉斋李亮先生所藏。"大汉"背宝川，直径3.10厘米，为笔者友人所藏。

流通钱币，仅仅是压胜性质的佩钱或者是币型帽饰，由此推断铜质"大汉""大汉纪元"方孔制钱亦是压胜钱之类，而非流通币。也有学者认为"大汉"和"大汉纪元"方孔制钱，无论是铜质、大小、文字风格和重量皆如出一辙，两种钱币有统一的铸造标准，应当是统一官铸正品。[①]成都钱币学会编写的《四川铜元研究》即认为是正式流通钱，认为"大汉"和"大汉纪元"充分体现了当时四川地区资产阶级革命党人"排满兴汉"的革命主张；而背满文"宝川"则是与当时大汉军政府实际上是一个立宪派与清贵族妥协而成的联合政府的性质有关。因为当时较为仓促，旧钱局的工匠无法雕模制版，因此就采取了比较省时，但工艺比较粗糙的传统翻砂浇铸工艺。[②]

两种钱币皆存世稀少，"大汉"背宝川，存世尤少。从"大汉纪元""大汉"的称谓来看，是大汉军政府时期所铸无疑，而从背满文"宝川"以及不甚规范的满文书写来看，两种钱币是民间铸造的纪念币的可能性为大。无论如何，这两种钱币都是特殊历史时期的产物，存世稀少，历史意义重大，是蜀钱中不可多得的珍品。

（二）醒狮币

醒狮币，又称"醒狮银章"，俗称"狮球银币""醒狮币"。

1912年，四川省军政府为庆祝中华民国诞生，在成都造币分厂铸造了一种十分别致的醒狮纪念章，一说为纪念尹昌衡西征平定康藏之乱所铸[③]，还有学者认为是1918年熊克武主持川政期间所铸，与军政府造双旗五文铜元同时。[④]该纪念章有银质和铜质两种，赠予参加过辛亥革命的有关人员。钱币正面图案的中央为两面交叉的五色旗，外围上端是"中华民

① 孔路原：《大汉四川军政府与大汉纪年铜币》，《中共成都市委党校学报》2003年第5期。
② 成都市钱币学会：《四川铜元研究》，成都：四川人民出版社，1999年，第44页。
③ 马定祥主此说，见马定祥：《民国元年西藏币》，《泉币》第30期。亦见何代水、周沁园：《百年铜圆——中国近代机制币珍赏》，上海：上海科技出版社，2013年，第178页。
④ 徐祖钦《中国钱币目录》，高文、袁愈高《四川历代铜币图录》主此说。

国元年"六字，左右两侧有四瓣花星；背面图案的中央有一头雄狮站在地
球上，象征着中国的崛起，下方有三朵祥云。醒狮银章重约5.10克，含银
量约为82%，直径约为2.33厘米，因为重量和直径与当时市面上流通的二
角银币相同，因此民间也就把它视作二角银币而在市场上流通使用。

　　醒狮币的铸造具有很重要的意义，这是四川最早的无面值钱币，是民
国时期四川无面值铜元的鼻祖。后来大量铸造的各种马兰币与醒狮币有着
传承借鉴关系。因为当时市面辅币缺乏，作为纪念章的醒狮币也作为流通
货币进入市场，这开创了纪念币、纪念章作为辅币流通的先河，亦造就了
民国四川铜币的一大特色。

图21-2　醒狮币[1]

（三）大汉铜元[2]

　　大汉军政府造四川铜币，又称为"大汉铜元""汉字铜元"，始造于
1912年，设计颇具四川特色，钱币正面的中心为芙蓉花，芙蓉花上下左右

----

[1]　第一枚为铜质，第二枚为银质，两枚直径为3.1厘米，图片取自何代水、周沁园：《百年
　　铜圆——中国近代机制币珍赏》，上海：上海科技出版社，2013年，第178页。
[2]　本节多参考成都市钱币学会所编《四川铜元研究》。

分列"四川铜币"四字，上端书"军政府造"四字，下端为纪值，即当制钱文数，币幕中心为汉字十八圈旗帜，汉字圈内以直线纹为底。

1912年4月初，成都造币厂废除清代铸造的大清铜币，改铸汉字铜元，开始发行的是重一钱的当十文铜元和重两钱的当二十文铜元。同月26日，四川财政司与成都造币厂发布联合公告，续铸每枚重五钱的当三十文铜元，与原来发行的当十文、当二十文铜币一起行使。汉字铜元初铸时，每天的铸造量大约为1000万文。[①]1913年7月，川督兼民政长胡景伊令成都造币厂添铸重五分八钱的当一百铜元。1918年熊克武任四川督军，新铸当五铜元。1926年，成都造币厂和重庆铜元局开始改铸嘉禾系列铜元，汉字铜元自此停铸。

汉字铜元面值有五文、十文、二十文、五十文、一百文五种，纪年有民国元年、二年、三年、七年四种。五文者仅有元年一种纪年；十文者有元年、二年两种纪年；二十文者有元年、二年、三年三种纪年；五十文者有元年、二年、三年、七年四种纪年；一百文者有两年、三年两种纪年。

汉字铜元铸造量大，版式众多，可以按照铜质的不同分为黄铜和红铜两种；又可以按照字体的不同，分为大、中、小三种；以字体、笔画、花星、纹饰的差异，又能区分出众多的版别。

汉字铜元从1912年到1925年间几乎从未停止铸造，为了攫取利润，造币厂大量发行较大面额的一百文和二百文铜币，1914年停铸五十文铜元，只铸造币值为一百文和二百文的铜元。因为铜元铸量过大，财政部曾限制各省铸币厂的铸造量，但要兑现发行的军票，成都分厂还是按照每日7000串[②]的铸造量铸造。1917年，罗佩金、戴戡主持四川政局，川省议会通过决议，禁铸当十、当二十铜元，从此只铸当五十、当百、当二百三种大面值铜元。当时四川省长张澜提到："加铸当一百文、二百文铜元，系因川省财政枯竭，濬券[③]待兑甚急，势必如此搭造，以轻成本。"1918年

---

① 赵星洲：《四川币制混乱的贻害》，《四川文史资料选辑（第二十九辑）》，成都：四川人民出版社，1979年，第164页。
② 1000文为一串。
③ 濬券，即濬川源官银行所发的钱票，在《濬川利源——四川近代纸币》一章还有详细介绍。

3月，四川靖国各军区总司令熊克武并理军民政务，任吴秉钧为四川造币厂厂长。吴氏履任后停铸当一百文、当二百文铜元，只铸当二十、当五十两种，并且铸造五文面额的铜币，俗称"双旗五文"。双旗五文铸造量较少，只铸造了59000余枚。此后三年中，当二百铜元两年没有铸造，而当一百的铜元却禁而不止，有两年的铸造数都在一亿枚以上，基本上是想要多少就铸多少。①1924年，杨森统治成都，西川道尹王岳生调任造币厂厂长，他将重五钱八分的"大一百"改为重二钱七分的"新一百"，用减轻重量的手段来攫取利润。此外他还大量地铸造当二百铜元，每年的铸造量都在一亿数千万枚。②

在重庆，1913年1月，重庆铜元局开铸铜元。开始仅铸造当二十铜元，之后又铸造当五十、当一百、当二百铜元。北洋政府财政部命令重庆铜元局停止铸造当五十、当一百等大面额铜元，但是屡禁不止。重庆铜元局在1913年内共铸造当十文铜元1900万余枚，当二十文铜元1996万余枚，当五十文铜元938万余枚，当一百文铜元117万余枚。其铸量之大，可见一斑。

除了成都造币厂和重庆铜元局以外，四川各地还有很多私铸钱币的工厂，这些铸钱工厂，有的是军阀为筹集军饷而设，有的是民间私设。这些铸钱工厂前期主要是仿造大汉铜元，后来也大量仿造小二百文铜元。尤其是在1918年之后，四川靖国军总司令熊克武命令军饷在各驻防区内就地划拨，也就是各地军阀在自己的防区内筹措军饷，四川军阀的防区制度由此形成，军阀铸币合法化。至1926年，四川省钱币私厂林立，川中各师、团、县、乡争铸劣币，军阀各部为筹款维持开销，在各自的防区内设造币机构，当时全省的造币机构不下40处，钱币达70种之多。仅仅在成都附近就有造币厂十多家。如刁文俊在贵州馆街旅部设厂，邓国璋在灌县设厂，陈书农在简阳设厂，谢德戡在温江设厂，何瞻如在安县设厂，刘自乾在雅州设厂，曾南夫在三桥南街设厂，不胜枚举。

———————

①　成都市政协文史资料研究委员会等：《民国时期成都金融实况概述》，《成都文史资料选辑》第八辑，1985年，第29页。
②　成都市政协文史资料研究委员会等：《民国时期成都金融实况概述》，《成都文史资料选辑》第八辑，1985年，第29页。

图21-3　大汉铜元①

————————

① 直径分别3.10厘米、3.60厘米、4.00厘米、4.40厘米。图片取自《百年铜圆——中国近代机制币珍赏》。

这种状况一直持续到1935年。1935年11月，四川开始流通法币，铜币退出货币流通领域，大汉铜元也逐渐被淘汰，私铸、滥铸的风潮才告一段落。1949年6月，国民政府金融崩溃，纸币毫无信用，成、渝两地金融机构恢复使用银元、铜币和制钱。成都市政府曾经命令四川造当二百文铜元，以折合银元二厘使用，汉字铜元的使用又重新合法化。①没过多久，四川就解放了。

四川作为西南地区的中心，铸币也常常被邻省使用和仿造，尤其是大汉铜元流通范围较广，接受度较高②，除四川各私厂大量铸造，还有贵州、湖北、甘肃三省多个地方仿制，如贵州赤水的地方军阀、湖北恩施的地方军阀、甘肃天水造币厂，都曾仿造过大汉铜元。

（1）贵州省仿造大汉铜元。贵州军阀周西成在占据赤水期间，曾经仿造大汉银币（后文中还会提及），同时，也仿造军政府汉字当五十文、当一百文铜元。赤水造铜币与重庆版类似，但重量比成都版、重庆版略轻，三者最大的区别就是钱币正面上部的"军政府造"四字，重庆版和成都版为大字，赤水版为小字；下部的当制钱多少文，重庆版和成都版为小字，赤水版为大字。③

（2）甘肃省仿造大汉铜元。1919年冬，甘肃督军兼省长张广建任命陇南清乡督办孔繁锦为陇南镇守使驻防天水，辖天水十四县（天水、通渭、武山、甘谷、清水、秦安、徽县、两当、西和、礼县、成县、武都、文县、舟曲）。1920年，孔繁锦在甘肃建立第一家铜元厂，下令销毁制钱，范铸当五十文、当一百文砂版铜元。④厂址在今天水市秦州区，前厂在原钟楼巷城隍庙背后，多为山西和天水匠人；后厂在桑园（今解放电影院后），尽是河南工匠。⑤孔繁锦还在陇南市所管辖的文县和武都两县，短暂生产了

---

① 黄友良：《近代四川铜币考》，《四川文物》1994年第4期。
② 除了大汉铜元，四川所铸的大二百文、小二百文、小一百文铜币也大量被仿铸。
③ 袁泽君：《赤造"汉版十八圈"铜币》，《收藏》2010年12期。
④ 所谓砂版铜元，即采用翻砂法铸造的铜元，与机制铜元不同，砂板铜元较为粗糙，保留大量翻砂铸造的痕迹。
⑤ 刘大有：《孔繁锦在天水设厂铸铜元情况》，政协甘肃、陕西、宁夏、青海、新疆五省（区）暨西安市政协文史资料委员会：《西北近代工业》，兰州：甘肃人民出版社，1989年，第115–120页。

背"都""文"字、纪年为中华民国三年的"四川铜币"砂版铜元，但是存世量极少，多发现于天水境内，现在已经是不可多得的名品。

砂版铜元制作粗糙，含铜量低，贬值严重，民间不乐用，全赖政府强制推行。《清水县志》载："孔繁锦发来当制钱一百文之砂圆亦在市面强制行使。初，每十枚准制钱一千文换银币一枚，渐由十数枚退至数十枚，终数百枚换银币一枚。商号弃若敝屦，金融大受影响。"[1]

甘肃天水铸造砂版铜元一直持续到1924年。1924年，孔繁锦在天水建立天水造币厂，汉阳周恒顺机器厂为甘肃省造币厂生产了一套造币机，包括熔条、轧片、镶边、印花等十部机器，外加500匹马力的动力设备，并且有工人常年驻甘肃，负责造币机的维护和保养。1925年，天水造币厂开始机铸当五十、当一百文的四川铜元。

1926年，孔繁锦开始铸造当五十文、当一百文甘肃铜币，并且范铸当五文、当十文辅币。甘肃铜币钱面为"甘肃铜币"四字，上缘是中华民国纪年，下缘为纪值，样式也是借鉴大汉铜元而来。未几，国民军张维玺驱逐孔繁锦，孔繁锦败退陕西。次年，甘肃军务督办刘郁芬将天水造币厂机器迁至兰州。

总体而言，甘肃仿造汉字铜元，有砂版和机制版两个大类。砂版皆为当百文面值，有三年和十年两种纪年；机制版有当五十文和当一百文两种面额，当五十文有元年和三年两种纪年，当一百文有二年和三年两种纪年。

（3）湖北恩施仿铸大汉铜元。恩施位于湖北省西南部，处于湘、鄂、渝交汇地带，远离湖北省会武昌，地处偏远，交通不便。民国时期，恩施名义上为省政府管辖，实际上为地方武装直接控制，因为与川渝地区山水相连，也常常受四川地方的军阀控制。民国初期，恩施大量流行四川铸的川版银元、铜元，当地军阀和土豪为了牟利，纷纷仿铸。1918年，鄂西靖国军驻利川，在县城郊岩洞寺设铜币铸造厂，仿制当五十和当一百两种四川铜币，但铸造粗糙，群众拒用，半年后停止铸造和流通。[2]1919

---

① 【民国】刘福祥、【民国】杨贻书修，【民国】王凤翼、【民国】王耿光等纂：（民国）《清水县志》卷五《财赋志》，民国刻本。

② 湖北省利川市地方志编纂委员会：《利川市志》，武汉：湖北科学技术出版社，1993年，第245页。

年，刘凤阶主持恩施铸币厂，用收购来的废旧机器稍加修理，便招工设炉铸造铜币，规模比较大，有工人近百名，大量铸造当五十文和当一百文铜币。[①]1921年，自封靖国军总司令的唐克明占据恩施、建始两县，其部下王安南在建始县城头门口花厅和朝阳街川主官内开炉仿铸四川铜币。[②]除军阀外，恩施民间士绅也纷纷盗铸铜元。

恩施版的汉字铜元是在四川版汉字铜元的基础上改造而来的，有"四川"和"湖北"两种纪地文字，湖北纪地的仅仅有当五十文一种，有民国元年、二年、三年、七年、八年、十年六种纪年；四川纪地的有当五十文、当一百文两种面值，当五十文的有民国元年、二年、三年、五年、七年五种纪年；当一百文的有民国二年、三年、四年、八年四种纪年。还有一种面文为"四川铜币"、中心圈内有"鄂"字者，也是湖北恩施地区仿造的四川铜币，这个品种十分稀少，对于研究同版别的铜元铸造地有很重要的价值。

恩施版汉字铜元采用传统的铸造工艺，如手摇机压铸（半手工操作半机制生产），土法翻铸（成品为砂版），由于模具质量差、寿命短，因此在铸造过程中需要经常更换模具，也就产生了大量不同版别的铜元，几乎每一枚铜元的直径、厚度、重量、纹饰都不尽相同，千奇百怪，殊可把玩。

（四）大汉银币

四川银币，又称为"大汉银币""汉字大洋"，有一元、五角、二角、一角四种面值。其版式与军政府造铜元相同，币面正中心有芙蓉花瓣，环绕"四川银币"四字，四字又为珠圈所环绕，其上端镌"军政府造"，下端镌"一圆""五角""二角""一角"纪值，左右两端为中空花瓣；背面为汉字十八圈标志，上端镌"中华民国元年"纪年，左右两端为中空花瓣。

---

① 宋伟杰：《汉字铜元》，成都：西南财经大学出版社，2015年，第10页。
② 建始县地方志编纂委员会：《建始县志》卷二十一《金融》，武汉：湖北辞书出版社，1994年，第539页。

图21-4　甘肃、湖北军阀仿造大汉铜元①

---

① 直径分别3.90厘米、3.90厘米、3.70厘米、3.60厘米，图片取自《汉字铜元》。

　　大汉银币自1912年4月由成都造币厂开始生产，1924年至1927年间停产，1928年又恢复生产，但1929年后就主要生产五角银币。1933年成都造币厂改为上海中央造币厂成都分厂，大汉银币停止铸造。

　　关于成都造币厂汉字大洋的生产数量，钱币学家耿爱德①记载为6207万枚，但他认为这还不是完整的数据。根据《成都造币厂史料》记载，仅仅在1912—1928年，成都造币厂铸造的大汉银币金额就高达7200余万元。②重庆造币厂生产银元的时间较迟，1919年，重庆造币厂受到商会委托，生产了首批大汉银币100万枚，1926年以后又续造多批。

　　各地军阀滥设铸币厂，大汉银币私铸现象也非常普遍。耿爱德在《中国货币论》中写道："一时非法造币厂，几乎遍及各个重要的军事点，至民国十六年（1927），仅仅成都附近即有80处。铸币所需现银，系以流通之壹圆及半圆熔毁改铸。新币之币面价值，仍与旧币相等，成色则减为三至四成。此币在川省按照八折及八折以下行用，外省即难以通用。"③众多私铸工厂大量生产各种版别的大汉银币，也导致今天我们很难准确地统计大汉银币的生产总量。

　　除了本省各地纷纷私铸大汉银币外，外省军阀也大量仿制，如贵州省军阀周西成就曾仿造大汉银币。1924年，周西成率黔军第三师进驻赤水，不久就开始自铸银元，造币厂设在赤水的三府庙。银元模具的来源有两种说法：一说来源于成都的川汉版十八圈纹模，一说是周西成攻打重庆铜元局时所获，亦为川版十八圈模具。赤水造币厂在祖模上加一"周"字，就成为赤水周铸银元，民间呼为"周大洋"。此币成色较差，在市面

---

① 耿爱德（Edward Kann），1880年出生于奥地利，1962年逝世于美国。20世纪上叶著名的中国货币金融问题专家、中国机制币收藏家。他于1902—1949年间侨居中国，20世纪20年代服务于英、法、俄在华银行，在海参崴、杭州、烟台等地工作；30年代起在上海从事金银条块买卖，并成为国民政府金融问题咨询专家；40年代大量收购珍稀金银钱币，1949年，他携带所有收藏离开上海，赴美定居于好莱坞。著有 The Currencies of China: An Investigation of Gold & Silver Transactions Affecting China with a Section on Copper（简称《中国货币论》）、An Illustrated Catalog of Chinese Coins（《中国币图说汇考》）等著作。
② 潘峻山：《成都造币厂史料》，《四川文史资料选辑（第四十一辑）》，成都：四川人民出版社，1993年，第90页。
③ 【奥地利】耿爱德著，蔡受百译：《中国货币论》，1933年，转引自何代水、周沁园：《百年铜圆——中国近代机制币珍赏》，上海：上海科技出版社，2013年，第159页。

图21-5 大汉银元①

<hr />

① 直径分别为3.90厘米、3.30厘米、2.30厘米、1.90厘米，图片取自《百年银元》。

上一般都要搭配使用，毗邻的泸州、合江等地有的拒用，有的准许八折流通。①1927年周西成接任贵州省政府主席，即将铸币设备搬至贵阳城南郊另设贵阳造币厂，委任韩原熙为造币厂厂长，继续铸造大汉银元。1928年，以贵阳为中心，西起安顺、北到梓潼的贵州省道建成通车，为纪念贵州首次建成公路，周西成命令贵阳造币厂铸造五万枚贵州银质纪念币。该纪念币是贵阳造币厂聘请成都、重庆造币师仿照四川银币的样式设计的。银元正面中心为芙蓉花，周环珠圈，上缘镌"中华民国十七年"纪年，下缘镌"壹圆"纪值，两侧饰以花星；背面中间为汽车图像，下侧草地草丛组成"西成"二字，上缘为"贵州省政府造"六字，下缘"七钱二分"纪重。因为贵州银币有汽车图像，因此又被称为汽车银元。汽车银元设计独特，发行量仅有五万枚，是世界上独一无二的以汽车作为图案的钱币，在国际上享有盛名。②汽车币因为是仿照四川大汉银币而来，设计者也是成都、重庆的技师，因此可以算作巴蜀钱币的流裔了，故在此做简单的介绍。

① 李侠、丁进军：《中国银元通史》，沈阳：万卷出版公司，2016年，第377页。
② 【奥地利】耿爱德：《中国币图说汇考：金银镍铝》，北京：金城出版社，2014年，第377–378页。

嘉禾川铭——军阀混战时期的机制币

> 泥中得古币，拂土见川铭。
>
> 甲胄民国事，烽烟蜀锦城。
>
> 将军劳战马，壮士动危旌。
>
> 更叹关山月，遥听戍鼓声。

四川军政府的成立并没有给四川带来和平，巴蜀大地相继卷入了讨袁战争、护国战争、护法战争中，最后形成了北洋、滇、黔军阀以及各路四川军阀混战的局面，军阀轮流把持川政，控制造币大权，攫取暴利。在此期间铸造了大量的特色钱币，铸币机构主要是位于成都的四川造币厂和重庆的铜元局以及各类军阀私设的铸币厂，大面额机制币的泛滥严重影响了经济秩序，动辄上亿枚的铸造量已经到了骇人听闻的地步。

四川造币厂始建于清光绪二十四年（1898），先建成银元局，后建成铜元局，光绪三十一年（1905）两局合并，位置大体在今成都市锦江区锐钯街。民国时期，改名为四川造币厂，四川造币厂牌坊是造币厂的标志性建筑，民国建立后对该牌坊进行了修改，保留了前清的团龙形象，在两侧增加中间为五色星的圆形图案，门楣上用带有魏碑风韵的隶书题写"四川造币厂"五字大字，与1913年所铸"双旗二百文"上"四川造币厂"五字的书法风格完全相同。该建筑中西合璧，兼具川西建筑特色，设计别出心裁，是典型的晚清民国时期的建筑风格，是四川近代史的重要见证。可惜该牌坊在"文化大革命"中遭到部分破坏，20世纪90年代，该地在房地产开发的潮流中遭彻底摧平。

图22-1　民国时期的四川造币厂①

（一）嘉禾双旗二百文铜元②

1913年7月成都钱荒，川督兼民政长胡景伊令成都造币厂添铸重五分八钱的当一百铜元和重七钱的当二百大铜元以济军需，这是川内首次铸造当二百文的铜元。当二百文铜元因为背面有两面交叉的五色旗，因此又被称为"双旗二百文铜元"，双旗二百文铜元比后来的川铭二百文铜元大，故又被称为"大二百文铜元"。

此时的四川政府已经完全被北洋系军阀所把控，因此不能继续沿用汉字十八圈的元素，故双旗二百文铜元采取了与汉字铜元风格迥异的设计。该币正面中心直书"二百文"面值，两旁分列嘉禾图案，上端镌纪年"中华民国二年"字样，下端镌"四川造币厂造"，左右分列十字花星。币幕中央为交叉双旗图，外环朱圈，上端镌英文"THE REPUBLIC OF CHINA"，下端镌英文"200 CASH"，这是民国时期唯一使用英文的四

---

① 图片取自《百年银元》。
② 本节写作多参考李侠、丁进军编著之《四川铜元研究》。

川铜元。双旗二百文铜元在设计上的变化，一方面反映了当时政局的变化，四川当政者开始有意识地抹去军政府的印记，另一方面体现了四川地区开放程度的提高，在铜元的版式设计上开始吸纳更多的元素。

双旗二百文铜元版式有几十种之多，有明显差异的也在十种以上。但基本可以按钱幕上双旗下垂之旗缨的不同而分为两大类：旗缨垂直下垂者，称为"直缨版"，旗缨环绕旗杆下垂者，称为"曲缨版"。

铜元作为一种虚值货币，面额越大铸造者获利愈厚。胡景伊所铸双旗二百文铜元仅重七钱，面值相当于20枚每枚重一钱的当十铜元，获利巨大。仅在1913年一年的时间里，双旗当二百文铜元的铸造量就达195万枚。[①]此后铸量逐年增加，1917年罗佩金、戴戡入主川政，因财政枯竭，又有大量的濬川源银行的债券急待兑换，1月8日，川省议会决议，禁铸当十、当二十铜元，从此只铸当五十、当百、当二百三种大面值铜元，这使得双旗二百文铜元更为泛滥。到1924年前后，四川境内的大面额当二百文铜元充斥市面，小面额的铜元则销声匿迹。民间交易因缺乏小面额的铜元，不得已将双旗二百文铜元截为两半，或者分为四块，当一百文或五十文使用，民间俗称为"宰版"。小面额辅币的缺少，也导致四川各地大量代用币的出现，许多纪念币章如狮球币、马兰币也开始用于市场流通。

1919年，熊克武入主川政，为了稳定金融财政，曾经停铸过双旗二百大铜元，但是随着政权的更迭，大面额的双旗二百文又恢复了铸造。

图22-2　双旗二百文铜元[②]

---

①　成都市政协文史资料研究委员会等：《民国时期成都金融实况概述》，《成都文史资料选辑（第八辑）》，1985年，第28页。

②　直径4.3厘米。图片取自《百年铜圆——中国近代机制币珍赏》。

（二）双旗五文币

　　1917年，段祺瑞废除约法和国会，孙中山在广州就任护法军政府大元帅，熊克武在重庆通电拥护。熊克武，四川井研县人，清末曾经留学日本，加入同盟会，二次革命失败后流亡日本，后参加孙中山所组建的中华革命党，回国之后又参加蔡锷的护国军，从此卷入四川军阀混战中，属于孙中山一系。1918年初，熊克武在重庆就任四川靖国军总司令，与滇、黔军联合，一起讨伐北洋政府在四川的督军刘存厚。2月，熊克武攻克成都，刘存厚退入川北。熊克武主政四川期间，四川局面相对稳定。

　　熊克武主政四川后，为平抑物价，铸造了五文面值的四川铜币，俗称"双旗五文币"。该币设计独特，币面与其他面值的四川铜币完全相同，而钱幕则改为交叉双旗的图案，纪年仍镌"民国元年"。当五四川铜币亦有钱幕为"汉字十八圈"者，但是存世极少，当为未批量发行之样币。

　　双旗五文币一改当时大面额铜元泛滥的趋势，可谓是良心之作，但该币利润较低，甚至赔本，因此铸造量不多。据学者统计，双旗五文币仅仅铸造了512187枚[1]，流传到今天的已经非常稀少。

图22-3　双旗五文币[2]

（三）四川嘉禾币 [3]

　　1923年冬，杨森、刘湘、邓锡侯、袁祖铭向熊克武部发起进攻，先后

[1]　宋伟杰：《汉字铜元》，成都：西南财经大学出版社，2015年，第16页。
[2]　直径2.6厘米，图片取自《百年铜圆——中国近代机制币珍赏》。
[3]　本节参考了何代水、周沁园所编《百年铜圆——中国近代机制币珍赏》。

攻占重庆、成都，次年熊克武战败，退出四川。1925年5月，段祺瑞任命杨森为四川督办、邓锡侯为四川清乡督办、刘湘为川滇边务督办、袁祖铭为川黔边务督办，自此杨森垄断成都造币厂大权。

1925年，成都造币厂厂长颜德基参考天津造币厂的民国五年嘉禾铜元，试制嘉禾五分镍币。由于当时四川镍坯稀缺，因此没有大量铸造，仅仅铸行部分样钱。1925年四川五分嘉禾镍币，币面中心为双圈圆环，圆环两侧分铸"五分"币值，其外环为十字圆环加单线圆环，上侧为"中华民国十四年"纪年，下侧为"每贰拾枚当壹圆"纪值字样，最外侧为花纹环圈；钱幕中心为双圆圈，四周以嘉禾图案为底，外侧为花纹环圈。

图22-4　1925年五分镍样币①

1925年底，杨森发动统一四川的战争，失败后逃至湖北，投靠吴佩孚。四川军阀邓锡侯、田颂尧、刘文辉三军进驻成都，邓锡侯任成都造币厂厂长。当时汉字当百铜元和双旗二百文大面额铜元充斥市场，铜元价格低落，如果继续铸造上述两类铜元，已无厚利。1926年，成都造币厂根据邓锡侯的指示，参照1925年五分镍币形制试制1926年版的当五十文与当一百文嘉禾无铭文铜元。1926年四川嘉禾无"川"铭铜元，样式与四川五分嘉禾镍币相同，唯纪年改为"中华民国十五年"，币值改为"每枚当五十文"。

1925年嘉禾镍币和1926年嘉禾铜币的发行意义重大，直接开启了四川嘉禾币铸造的大门，之后泛滥于四川的"川"铭嘉禾系列铜元都脱胎于这两种货币。

---

① 直径3.0厘米，伍德华旧藏。

图22-5 1926年四川嘉禾无"川"铭当五十文铜币[①]

（四）川铭嘉禾系列铜元

1926年成都造币厂开始铸造"川"铭嘉禾系列铜元，面值有五十文、一百文、二百文三种。另外有一种说法，称川铭嘉禾铜元为重庆铜元局局长王陵基首创。[②]"川"铭嘉禾铜元与嘉禾无"川"铭铜元版式设计基本相同，只是"川"铭嘉禾铜元面背无外围花纹环圈，正面中心环圈内加"川"字，背面中心为阿拉伯数字纪值，俗称"川花五十文""川花一百文""川花二百文"。因其版面较汉字铜元和双旗铜元缩小，重量减轻，因此又被称为"小五十文""小一百文""小二百文"。

川铭嘉禾系列铜币中，币值为五十文的获利不多，铸造不久就停铸了，币值为一百文的铸造量也有限，只有币值为二百文的获利丰厚，并在军阀的武力强制下推行到川中、川西地区。起初由于势力范围的局限，"川"铭嘉禾当二百文铜元没有能够在川东地区行用。后来刘湘势力向东扩展，攻击黔军袁祖铭，把握成都铸币大权的邓锡侯送刘湘40万串"川"铭嘉禾当二百文铜元作开拔费，由此重庆在刘湘的指挥下铸造"川"铭嘉禾币。[③]是年，刘湘在重庆发行小样减重的"川"铭嘉禾当一百文、当二百文铜元，四川军阀又开始新一波滥造铜元的热潮。

---

① 直径3.7厘米，图片取自《百年铜圆——中国近代机制币珍赏》。

② 何代水、周沁园：《百年铜圆——中国近代机制币珍赏》，上海：上海科技出版社，2013年，第181页。

③ 段洪刚：《中国铜元分类研究》，北京：中华书局，2006年，第197页。

　　"川"铭嘉禾铜元滥发的现象非常严重,尤其是"小二百文"铜元重量轻、面值大,获利丰厚,因此铸造量非常巨大,从1926年到1928年三年的时间里,仅成都造币厂所铸的"小二百文"铜元就达4亿余枚。到1935年,成都造币厂"小二百文"铜元一年的铸造量就达到了7.6亿枚[①]。当时川西、川北各个地区还有无数小型的造币机构,"小二百文"的铸造总量无法估计。大量滥发铜元,导致铜元、银元的比价失调,银铜元的兑换比例从民国初年的一元银元兑换一千二三百文铜元涨到1935年的两万八千多文,上涨了二十倍。

图22-6　"川"铭嘉禾铜元当五十文、当一百文、当二百文[②]

①　潘峻山:《成都造币厂史料》,《四川文史资料选辑(第四十一辑)》,成都:四川人民出版社,1993年,第91页。亦参见《中华民国货币史资料(第一辑)》相关章节。

②　"川"铭嘉禾铜元当五十文、当一百文、当二百文的直径分别为3.0厘米、3.4厘米、3.9厘米,图片取自《百年铜圆——中国近代机制币珍赏》。

（五）边铸"川"铭当一百文铜元

民国时期还有一种边铸"川"铭当一百文铜元，其正面与"川"铭嘉禾铜元图案基本相同，中心镌一"川"字，上端书"中华民国某年"的纪年，下端书"每枚当一百文"的纪值，不同之处在于其钱面左右分列"边铸"二字，镌明铸地为川边地区；其钱幕无嘉禾图，镌篆字"生活过高地方请求铸此平价"十二字，故又称之为"生活过高铜元"。

关于此种铜元缺乏记载，其铸造地点大约有三种说法：第一种认为是雅安；第二种认为是西昌；第三种认为是康定。《四川铜元研究》一书通过对这种钱币铸造技术的分析，认为其应当是在刘文辉所控制的川边特别区雅安铸造的。[①]

边铸"川"铭一百文铜元有民国十五年、民国十九年两种纪年，均有黄铜、红铜两种材质。民国十五年版非常稀少，民国十九年版稍多。民国十九年版钱幕铭文"生活过高地方请求铸此平价"的"此"字有"匕"旁作"入"旁者，俗称"入此"版，存世极少。

图22-7　边铸"川"铭一百文铜币[②]

（六）党徽梅花铜币

1930年1月，邓锡侯所控制的成都造币厂再度根据《国币条例》有关

---

① 成都市钱币学会：《四川铜元研究》，成都：四川人民出版社，1999年，第58页。
② 直径3.7厘米，四川大学博物馆藏。

铜辅币的铸行规定，铸造面值分别为一分、二分的铜币。该币经由二十八军军部核准，并函二十一军、二十四军、二十九军查照，由成都市府函总商会转知商民一体通用，此即梅花党徽铜币。钱币正面中央花瓣内镌"壹分铜辅币"（或"贰分铜辅币"）纪值，上端镌"中华民国十九年"纪年，下端为"每壹百枚为壹圆"（或"每伍拾枚为壹圆"）当值，右左分列"四川"二字；钱幕中央为青天白日、梅花枝及"1CENT"或"2CENT"的纪值。

党徽梅花铜币以分纪值，其初衷是希望将铜元转变为银元的辅币，但是以分纪值和四川素来以文纪值的习惯不符合，故发行之初就遭到四川省议会和成都市总商会的反对，最终没有正式发行，只有少数样币存世。

此套钱币的样币在民国时期就已成为难得一见的珍品。1942年12月12日，在第九十五次中国泉币学社例会上，川籍钱币收藏大家罗伯昭先生曾经展示过民国十九年四川所铸一分、二分铜辅币，这是党徽梅花铜币第一次公开与钱币收藏界见面，可见其稀少程度。

（1）

（2）

（3）

（4）

图22-8　党徽梅花铜辅币样币①

___

① 币值一分者，直径3.4厘米；币值二分者，直径3.9厘米。最后一品为秋友晁旧藏，其余
三品为马定祥旧藏。

古今君子——四川马兰币

回鬐俯首卧凉台，石束夹兰几度开。

骏马才收一百拓，青蚨飞去又飞来。[1]

马兰币是民国时期四川出现的一种特殊纪念币，大多为铜元，也有少量银元、鎏银铜元。铸造年代大约为1918年到1930年，铸造初期为纪念币，后来因为辅币缺乏逐渐演变为流通币。马兰币主要有重庆铜元局和成都造币厂先后铸造，之后又被一些地方军阀控制的小造币厂仿造。

20世纪90年代，根据一些健在的老人回忆，他们清楚地记得曾经使用过这些带马图案的小铜元，由此可知，马兰币确实具有流通性质。四川名宿张秀熟老先生当时虽已届九十高龄，但仍然记得，民国时期主管后勤的军官凭财务厅的公函可以到造币厂成批地取回马兰币分发给士兵。成都市钱币学会的夏详烈老先生曾亲眼见过当时的士兵用马兰币购物，他自己也曾经用马兰币买东西。还有一位泉友，新中国成立前其父母在成都闹市区开了一家食品店，他曾经将稀见的马兰钱收集起来，有一小布袋。[2]这些都无可争议地证明了马兰币的流通性质。

有关马兰币的文献资料不多，只能根据实物和社会调查来进行研究。20世纪90年代，成都市钱币学会曾经撰写《四川铜元研究》一书，其中对马兰币进行专题研究，并著录了百余品马兰币，本章多有参考。在当时，川内能够大量接触各种马兰币的人少之又少，能够收藏一二十品马兰币的

---

[1] 马兰币上马的形象有多种，有俯首马、回眸马、卧槽马，钱幕多为束石兰花。迄今所见，马兰币的品类有百余种。马兰币中又有别品，上镌铭文"青蚨飞去复飞来"者尤为稀见。

[2] 成都市钱币学会:《四川铜元研究》，成都：四川人民出版社，1999年，第88页。

藏家已经是凤毛麟角，更不用说二十年后的今日了！当时成都钱币收藏家易念仲先生，倾一己之力，收藏马兰币70余种、162枚，可以说是马兰币收藏的一座高峰了。[①]近来成都的李亮先生撰写《幽兰识》一书，专讲马兰币，这是介绍、著录马兰币的第一部著作。

（一）唐像马兰币

四川无纪值的纪念币，最早可以追溯到民国元年的狮球币。前文中我们已经提到，作为无纪值纪念币的马兰币，其最早出现在1918年。云南督军唐继尧继蔡锷之后反袁护法，率领护国军（滇军）进驻重庆，在重庆召开滇川黔三省联军会议，就任联军总司令。为纪念这一盛事，重庆铜元局铸造了一种带有唐继尧头像的纪念币，即唐像马兰币。该币重20克，黄铜质，正面为五瓣大梅花，花瓣中心为唐继尧肖像，背面为回首马的形象。此币传世极少，十分珍贵。之后，这种回首马的构图成为马兰币主要的形象设计。

（二）嘉禾马兰币

马兰币的大量铸造是在1926年前后，当时邓锡侯把控成都造币厂，为了掠夺财富，滥发"小二百文"铜币，导致民间小面额辅币缺少，于是无面值的马兰币就充当了小面额辅币的角色。马兰币分为大型二百文样、中型一百文样、小型五十文样，分别充当二百文、一百文、五十文使用。与等面值的流通货币相比，马兰币有较大的减重，以小型五十文样减重最为严重，因此小型五十文样的利润也就最高，发行量也最大，几乎占到马兰币的百分之八十以上。

邓锡侯所铸造之马兰币，正面为骏马形象，背面设计采用1926年所铸

---

① 成都市钱币学会：《四川铜元研究》，成都：四川人民出版社，1999年，第78页。

的嘉禾"川"铭铜元设计（见图23-1所示），只不过在嘉禾图案中间加铸了五色星，五色星来源于北洋政府的五色旗，而嘉禾图案则来源于北洋政府的十二章国徽。马兰币的这种设计特征也为其铸造时间的断定提供了参考依据。

图23-1　嘉禾马兰币①

（三）经典马兰币

马兰币作为一种可以流通的纪念币，其版式设计灵活丰富，有的还体现和反映了政治形势。1925年，国民政府在广州成立，随着广州国民政府革命力量的不断壮大，四川军阀处在北洋政府和南方革命政府之间骑墙观望，不希望受到任何一方的干涉，也无力与任何一方抗衡。反映在马兰币上，铸造者也就放弃了正面为马、背面为嘉禾五色星这一具有鲜明政治倾向的设计，转而采用正面为马、背面为石束兰以及各种花卉的设计，避开嘉禾五色星（北洋政府）和党徽（南方革命政府）两种敏感的图案。这是马兰币上最典型的图案搭配，"马兰币"的名称也来源于此。相对独立的政治环境和摇摆的政治立场反而为马兰币的设计者提供了更为自由的创作空间，从而使马兰币产生了多种精彩绝伦的设计、无数美轮美奂的图案、大量自由浪漫的搭配，使得马兰币成为中国近代机制币中的一朵奇葩。

马兰币有多种组合样式，比较典型的有以下几种：（1）正面为马，背面为石束兰。这是最常见、最典型的马兰币，设计最为精巧。根据兰花大

---

① 　直径分别为3.1厘米、2.6厘米，图片取自《百年铜圆——中国近代机制币珍赏》。

小、分布的细微差异和叶片的长短宽窄，又能区分出众多的版别，这种经典样式的马兰币皆为中型币。（2）正面为马，背面中心为枝叶烘托的牡丹花、周边为大齿边双环花枝纹饰。这种版别较为稀少。（3）正面为马，背面为兰叶、中间点缀四五瓣兰花，根据兰花花型、兰叶的长短粗细和位置，能区分出更多版别。此版皆为小形币。（4）正面为马，背面为三朵菊花。此版皆为小型币。

（1）

（2）

图23-2　马兰币①

---

① 直径分别为2.6厘米、3.1厘米，图片取自《百年铜圆——中国近代机制币珍赏》。

（四）党徽马兰币

1926年之后，南方革命政府的势力不断壮大，并且成功地进行了北伐，四川军阀倒向南方革命政府，川军各部相继易帜，改称国民革命军。随着政局的变化，马兰币也修改了版式，重庆造币厂开始铸造大型党徽梅花马兰币。党徽梅花马兰币，重13克，直径3.3厘米，正面为昂首回眸马，背面边缘为一圈苍劲的折枝梅花，枝头挂满正在盛开的花朵和尚未开放的蓓蕾，中心则为国民党的党徽，有红铜、黄铜、白铜几种材质。还有一种梅花纪值马兰币，其设计与党徽梅花马兰币相同，只不过把折枝梅花中间的国民党党徽改为阿拉伯数字纪值。纪值"100"的马兰币重19克，直径4.1厘米，黄铜质；纪值"20"的马兰币直径3.6厘米；纪值"10"的马兰币直径2.8厘米。几种纪值马兰币均为虚值纪念币，铸造量少，传世极为罕见，是马兰币中的顶级珍品。

图23-3　党徽马兰币①

（五）特殊马兰币

除了上述的几种马兰币，还有一些特殊的马兰币品种。

有官员特制馈赠纪念马兰币，如"德淳制赠"马兰币。该币正面为马，背面为篆书"德淳制赠"四字，是1924—1926年间，杨德淳任重庆铜元局局长时定制的。"德淳制赠"马兰币传世稀少，根据文字的笔画特

---

① 无纪值党徽马兰币直径3.6厘米，纪值100文马兰币直径4.1厘米，纪值20文马兰币直径3.6厘米，纪值10文马兰币直径2.8厘米。图片取自《百年铜圆——中国近代机制币珍赏》。

征和图案可以分为"三笔水""五笔水""宽心德""窄心德"等版别。还有"方舟制赠"马兰币。其正面为杜鹃花和岩竹，上书"古今君子"四字，背面为篆书"方舟制赠"四字。该币为四川军阀王陵基（号方舟）1926年6月任重庆卫戍司令兼铜元局局长时所定制。上述两种马兰币中"德淳制赠""方舟制赠"的题款充分利用钱币的圆形空间，又融合了汉代瓦当文字和圆章篆刻的构图，设计既不失古朴而又富有新意。这两种都是马兰币中的名品（如图23-4所示）。

图23-4　特制马兰币"德淳制赠""方舟制赠"①

　　除了这两种特制馈赠的名品外，还有一些"非兰非马"的马兰币。所谓"非兰非马"，即钱币设计中没有马和兰的形象，而代之以狮子、蝴蝶、水牛等形象，此外还装饰有一些符号。有一种中间带圆孔、钱面镌"青蚨飞去复飞来"的中型马兰币，尤为典型。青蚨是传说中生于南方的一种虫，其身似蝉而略大，翅膀似蝴蝶，图23-5中的第一枚马兰币中的形象就是人们想象的青蚨。传说得到青蚨之子，则青蚨之母从之，《搜神记》记载："杀其母涂钱，以子涂贯，用钱去则自还。"②就是说用青蚨母

_____

① 直径3.0厘米，图片取自《百年铜圆——中国近代机制币珍赏》。
② 【晋】干宝：《搜神记》，明刻本。

的血涂抹钱币，青蚨子的血涂抹钱贯，钱花掉之后还会自己飞回来，后人便以青蚨代指钱币。"青蚨飞去复飞来"即"千金散去还复来"的意思。还有以仙鹤为图案的中型马兰币（图23-5中的第二枚），仙鹤是象征长寿的瑞鸟。这类马兰币蕴含着深厚的文化内涵，都是难得的艺术文化精品。

图23-5　特制吉语压胜马兰币①

　　还有一些特殊的马兰币，出现了合面、合背、光背②等特殊现象，应当是预留作其他用途的。另有特殊材质的马兰币，如银质马兰币，铜质鎏金、鎏银马兰币，镶嵌珐琅的马兰币。这些特殊材质的马兰币应该是定制的，以作馈赠或纪念之用。

---

① 直径2.1厘米，图片取自《百年铜圆——中国近代机制币珍赏》。
② 合面，即如两钱钱面相合，钱币正反两面皆是钱币的背面图案；合背，则是钱体若两钱钱背相合，钱币正反两面皆是钱币正面的图案；光背，就是只有钱面的图案，钱背没有图案。

利济全川——川陕省苏维埃钱币

> 旺苍两面河，圣贤观普陀。
>
> 红军到此地，川陕变苏俄。[1]

1932年7月，国民党以30万的兵力对鄂豫皖苏区发起围剿，红四方面军被迫放弃鄂豫皖苏区，主力部队两万余人转战西进，进入川东北地区，12月在陕西和四川边界创建川陕苏区。自1932年12月红四方面军入川建立川陕革命根据地，至1935年4月撤离，川陕革命根据地存在了2年4个月的时间，其全盛时占据川东北及陕南部分地区，面积达4200余平方公里，人口700余万，是当时的全国第二大根据地。当时，全国各地建立了十多个革命根据地，其中中央苏区、湘鄂西、鄂豫皖、川陕四个革命根据地的苏维埃政权发行了货币。

1932年12月29日，红四方面军解放通江后5天，就在通江成立了以旷继勋为主席的川陕省临时革命委员会。1933年2月中旬在四川通江召开了川陕省第一次工农兵代表大会，正式成立了川陕省工农民主政府，并通过了《川陕省苏维埃临时组织法大纲》。[2]该法规定，在省财政委员会下设工农银行，其职能是制造苏维埃货币，统一币制，流通苏区金融，实行对工农

---

[1] 该诗由时任第四方面军政治委员兼政治部主任陈昌浩所作，原写于四川省旺苍县城南峰山观音阁的柱头上，创作时间应该是在1935年红四方面军西撤至旺苍之时，川陕省革命根据地的造币厂也曾在1935年春随军迁到旺苍。见陕西省、四川省文化厅编：《川陕革命根据地革命文化史料选编》，西安：三秦出版社，1997年，第348页。

[2] 中国工农红军第四方面军战史编辑委员会：《中国工农红军第四方面军战史》，北京：解放军出版社，1989年，第214–215页。

的无息贷款，帮助合作社的发展。^①自此，川陕革命根据地开始发行货币，在两年多的时间里，川陕革命根据地制造了银、铜、布、纸4种质地19种品类的货币，在中国革命根据地货币发展史上占有非常重要的地位。

川陕苏区在艰苦的条件下发行了大量的货币，1945年在延安编印的《红军第四方面军和鄂豫皖边区、川陕边区史料》记载，川陕省工农银行"出钞票20万元以上、出银元50万元以上、出铜元30万元以上"^②，这是目前能够见到的记载川陕省工农银行货币发行量最早的官方记载。川陕苏区货币生产力严重不足，尤其是造币厂经常面临造币原料供应短缺的情况，因此实际发行数量可能要小于《红军第四方面军和鄂豫皖边区、川陕边区史料》中的记载。根据当事者回忆，川陕省的造币厂"每天出铜元二百文的千多吊，没有规矩次序，有铜就产铜元，有银就产银元"，"几天才压一次铜元"^③。现代学者巴家云根据当时货币制造能力推算，川陕苏币中钞票的印量可能达到20万苏洋，但银元产量最多不会超过20万苏洋，铜元也不会超过30万苏洋的产量。^④

当时，纸币、布币、银币、铜币因为纪值单位不同，因此存在一定的兑换比率。川陕省工农银行建立之初，省苏维埃政府就规定银元、铜元、布币和纸币的法定兑价："银元壹圆（苏洋）等于铜元三十吊（即合200文铜币150枚或相当于此数量的布币和纸币）。"^⑤根据调查资料和回忆录的记载，不同时期、不同地区间的兑价存在些许差异，但总体上基本还是按照这一比例浮动的，其兑换比率如下：

银币1元＝布币或纸币1元＝10角＝100分

银币1元＝30串铜币（即当200文铜币150枚）＝布、纸币30串＝30000文

铜币1串（当200文铜币5枚）＝纸、布币1串＝1000文

① 四川大学等编：《川陕革命根据地历史文献选编》，成都：四川人民出版社，1979年，第149页。
② 中共中央宣传部党史资料室：《红军第四方面军和鄂豫皖边区、川陕边区史料》，1945延安编印，1954年8月中共中央宣传部翻印，第276页。
③ 中国人民银行四川省分行金融研究所：《川陕省苏维埃政府工农银行》，成都：四川社科院出版社，1984年，第243、306页。
④ 巴家云：《川陕苏区货币管窥》，《中国钱币》1996年第1期。
⑤ 四川大学历史系：《川陕革命根据地简史》（修订本），四川大学历史系印，1960年，第122页。转引自巴家云：《川陕苏区货币管窥》，《中国钱币》1996年第1期。

（一）川陕省苏维埃根据地纸币

川陕革命根据地最先发行的是布币和纸币。1933年初，红军到通江后不久即开办石印局，当时仅有一架石印机、几个工人，后来增加到三架石印机、12个工人，主要印一串的纸币，二串、三串的布币。[①]

川陕省工农银行发行的纸币有多种，有一串、三串铜元券，一元银元券。

一串纸币为铜币兑换券，用白色厚道林纸，由石印印制，横长式，宽约13厘米，高约8厘米。正面白色底章，文字及图案基本色调为土蓝色，图案部分全长约11厘米，高约7厘米，因印制技术原因在四周留下了宽窄不一的白边。票面中部为列宁半身像，列宁像左右两侧白底上从右至左有"壹串"二字，"壹串"两字上套印红色实心五角星。列宁半身像上方从右至左横书"川陕省苏维埃政府"八字，右侧书写"增加工农利益"六字、左侧书写"发展社会经济"六字。上方飘带与列宁半身像之间印有"工农银行"四字。列宁像下方飘带内白底上从左至右印有"THE BANK OF SOVIET"英文字母，译文为"苏维埃银行"。下部白底上从右至左有蓝色楷书"中华苏维埃共和国三年"字样，四角圆形白底内各印有一个"壹"字。背面白色底章，文字及图案均为绿色，票面中央有一紧握的大拳头砸在地球北半球上的图案，拳头打击处一伙反动派代表人物狼狈逃窜。拳头中间写有"苏联"字样，"苏联"两字下从左至右横书"经济建设"四字。地球的左上角为工厂、城市图案，并有一面绘镰刀、斧头的共产党党旗。[②]右下角钤有一长2.5厘米、宽1.3厘米的长方形双边框红色篆字印章，印文为"川陕省工农银行印"八字。

---

① 中国人民银行四川省分行金融研究所：《川陕省苏维埃政府工农银行》，成都：四川社科院出版社，1984年，第306页。

② 当时我党的旗帜还没有统一的严格规定，因此有的革命根据地党旗为镰刀斧头，有的根据地为镰刀锤头，有的根据地则是镰刀斧头和镰刀锤头并用。

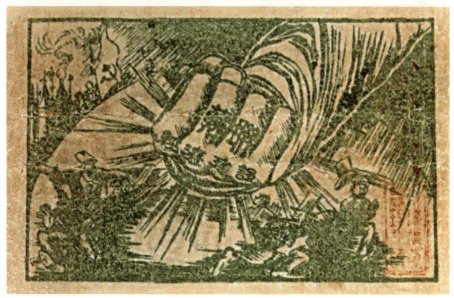

图24-1　川陕省工农银行铜元票一串纸币①

---

① 长13.1厘米，宽8.0厘米。图片取自《川陕革命根据地钱币研究》。

　　三串纸币为竖式设计。正面为黄绿底，蓝、红三色套印，上端为"中华苏维埃共和国川陕省工农银行"十五字，在工农银行四字间套印有一枚红色五角星，中间印工农红军三个骑兵，三匹马中间的一匹为红色，两边的为蓝色；下半部分有"土地归农民""政权归苏维埃""八小时工作"的标语，再往下为"三串"的面额，下端有英文"工农银行"的字样和"1934"的年份。背面为蓝、红、黑三色套印，以浅红色的五角星、镰刀、锤子图案衬底，边框为蓝色，上端印"全世界无产阶级联合起来"的口号，中间印刷镰刀、锤头及列宁半身像，下端印"坚决保卫赤区"。此种票币发行量极少。

图24-2　川陕省工农银行铜元票1934年三串纸币[①]

　　一元纸币，黑底红色套印，正面上端为"川陕省苏维埃政府工农银行"的名称，中央两个红色齿轮中从右至左印有"壹圆"的面额，右侧印马克思像，左侧印列宁像。钱币右边竖排印刷"增加工农生产"，左边竖排印刷"发展社会经济"的口号。背面上端印"全世界无产阶级联合起来"的口号，中间有厂房和拖拉机图像，下端有英文"ONE DOLLAR"面值，右左两侧底部分别印"全国通用""凭票兑现"标语，中部各有两个镰刀斧头图案托起五角星，五角星内有面值"1"，象征一元，上部为大写"壹"。这种钞票发行量也很少。

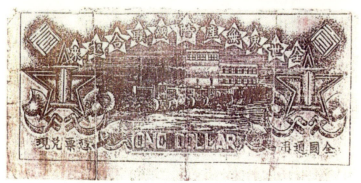

图24-3　川陕省工农银行一元券①

　　还有一种1933年一元券，分布币和纸币，布币和纸币版式相同，为米灰色底、淡蓝色套印。正面上端为"中华苏维埃共和国"，下方有"川

――――――――――

① 长20厘米，宽11厘米，图片取自《中国钱币大辞典——革命根据地编》。

陕工农银行发行"字样，中间印斯大林头像，头像两侧文字，合读为
"壹圆"面额，左右下方各有镰刀、锤子图案及工农人像，中间底部有
"一九三三年十二月"的时间。背面上端有"全世界无产阶级联合起来"
的口号，中间有五角星和工人、农民持枪图像，两侧为俄文面值，下端有
"1933"年份，两侧有"土地归农民""政权归苏维埃"的标语，左下角
盖有篆文"川陕省工农银行印"。

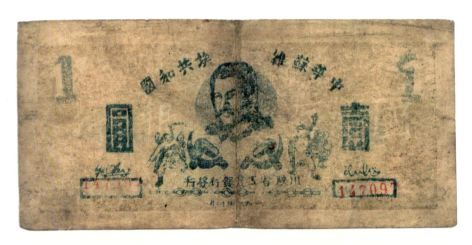

图24-4　川陕省工农银行1933年一元[①]

---

① 长16.6厘米，宽7.7厘米，图片取自《川陕革命根据地货币图录》。

（二）川陕省苏维埃根据地布币

现在能够见到的川陕革命根据地的布币，有二串、三串、五串、十串等四种面额的铜币券，还有一种一元的银币券，均为1933年发行。印刷布币的材质以白布为多，蓝布次之，也有绿布、红布，但较少。面值为二串、三串的较多，五串和十串的较少。

二串：以白布为印刷材质，黑色印刷，竖式。正面以"增加工农生产、发展社会经济"两行白文美术字为底，顶端有"全世界无产阶级联合起来"的口号，下为"川陕省苏维埃政府工农银行"，中间有五角星、镰刀、锤子及拳头图案，下方为"贰串"面值，底边印"一九三三年"纪年。背面以"增加工农生产、发展社会经济"的阳文图案为底，中间齿轮图案中有一"2"字，为二串的记值。正反两面有的加盖图章，正面为椭圆形图章，印文为"中华苏维埃共和国川陕省财政委员会印，工农货币、不折不扣、市面行使、照价兑换，郑义斋（签名）"，背面盖"川陕省工农银行印"篆文方印。

三串：有白布、蓝布、灰绿布几种材质。设计与二串相同，只是记值为"叁串"。印文与二串布币相同，白布为红色印章，蓝布为白色印章，有的正面不盖章。

五串：有白布、红布、蓝布几种材质。设计与二串、三串基本相同，只是正面顶端没有"全世界无产阶级联合起来"的口号，下端没有发行年份，正中的五角星中没有拳头。背面"增加工农生产，发展社会经济"的美术字与"二串""三串"稍异。

十串：有白布、红布、蓝布几种材质。版式与二串、三串、五串基本一致。正面增加镰刀、锤头图案的边框，正反两面的"增加工农生产、发展社会经济"均为白文。

图24-5　工农银行布币1933年二串、三串、十串布币①

① 布币长约16厘米，图片取自《川陕革命根据地货币图录》。

　　一元：银币券，布质，正面上端为"中华苏维埃共和国"字样，正中为斯大林头像和锤子、镰刀及工农形象等图案，两侧分别有"壹圆"的面值，下部为"川陕省工农银行发行"及"一九三三年十二月"的时间。背面上端有"全世界无产阶级联合起来"的口号，中间是持枪的工农形象，正中有一颗五角星，两侧为俄文的面值，下端为"1933"的纪年，年份两侧有"土地归农民""政权归苏维埃"的标语，左下侧有"川陕省工农银行印"的篆文小章。此券与一元纸币版式相同。

图24-6　川陕省工农银行1933年一元布币①

————————————

① 长16.6厘米，宽7.8厘米，图片取自《川陕革命根据地货币图录》。

（三）川陕省苏维埃根据地铜币、银币

川陕苏维埃根据地银币和铜币的发行应在1933年底或1934年初。1933年10月，红军在宣达战役中打败刘存厚，缴获了刘存厚造币厂的机器和原材料，并且接收了造币厂的工人，将造币厂机器和材料运输到通江。11月18日，在通江县城成立了川陕省造币厂，厂址设在城郊西寺。全厂有石印机、碾片机、宰片机、印花机、滚边机等70余台，技师和工人两百余名，从此开始铸造铜币和银元。据红四方面军总供给部军需科科长吴先恩回忆：红军1933年10月攻克达县，缴获了军阀刘存厚造币厂设备并搬运到通江，在1934年、1935年才大量看到银元。而1933年七八月份也曾经试铸了一点银元，其数量不过百十元。[①]据红军西北军委供给部军需科科长李汛山回忆，当时也是将刘存厚的造币设备搬到通江后，才开始压银元、铜元的。两人的回忆比较一致，应该比较可靠，因此川陕苏币的银元、铜元发行的具体时间应是在1933年底。还有一种熔铸版铜元（熔铸版即熔化铜铸造铜元，不用机器压制），此版产于1933年者多见，产于1934年者非常少见，应该是1933年川陕红军在没有缴获铸币机器之前铸造的。

除了印刷、铸造苏维埃货币以外，川陕革命根据地还大量仿造白区的货币，如仿制四川铜币和"袁大头"银币。有时还对国统区的货币进行改造，加盖"苏维埃"印戳或者镰刀、锤头、五角星印记后，在苏区流通，详后文。

---

① 中国人民银行四川省分行金融研究所：《川陕省苏维埃政府工农银行》，成都：四川省社会科学院出版社，1985年，第116–117页。

图24-7 川陕革命根据地铜元①

（四）改造白区货币

为了适应货币流通的需求，川陕革命根据地不仅自己铸造、发行货币，还大量仿造白区的四川汉字铜元和"袁大头"银元，并且采取比较便捷的方式直接改造白区的流通货币在革命根据地使用。所谓的改造就是在钱币上增加苏维埃政权的戳记，这样既能减少人工，又能够快速生产货币。现在我们能够见到的川陕革命根据地改造的货币有很多种类，有

---

① 川陕苏维埃1933年200文铜元，直径3.5厘米，图片取自《中国铜元谱》。"赤化全川"200文铜元，直径2.9厘米；"赤化全川"500文铜元，直径3.4厘米；图片取自《川陕革命根据地货币图录》。

图24-8　川陕革命根据地改造的白区货币①

----

① 币值一元的四川银币，直径3.9厘米；币值二角的"袁大头"银币，直径2.3厘米；湖南
　 省造铜元，直径3.25厘米；"川"铭200文铜元，直径3.57厘米；图片取自《川陕革命根
　 据地货币图录》。

银币，如清代的龙洋、大汉银元、开国纪念币、"袁大头"银元等；有铜元，如大清铜币、"川"铭200文铜币等等。戳记一般为"工"字或者五角星，或者锤头镰刀。

（五）川陕革命根据地货币设计特色

川陕革命根据地货币的设计具有鲜明的特色，独树一帜，是蜀地钱币中的一朵奇葩。总结起来，川陕革命根据地的货币有以下几个特点。

1. 钱币设计在继承中发展。1932年底，红四方面军撤离鄂豫皖革命根据地，于1933年开创了川陕革命根据地。川陕革命根据地钱币从设计的指导思想、样式、技术都受到鄂豫皖革命根据地钱币的直接影响，但又不是一味地承袭，而是在继承中结合川陕革命根据地的实际情况而有所发展。

铜币和银币，川陕省革命根据地基本沿袭了鄂豫皖根据地的设计，将铜币正面的"镰刀斧头"改为"镰刀锤头"，并且增加了三个红星。背面的"皖西北苏维埃造"改为"川陕省苏维埃政府造"。为了适应四川地区的货币使用习惯，纪值仿照川版"小二百文"纪值方式，采用阿拉伯数字纪值。银币均采用正面"壹圆"纪值，反面为"地球、镰刀、锤子"图案，还有"全世界无产阶级联合起来"的标语。川陕革命根据地一元币将正面"鄂豫皖省苏维埃政府工农银行"改为"中华苏维埃共和国川陕省造币厂"，纪年移到钱背，"全世界无产阶级联合起来啊"的标语改为"全世界无产阶级联合起来"。字体也发生改变，川陕省一元币的字体采取与四川银币相同的字体。纸币和布币的设计与鄂豫皖革命根据地的纸币设计有较大的差别，基本是重新设计改版。[①]

2. 钱币设计中注重口号宣传。大量地使用口号和标语进行革命宣传是红四方面军的鲜明特色，也是红四方面军在斗争中总结出来的斗争策略。这一点也深入地反映到川陕革命根据地钱币的设计上。川陕革命根据地币值为三串的纸币，其正面设计有"土地归农民，政权归苏维埃，八小时工

---

① 参见蒲龙：《川陕苏区钱币》，成都：四川大学出版社，1996年，第1—14页。

图24-9　鄂豫皖革命根据地和川陕省革命根据地的铜币和银币①

---

① 皖西北革命根据地二十文铜元，直径3.9厘米；川陕革命根据地1934年200文铜元，直径
3.5厘米，图片取自《中国铜元谱》第378页。鄂豫皖革命根据地一元银币和川陕革命根
据地一元银币，直径均为3.9厘米，图片取自《百年银元》。

作"的宣传口号,正面中央设计有高举红旗的工农骑兵武装图;背面设计有"坚决保卫赤区"口号。币值为一串的纸币,其正面的左右两边,分别为"增加工农利益,发展社会生产"的口号。币值为二串、三串、五串、十串的纸币,其正背面都设计了"增加工农生产,发展社会经济"的宣传口号,并且采用艺术字的形式,将口号制作成整个钱面的底章。币值为一元的纸币,其背面标明了"全国通用,凭票兑换"的政策。布币印章上还有"工农货币、不折不扣、市面行使、照价兑换"的货币政策。200文铜币上有"全世界无产阶级联合起来"的口号,"小200文"铜币背面还设计有隶书标语"赤化全川"。在川陕革命根据地,"赤化全川"的口号在通江县还被刻成了巨大的摩崖石刻,成为全国绝无仅有的一道红色风景线。这些都为我们研究红四方面军的历史提供了一手材料。

3. 钱币设计具有鲜明的革命特色。川陕苏区货币多采用夸张的艺术手法,富有革命特色,利用一切形式宣传革命。其中币值为二串、三串、五串、十串的布币,其正面设计有紧握拳头的图案,镰刀、锤子、红星等革命标志随处可见。在一串纸币背面,设计者用夸张的手法描绘了一只铁拳砸向地球的图景,拳头四周用射线装饰,表现了拳头的速度和力量,给人以强烈的视觉冲击,铁拳上写着"苏联经济建设",铁拳下有一群戴欧美高筒礼帽、穿燕尾服的人,象征资本家和帝国主义,他们被拳头狠狠地砸开。远处是共产党"镰刀锤头"的旗帜和冒着白烟的工厂。整个设计夸张有力,具有极强的艺术性、感染性和革命性。

大胆地使用标语、采用夸张手法设计钱币,在中国货币史上是绝无仅有的,这根源于红四方面军对口号宣传在革命中重要作用的认识。红四方面军每走到一处,都留下大量激进的红色标语,在川东北的达州、巴中,川西的雅安等地,都保留着大量红四方面军宣传口号的石刻。因红四方面军重视口号和标语宣传,钱币也成了他们宣传革命的重要阵地。

1935年春,红四方面军离开川陕革命根据地开始长征,造币厂随军迁至旺苍,1935年4月再度迁至中坝,停止铸币,只印纸币,最后在长征途中结束了历史使命。川陕革命根据地沦敌之后,四川军阀曾大量低价回收散落在川北、川东的川陕革命根据地苏币,因此保存至今者已经很少,已成为蜀地钱币中的特色珍品。

川境通用——四川代用币

官家求利铸虚钱，哪管轻重得相权。

自造火炉熔铁块，明朝将去换油盐。

所谓的代用币，即代替正式流通货币使用的代用货币。代用币是特殊时代的产物。在商品流通中，有两种情况会产生代用币：其一，在市场通货严重不足的情况下，即发生所谓"钱荒"时，就会产生代用币，以代替正式货币在市场上起到通货作用。明代四川地区制钱缺乏，当时的人往往用米、布交易，米和布就起到了代用币的作用。其二，在市场上大面额货币泛滥、辅币不足的情况下，也会产生代用币，这时代用币起到找补的作用。在民国时期的四川，大量出现这种起到辅币找补作用的代用币，这是巴蜀钱币的重要特色，我们在此予以专章介绍。

（一）民国四川代用币

民国时期四川军阀混战，一方面各路军阀为了牟利，纷纷铸造大面额的货币，当二百文、当一百文铜币大量在市面流行；而当十文、当二十文、当五十文铜元因面额小、铸造获利少而铸造量较少，甚至多年停铸。前文已经提到，1917年四川省议会通过决议，禁铸当十文、当二十文的铜元，只铸当五十、当百、当二百的铜元。另一方面，民间的制钱因为停铸已久，百姓大量熔化制钱制作铜元，导致面额较小、可以充当找补的制钱几乎绝迹于市场。因此流通领域小面额的货币紧缺，辅币数量严重不足。民国时期四川地区经济复苏，与小面额货币严重匮乏相对应的，则是民间商业贸易的逐渐兴盛，对小面额辅币的需求量激增。正是在这种情况下，一些地方的商团、商号、店铺甚至是个人纷纷制作、发行各种各样的代用券和代用币。民国时期四川地区代用币数量之多、使用范围之广、形式之丰富，在全国范围来说都是比较突出的。四川地区的劳动者以铜片、铅块、竹片、陶土等材料为原料，采用压制、模铸、雕刻、烧制等种种手段，制作了大批代用币。这些代用币的材料有铜、铁、铝、铅、锡、竹、陶瓷等，形状有圆形、椭圆、方形、长条形、牌状、圆形方孔等，有的还模仿当时行用的铜元、制钱。代用币上的文字也多种多样，有篆书、隶书、楷书、行书等多种书体，具有很高的艺术和民俗价值。这些代用币的生产者十分广泛，有茶行、人力车行、餐饮点、旅馆、娱乐厅等商业场所，也有佛寺、道观等宗教场所。代用币流通的范围也非常广泛，几乎涵盖了四川全省，既有成都、重庆这样的大型城市，也有乐山、犍为、简阳、乐至、青神之类的中小城市。

　　代用币的产生和使用有特定的时间段。民国初期，四川物价相对平稳，民间贸易对小面额的代用币需求比较大，代用币大多是在这个时间段产生并流通的。1925年之后，四川地区大量增铸铜币，滥印纸币，导致通货膨胀，物价不断增高，以至于二百文铜板成为最小的交易货币，代用币逐渐被淘汰。根据成都某老先生回忆，他十二岁到成都时在走马街宣华茶楼当学徒。宣华茶楼在当时是成都经营旅馆茶楼的著名商号，老板喻栋梁是一位经营多种行业的商人，商号自己发行铜质钱牌代用币，这种钱牌是在成都东御街铜匠铺加工的。代用币计有二十文、十文和五文三种。1926年时，物价相对温和，宣华茶楼还需要用钱牌作为对顾客的找补，到1928年时，茶资曾多次涨价，后来一碗茶要四百文以上，就完全不用钱牌找补了。[①]我们现在看到的四川代用币，大部分都是民国初期到1926年间的。

　　民国的代用币上基本都有商号或发行地的名称，并且写明欠多少文，一般以十文、二十文为多，除此之外还有五文、三十文、五十文的面额。为了节省版面，二十多写成"廿"，三十多写成"卅"。有的代用币流通范围较小，仅限于本商号给客人的找零抵用，有的则通行某市全境，还有的流通范围更广，甚至流出省外，如犍为县所造"犍商""溪厂"代用币，广泛流

① 李亮、夏详烈：《绝迹的四川代用币——钱牌》，《中国钱币》2002年第4期。

通于四川境内，是当时四川流通最广泛的两种代用币。此外，在川渝地区流通的还有"思商"代用币，乃湖南溆浦县商人所铸。代用币的材质以铅、锡为多，铅、锡的熔点较铜、铁低，因此更容易铸造；铜制的代用币大多是铜片打制，因为铜的延展性好，更容易打制。此外也有竹、木质的代用币，因为南方盛产竹子、取材方便，但竹、木不易保存，流传下来的不多；还有一些靠近瓷窑的地区制作瓷质或陶质代用币，比较稀少。不同商号的代用币，材质、形状、设计、字体和花纹都大同小异，尤其是铜制的钱牌，形制、字体非常精美，当时应该有专门为商家设计、制作代用币的作坊。正如上文说到，成都宣华茶楼的钱牌就是在成都"铜匠铺一条街"的东御街加工的。

民国代用币是特殊时期的历史产物，对于研究民国时期四川地区的货币流通和商业发展，了解四川地区的行政区划变迁，认识四川地区的宗教情况，研究民国时期的社会史、金融史都具有非常重要的意义。已故的钱币学前辈、四川大学历史系教授陈恩元先生就曾经藏有三百余枚代用钱牌，四川钱币学会的李亮先生也对四川代用币有丰富的收藏。

在众多代用币当中，比较常见的是某些商号的代用币，即"钱牌"，存世量较大。民国时期川西、川南地区商业发达，因此现存的代用币多是川西坝子、川南地区商号所用，这些代用币的形制相近，多用铜片打制，应该是出自几个固定的代用币制作商之手。[①]民国时期代用币种类繁多，本书仅简单介绍几品。

上北裕兴和打金代用币［如图25-1（1）所示］。该代用币为成都上北一带的裕兴和打金店所制。今天春熙路以北的红星路一段、二段以前分别称为"北打金街""南打金街"，北打金街又分为上中下三段。清朝末年一批有着世传打金技艺的陕西人移居到此，专门从事捶打金箔装饰器具，后来打金街逐渐成为清末民国时期成都打金店集中的地区，裕兴和打金店就位于这里。锦江桥洪顺居钟汤圆代用币［如图25-1（2）所示］。钟汤圆位于成都的锦江桥，店名叫"洪顺居"。钟汤圆是清末就已经营业的成都名小吃店，专门经营汤圆，与赫赫有名的赖汤圆、郭汤圆一样，"钟汤圆"也是在"汤圆"二字前冠以老板的姓氏。钟汤圆是四川百年老字号，在1909年成都通俗报社

---

① 何一民等主编：《成都历史文化大辞典》，北京：社会科学文献出版社，2018年，第364页。

出版的《成都通览》中，作者傅崇矩列举了22家"成都著名之食品店"，钟汤圆赫然在列，与之齐名的还有已经蜚声海内外的陈麻婆豆腐等著名菜品。

　　除了商号的钱牌，有些售卖香火烧纸的寺庙也有代用币，图25-1（6）中的龙泉寺代用币就是民国时期龙泉寺所铸的铅质代用币。成都周边简阳、蒲江、大邑都有"龙泉寺"的地名，这枚龙泉寺代用币今已不能确考其归属于哪处的龙泉寺。

（1）　　　　　　　（2）　　　　　　　（3）

（4）　　　　　　　（5）　　　　　　　（6）

图25-1　　（1）成都和兴裕打金店二十文代用币　　（2）金堂五凤溪二十文代用币
　　　　　　（3）锦江桥钟汤圆洪顺居二十文代用币　　（4）眉山荣盛酒庄二十文代用币
　　　　　　（5）温邑兴记绸缎庄二十文代用币　　　　（6）龙泉寺十文代用币①

① 成都和兴裕打金店二十文代用币长径3.87厘米，金堂五凤溪二十文代用币长径3.72厘米，锦江桥钟汤圆洪顺居二十文代用币短径2.40厘米，眉山荣盛酒庄二十文代用币长径3.97厘米，温邑兴记绸缎庄二十文代用币长径3.63厘米，龙泉寺十文代用币长径2.59厘米，四川大学博物馆藏。

　　有的代用币是地方发行的，如图25-2（1）这枚"华邑隆镇欠钱十文"代用币即为一例。"华邑"为华阳县的简称，"隆镇"为其下辖乡镇。当时华阳县下辖的乡镇中有兴隆乡、隆兴乡，"隆镇"应该就是其中一个的简称，其具体地址在何处已很难考确。这枚代用币是研究四川近现代行政区划变迁很好的佐证材料。还有"什境通用"代用币［如图25-2（2）所示］，这枚钱币不仅是研究民国时期成都周边行政区划变迁的重要佐证材料，而且钱币文字也很有特点，正面用带有隶书韵味的篆书镌"什境通用"四字，背面为楷书"暂借十文"四字，一枚钱币使用了两种字体。

　　除了商号和地方发行的代用币，还有商帮发行的代用币。川南地区交通便利，拥有大面积的富庶良田，还有井盐等丰富的自然资源，民国时期这里的百姓生活富足，商业发达，崛起了大批的商人。留存到今天的民国四川代用币，就有很大一部分属于川南地区的商帮。譬如流通最广泛的"犍商""溪厂"代用币，就颇有代表性。"犍商"代用币，铅质，正面有隶书"犍商"二字，背面为纪值，有"欠十""欠廿""欠卅"等几种面额，20世纪20年代流通于川南的犍为、井研等地。作为"小二百文"铜元的零星找补，该币信誉较高，在四川流通较广。笔者藏有一块尚未流通的犍商代用币钱枝，两枚钱币由中间的浇筑口连接，这证明犍商代用币是铸造出来的。"溪厂"代用币也是民国时期流通较广的代用币，为犍为县清水溪茶厂铸造，正面有"溪厂"二字，与"犍商"代用币书法如出一辙，应该是犍为县同一个铸造作坊的产品，该代用币在茶厂内和各地茶叶分店中流通使用。除此之外，还有"乐商"代用币［如图25-2（3）所示］，是乐山地区的商帮所用。

　　民国四川代用币大多作为铜元的辅币使用，因此这些代用币也仿照流通货币的样式制作。如"乐至五桂区十文"代用币，就是仿照当时流通的铜元制作而成，钱面标明地点和金额，钱幕仿照"大二百文"铜元的曲缨双旗。还有大邑慈善会当十代用币，样式也是仿照当时的流通铜元。

（1） （2） （3）

（4） （5） （6）

图25-2 （1）华邑隆镇十文代用币 （2）什境通用十文代用币
（3）乐商代用币十文 （4）乐至五桂区十文代用币
（5）大邑慈善会十文代用币 （6）隶书、甲骨文二体书"欠廿文"代用币[1]

代用币因为没有固定的模式和标准，因此更方便制造者自由发挥，有的在形制上独树一帜，如乐山商会铸造的"如川号"代用币，币长2.6厘米，形

---

[1] 华邑隆镇十文代用币，直径2.8厘米；什境通用十文代用币，直径2.7厘米；乐商十文代用币，直径2.74厘米；乐至五桂区十文代用币，直径2.32厘米；大邑慈善会十文代用币，直径2.93厘米；均为四川大学博物馆藏。隶书、甲骨文二体书"欠廿文"，成都乐泉斋李亮先生藏。

状像一片柳叶，正面书"如川号"三字，背面书"一分"，设计精巧。还有的在文字上独辟蹊径，有一种未署名号的锡代用币，正面用规整隶书镌"欠廿文"三字，上为蝙蝠，下为花叶，而背面则用带有甲骨文、金文风格的字体镌"欠廿文"三字，颇为奇特。①

（二）民国四川代用纸币

民国时期的四川，除了诞生了大量的金属代用币外，还有纸质的代用币。虽然两者材质不同，但是起到的作用是一样的。有的纸币直接命名为"找补票"或"找补券"，有的则在钱背写明章程——"可以在满二百文时，随时兑换成现钱"。二百文是民国时期大量泛滥的铜元面额，满二百文兑现，充分体现出这种钱票找补、代用的作用，因此从性质上来讲，纸质代用币和金属代用币是一样的。纸质代用币与金属代用币也有不同之处，纸质代用币本身并不具有价值，因此纸质代用币往往是由当地的县、乡政府或者是由信用良好的商行、银号发行，流通区域也限制在某地。纸质代用币本质上也是一种纸币，但其面额大多较小，起到辅币的作用。民国时期纸币滥发现象严重，纸质代用币和纸币的界限也相对较为模糊。以往的研究都把纸质代用币归为纸币一类一同研究，因此本章仅简单地介绍几种起到找补作用的代用纸币。

（1）永川二十文钱票（如图25-3所示）。永川商会发行的二十文代用纸币，由富商作保，商会发行，满二百文即可兑现，《四川近现代纸币图录》著录（如图25-3所示）。该钱票背面写明章程：

> 本券发行总额五百串，分一十文、二十文两种；本券由商会印制，分交本场富商取保承领，盖章发行；本券凑足二百文，随时向发行处兑现，如涂改作无效，伪造者请官厅按律重办；发行处如有倒闭或抗不兑现，由保人负责。中华民国十五年制……

---

① 见张森楷：《史记新校注》，台北："中国学典馆"复馆筹备处，1967年，第5410页。

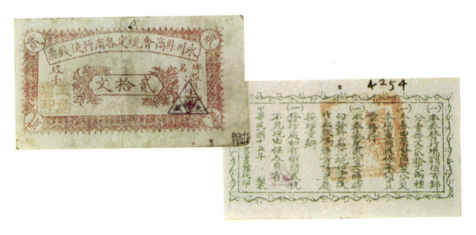

图25-3　永川二十文钱票①

（2）巴县石板场找补券（如图24-4所示）。该纸质代用币直接命名为"找补券"，点明该纸币的性质。

图25-4　巴县石板场找补券②

---

① 长10.3厘米，图片取自《四川近现代纸币图录》。
② 长12.3厘米，图片取自《四川近现代纸币图录》。

以上两枚找补券都是在1926年发行的，当时"小二百文"铜元滥发现象尚不严重，民间商品交换还需要更小面额的辅币。之后"小二百文"铜元大量滥发，二百文成为最小的交易单位，这种找补代用性质的纸币就再也没有用武之地了。

从更宏观的角度来讲，民国时期大量发行的兑换券、流通券也属于代用纸币的范畴。政府在没有现金的情况下，印行纸币代替硬通货在市面上流通，有时是为了解决钱荒，有时则纯粹是因为政府财政枯竭而借此筹措经费，盘剥人民。

浚川利源——四川近代纸币

楮纸非无益，行钞救世荒。

流通开大路，便利用急方。

清代早期吸取宋元时期滥发纸币动摇国本、扰乱经济的教训，除短暂发行过顺治钞贯外，基本禁止户部和各地商号印发纸质货币。至道光二十年（1840），清内务府大臣敬征奏请设官银号，道光二十五年（1845）内务府在京师设天元、天亨、天利、天贞及西天元等五个官银号，称"五天官号"，发行银钱票。咸丰三年（1853），因为太平天国运动席卷南方，滇铜北运受阻，清廷军需骤增，国库银铜入不敷出，于是清政府开始发行以银两为单位的户部官票和以铜钱为单位的大清宝钞，户部官票和大清宝钞被人们合称为"钞票"，后世"钞票"的称呼即来源于此。清末，四川地区也相继发行了许多官营和私营的钱票。

（一）清末四川商号钱票

清代末期，四川各地相继出现许多钱庄商号，发行钱票，见于记载较早的有南溪钱店所发行的钱票，该店于光绪二十年（1894）发行一千文制钱票，在南溪县（今宜宾市南溪区）境内流通。这些钱庄商号在当地拥有相当的经济实力，所发的钱票能够兑换现银，钱票的信誉较好，人民乐用。钱票往往实行严格的销毁制度，因此保存下来的实物少之又少，目前所能够见到的四川地区最早的钱票是四川酉阳县（今重庆市酉阳县）濯河坝烟房[1]光绪三十一年（1905）印制的一千文钱票。[2]该钱票设计精美，用传统楮纸印刷，底章为一系列雕刻精美的连环人物画，最中间为"詹信安"字号和"凭票发钱壹千文整"的纪值，外部环绕板框，密密麻麻雕刻一篇短文，讲述"三代钱少，今日钱多"的道理，最后写明由"上海望平街文翰斋石印"，中间加盖多枚名号印章，背面有大量题字印记，以作防伪之用。

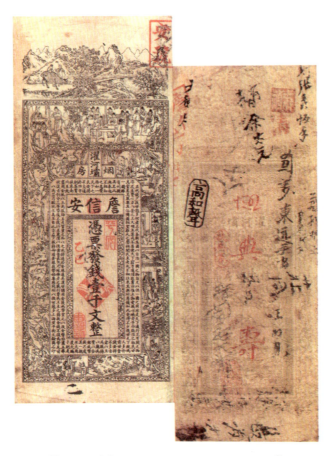

图26-1　光绪二十九年濯河坝詹信安一千文钱票[3]

---

①　烟房即制作烟墨的作坊，该烟房后来发展成信用机构。该钱票由西阳烟房钱庄发行，烟房钱庄是濯水古镇早期的一家规模较大的信用机构，由汪氏家族与徽商詹氏家族共同开办。

②　高文、袁愈高编：《四川近现代纸币图录》，成都：四川大学出版社，1994年，第4页。

③　长23.0厘米，宽9.6厘米，图片取自《四川近现代纸币图录》。

钱票正面的短文其实是南宋大学者叶适的言论，著录于马端临《文献通考·钱币考》，反映了中国古代传统的经济观念，以文章印于钱票，也真可以称得上是"郁郁乎文哉"了：

> 三代钱少，后世钱多，何者？三代各断其国以自治，一国之物自足以供一国之用，非是天下通行不可阙之物，亦不至费心力以营之。上又明立禁戒，不要使天下穷力远须，故《书》曰："惟土物爱，厥心臧。"《老子》曰："致治之极，民甘其食，美其服，乐其俗，邻国相望，鸡犬之声相闻，民至老死不相往来。"其无所用钱如此，安得不少！后世天下既为一国，虽有州县异名，而无秦越不相知之患，臂指如一，天下之民安得不交通于四方？则商贾往来，南北互致，又多于前世，金钱安得不多？古者以玉为服饰，以龟为宝，以金银为币，钱只处其一，朝廷大用度大赐予，则是尽用黄金。既以玉为服饰，玉是质重之物，以之为饰，过于金珠远矣。汉世犹用金银为币，宣元以后，金币始尽。王莽欲复古制，分三等币，后不复行。至东汉以后，黄金最少，又缘佛老之教盛行，费为土木之饰，故金银不复为币，反皆以为器用服玩之具。玉自此亦益少，服饰却用金银，故币始专用钱，所以后世钱多。

（二）濬川源官银行钱票

早在光绪二十二年（1896），四川总督鹿传霖就曾经发行过"蜀通官银钱局"钱票，以缓解宝川局频繁停铸而导致的钱荒。该钱票为石印，盖木质"蜀通官银钱局"关防。[1]初发行时较受民众欢迎，但因蜀地不习用钱票，创办没有几年就停办。[2]该钱票因为发行量有限，因此没有实物留存。

---

① 《光绪二十二年八月初二日京报全录》，《申报》（上海版），1896年9月19日，8414号，第12版。
② 《光绪二十二年八月初二日京报全录》，《申报》（上海版），1899年2月7日，9276号，第12版。

光绪三十一年（1905），四川濬川源官银行（以下简称为濬行）成立，这是四川第一家按照外国银行章程管理而设立的官办银行。"濬川源"即为疏浚川省财源之意，"官银行"就是官营银行。濬行总行设在成都，并先后在北京、上海、汉口、重庆、宜昌、五通桥（今属乐山）、自流井（今属自贡）等地设置分行。濬行成立后即发行银元票，面额分为一元、五元两种，共计发行300万元，行用于全川。①可惜的是这次濬行所发行的一元和五元两种银元票均没有留下实物。

　　在当时，濬行是唯一用"官银行"命名的省立金融机构，其他省的省立金融机构，大多都称为"官银钱号"或者"官银钱局"，而川省仿照光绪三十一年（1905）成立的户部银行，取名为"濬川源官银行"，在当时全国省立金融机构称作"银行"的只此一家。

　　诞生在国家多事之秋的濬行注定命途多舛。辛亥革命后，蜀军政府提用濬行行款52万两，使濬行蓉、渝两分行均至无法维持而停业。1912年底，在多方努力下，蓉行才勉强复业。1913年"二次革命"爆发，蓉行被各军提款75万两而致周转困难。1914年蓉行经理黄云鹏鉴于官办的濬行每因政治变动而动摇，乃建议改为官商合办，股份官四民六，于1915年5月改组完毕。但是没过多久，濬行又退回商业股份改为官办。改为官办后，濬行印制了"四川濬川源官银行兑换壹圆券"（如图26-2所示），用于兑换蜀军政府发出的军用票。

图26-2　1915年濬川源官银行壹圆纸币②

---

① 高文、袁愈高编：《四川近现代纸币图录》，成都：四川大学出版社，1994年，第11页。
② 长14.5厘米，宽9.0厘米，图片取自《四川近现代纸币图录》。

此票为横式，长15.7厘米，宽10.3厘米，四周印花纹边框，框内上端横列"四川濬川源官银行"八字；中间相套的三个圆圈内直书"壹圆"币值；其右旁印一袁世凯头像的银元，上书"中华民国四年"的发行年份；左旁印银元的背面，图案为嘉禾，中书"壹元"两字；钱票的四角为四颗圆形图章，上右角为"将军之印"，上左角为"巡按司印"，下右角为"财政厅印"，下左角为"银行总理"章。背面印山水桥屋图景，其上印"濬川源银行发行银行兑换券章程"：

一、此项兑换券奉大总统特许，由濬川源银行发行，为收回四川军票之用。

一、此项兑换券总额五百万元，随时均可兑换现圆，凡有本行分行地方，一律照此办理。

一、此项兑换券凡在本省，无论完纳正副杂税厘捐以及支发俸铜，商民交易，一律照现银元通用，不得稍有折扣。

一、此项兑换券不得签字盖印，任意涂污，倘有私造，按律严惩不贷。

钱票正、背一侧盖有骑缝章，章的一半留在钱票上，另一半留在存根上。

1916年，护国军兴，蔡锷在云南起义。护国战争中，濬行行款再次被提用，从此濬行一蹶不振。1920年，濬行由财政厅接管，停止所有业务，濬川源银行至此退出历史舞台。

（三）四川铜元局、银元局钱票

光绪三十年（1904），四川总督锡良筹备白银100万两，奏请设立四川铜元局。光绪三十一年（1905），四川银元、铜元局合并办公，各局仍保留原名，总称时则称"四川银铜元局"。六月，四川铜元局发行合制钱一千文、二千文钱票，之后又增发了五千文和十千文两种面值的钱票。这四种面值的铜元票发行后，在不到三年的时间里，就因时局急剧动荡，人心惶惶，老百姓为求保值而急于兑换，引发了挤兑风潮。当时清政府财政尚未枯竭，四川铜元局发行的这四种铜元票基本上全数兑换收回销毁，目前传世的一千文、二千文钱票都未盖关防，即未流通的钱票。

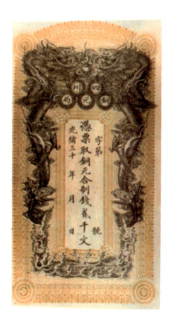

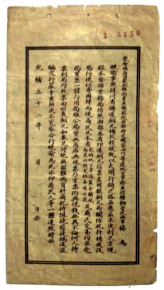

图26-3　四川铜元局铜元票①

---

① 长22厘米，宽11厘米。图片取自金兰、耿丽娜等：《清末四川铜元局发行的钱票》，《中国钱币》2017年第6期。

一千文钱票，正面上方分两排横书"四川铜元局"五字，中间纵向的长方框内印有直书的"凭票取铜元合制钱壹千文"，右为编号"×字第×号"，左印"光绪三十×年×月×日"，正面及背面均盖有朱印。钱票背面印有告示：

钦命头品顶戴兵部尚书兼都察院右都御史总督四川等处地方军务兼理粮饷管巡抚事锡，为晓谕事，照得川省铸造铜元补救钱缺，既以大开行销之路，亟应益求便利之方，现经本督部堂饬局仿照湘鄂各省印造铜元信票，盖用银铜元局关防，就行销处设局行使，以资周转而便商民。凡本省完纳地丁津捐厘金关税向来以钱，完纳各项公款及商民交易均准赴局买票，一体行用。局虽公局，实与商店无殊；票乃官票，仍与现钱无异。不论何人持票到局均照票面所载铜元如数兑付，绝无留难，倘有奸商把持阻挠，匪徒伪造谎骗，定行严拿重办，决不宽贷，合行晓谕为此示，仰商民人等一体遵照。特此。光绪三十二年×月×日示。①

两千文和五千文钱票与一千文钱票版式相同，唯面值写作"贰千文"或"伍千文"。"拾千文"面值的钱票仅见于记载，尚未发现实物。

（四）四川银行发行的纸币

辛亥革命之后，大汉四川军政府成立，1911年12月，尹昌衡任都督。四川军政府提取濬行白银52万两，导致濬行库存亏空，无法营业，而四川军政府仍然需要大量钱款。四川军政府省库司司长董修武决定借濬行行址设立四川银行，唐宗尧任经理。四川银行于1911年12月21日开张，在不设资本的情况下，以大汉四川军政府和四川银行的名义印制四川军用银票一元、五元、十元纸币（十元纸币并未实际发行）和当十铜元十枚、当十铜元二十枚的铜元票。四川银行在四川省内设置许多分行，在成都附设四川金库，金库分库设于重庆，掌管全省的公款出纳、保管事务。1913年1月，金库事务改由濬行代理。

---

① 金兰、耿丽娜等：《清末四川铜元局发行的钱票》，《中国钱币》2017年第6期。

一元银票（如图26-4所示），此券正面上方横书"大汉四川军政府军用银票"十一字，下方横书"四川银行发行"六字，右为直书"财政部部长"五字及董修武印章，左为直书"四川银行总理"六字及总理印章，正中花纹内楷书"壹圆"二字。背面印有《军用银票通行章程》五条：

军用银票通行章程

　　第一条：此项军用银票由军政府所属四川银行发行并负完全责任。

　　第二条：此项军用银票第一次发行以三百万元为总额，自宣布发行之日起一年以内不得兑换现银，但经过一年后即作为兑换票在四川银行兑换现银。

　　第三条：此项军用银票凡在四川境内无论丁厘粮税及人民交易均一律通用，不得稍有留难抵扣等情，其有不用者，得呈请军政府或地方官查明处罚。

　　第四条：此项军用银票通用时不得签字盖印任意涂污。

　　第五条：私造军用银票，一经查出即处以死刑。

黄帝纪元四千六百有九年十二月造　　第×号

图26-4　1911年大汉四川军政府军用银票①

---

① 长12.5厘米，宽7.8厘米。图片取自《四川近现代纸币图录》。

军用票原定发行总额为300万元，后因军费开支庞大，全靠军用票支付，以致无限制发行，最终总额达1500余万元。尹昌衡奉命赴西藏平乱，在率兵离川赴藏时，将四川银行数百万元现金提走，致使军用票原定"一年兑现"的承诺不能实现，信誉受损，价值急剧跌落。随着政局的动荡，票银差价愈来愈大，1913年军用票市价跌至六折以下；1915年更因兑换无期，跌至三四折。后来历经胡景伊、陈宦等组织收兑，至1918年4月停兑，先后共收回1390余万元，重号票58万余元（五元券重号票最多），尚有大量军用票散落民间成为废纸。四川银行发行的军用票在川行使六七年，酿成军用票金融风潮，时隔多年后四川人民对这场军用票导致的金融混乱仍然记忆犹新。①

四川银行发行铜元票，以当十"汉"字铜元为单位，有当十枚和当二十枚的面额，即当一百文和当两百文的面额（如图26-5所示）。1911年四川银行发行的钱票上标有"随时兑换"的字样，因缺乏本金，故1912年发行的钱票悄悄地取消了"随时兑换"的字样，表明此铜元票不能够随时兑换铜元了。

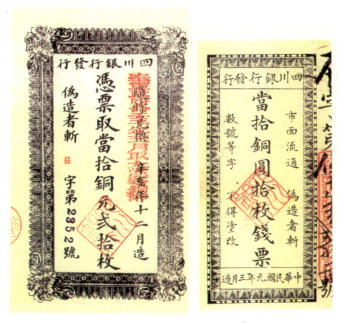

图26-5　四川银行铜元票②

① 张善熙：《民初的两个"四川银行"和两种"四川兑换券"》，《四川文物》1994年第4期。
② 当二十枚面额的铜元票长15.0厘米，宽9.3厘米。图片取自《四川近现代纸币图录》。

（五）四川官银号与官银票

　　1918年以后，四川防区制逐渐形成，金融事业直接受实力派军人支配。1920年川中券、浚川券、交通券、滇中券陆续收回，四川省内无纸币流通，市面上基本使用银元、铜币交易，这一时期金融相对稳定。1923年国内政局动荡，四川军阀也分为省军和联军，依靠南方国民政府的刘成勋、但懋辛、赖心辉等驻成都，称为"省军"；依靠北方北洋政府的刘湘、杨森和黔军袁祖铭、北洋军赵荣华等驻重庆，称为"联军"。省、联两军，相互敌对。

　　成都四川官银号成立于1923年9月，系由四川省长兼川军总司令刘成勋、讨贼军总司令熊克武饬令设立，发行直式一元、五元券和横式一元的官银票（如图26-6所示）。四川官银票仅仅发行五个月左右，1924年2月援川军入成都后停止发行。四川官银号共发行2995000元，只收销了260000余元，未收兑者皆成废纸。此外，省军进入重庆之后，也仿照成都四川官银号，在重庆设立重庆官银号，这在后文中还有提及。

图26-6　四川官银号一元[1]

（六）重庆官银号与四川兑换券[2]

　　1923年，联军师长陈国栋解除其旅长何金鳌职务，何遂率部投靠省军

---

[1]　长13.7厘米，宽7.7厘米。图片取自《四川近现代纸币图录》。

[2]　关于重庆官银号与四川兑换券的内容，可参考张善熙：《民初的两个"四川银行"和两种"四川兑换券"》，《四川文物》1994年第4期。

刘成勋，陈国栋派兵前往追击，遂开战端。在战争中省军获胜，进逼重庆。

重庆的联军以军用急切，遂在朝天观街设置"四川银行"（此四川银行与辛亥革命时期大汉四川军政府所设立的四川银行重名），杨森委派其前师长曾述孔充任总理，颁令发行银元兑换券。曾述孔临时在1921年早已印制好的一元、五元、十元三种"四川兑换券"的背面加盖"此票由四川银行兑现"字样及银行总理私人印章，于6月下旬开始发行，预定额10万元，实际发行80万元。

1923年"四川银行"兑换券，正面上端横书"四川兑换券"五字，正中用楷书写"壹圆"二字，下端横书"中华民国十年印"七字，右边为"四川银行"小印，左边为"总理之印"。右侧椭圆形圈内的图景为宝塔，左侧椭圆圈内的图景为庭榭。四周饰以花纹，每角有一楷书"壹"字。背面上缘正中有"此票由四川银行兑现"九字，下边有英文"ONE DOLLAR"及"1921"等字样，左右两边的下方各有一小方印章，为"曾述孔印"（如图26-8所示）。

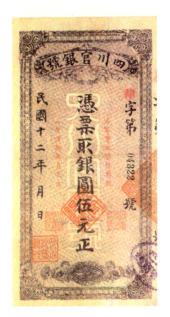

图26-7　民国二十五年四川官银号五元[①]

① 长16.7厘米，宽8.7厘米。图片取自《四川近现代纸币图录》。

图26-8　重庆官银号四川兑换券一元①

　　1923年10月，黔军周西成率部向省军倒戈，省军攻入重庆，联军退至万县、宜昌一带，成立六个多月的"四川银行"自此关闭。其发行钞票由公债项下收回42万余元，其余作废。

　　省军攻入重庆后，军费开支巨大，虽有大量随军带到重庆的四川官银号官银票，总计260余万元，但仍不敷用。省军总指挥赖心辉乃于1923年11月饬令在联军"四川银行"旧址设立重庆官银号，委梁正麟为总办，将联军未发行的四川兑换券全部发行，有"一元""五元""十元"三种面额，共100万元。该券与联军"四川银行"发行的四川兑换券完全是同一种券，不同之处是其正面加盖"刘成勋印""熊克武印"及"此票由重庆官银号兑现"字样，背面右部加盖"赖心辉印"、左边加盖"重庆官银号印"及两直行朱戳："此券准于十三年三月起在重庆官银号每月抽签一次兑洋二十万元"。省军在发行四川兑换券的同时，还印制当二十文、当五十文、当一百文铜元票12万串。

　　1923年12月14日，杨森等联军反攻进入重庆，设立不到两月的"重庆官银号"关闭，由其发行的兑换券大多作废。

（七）四川官钱局钱票

　　杨森、刘湘等联军击败刘成勋、熊克武后，刘湘盘踞重庆。1924年，

---

① 长14.5厘米，宽7.7厘米，图片取自《四川近现代纸币图录》。

重庆发生钱荒，刘湘命令设立四川官钱局。当时的《申报》记载了这件事：

> 刘湘以补救钱荒，令设四川官钱局，拟发值二百、五百、一千、二十千、五十千之七种官钱票，以重庆铜元局日出铜币为兑换基金，总局设重庆过街楼，已委张彭年、刘倬雨、娄仲光为总协理，行将开幕。[①]

上述官钱票，目前仅见面额为一千文者，发行时间为1924年（如图26-9所示）。该钱票正面中央上端书"四川官钱局"五字，中央书面额"制钱壹千文"，左右花边椭圆中有亭台楼阁图，左右两边书"凭票即付，不挂失票"，四角各有"壹千"字样。背面为英文面额及发行单位、收行时间，面额为"ONE HUNDRED COPPER COINS"，即一百枚当十铜元，也就是一千文制钱，发行时间为1924年3月，上盖"四川官钱局印"篆印。其余二百、五百、二十千（当为二千）、五十千（当为五千）面额的钱票未见实物。

图26-9　四川官钱局一千文[②]

（八）四川地方银行与四川省银行 [③]

20世纪20年代，四川军阀防区制逐渐形成，军阀的割据致使四川金融

---

① 《国内专电》，《申报》1924年5月19日，第4版。
② 长13.2厘米，宽7.6厘米，图片取自《四川近现代钱币图录》。
③ 本节参考袁克林：《四川地方银行及四川省银行纸币发行始末》，《东方收藏》2012年第9期；沈飞：《四川省银行及其发行的纸币》，《收藏》2014年第17期。

机构的设置极度混乱，各军阀大多设厂铸币、设行印钞，各级地方政府、商号、团体也发行各种名目的银钞、钱票、兑换券，种类极其复杂，流通异常混乱。1933年，四川军阀兼并战争告一段落，二刘战争结束，刘湘统一全川，整顿全川金融被提上日程。

1932年12月，中国工农红军第四方面军从陕南进入川北的通江、南江、巴中一带作战，蒋介石为"围剿"红军，任命刘湘为四川"剿匪"总司令。为筹措巨额的军费，刘湘决定筹建四川地方银行，由郭文钦任理事长，唐华为总经理，并饬令印制四川地方银行钞券，由二十一军财务副处长康宝志全权负责印钞事宜。1934年1月，四川地方银行在重庆陕西街挂牌成立，其先后在成都、万县开设分行，并在自贡、内江、乐山、宜宾、涪陵、泸县、遂宁、达县、南充、绵阳、富顺、峨眉等地设办事处。

四川地方银行开业之初，发行由二十一军早已印好的1933年版四川地方银行一元、五元、十元三种本币券（如图26-10所示）。这三种纸币票面均加盖"重庆"地名（另有在票面直接印刷"重庆"的地名票），票背加盖英文"重庆"地名。除发行三种本币券外，还发行有1934年版加盖"重庆"字样的直式五角辅币券一种，1935年又发行1934年版加盖"重庆"的横式二角辅券一种。在短短的一年多时间内，四川地方银行印制、发行的钞票数额高达3307万余元。截至四川地方银行纸币宣布停止使用时，其发行总额为3723万元。在此期间，四川地方银行纸币成为四川唯一的本币，在一定程度上起到了统一四川财政的作用。

1935年9月15日，蒋介石在重庆行营发布命令，停止使用四川地方银行纸币，一律改为中央本币申钞[1]，并规定以票额的八折收销四川地方银行钞券。回收的钞券分别在成都和重庆两地销毁，这次回收比较彻底，大部分钞券都被销毁，因此流传至今的四川地方银行钞票相对较少。

---

[1] 中国银行上海分行地名券，俗称"申钞"，由美国钞票公司印制。

图26-10　四川地方银行纸币^①

　　1935年11月1日，四川省政府将原四川地方银行改组，成立四川省银行，总行仍设在四川地方银行旧址（后迁到成都）。国民政府财政部为加强对四川地方金融的控制，由中央银行直接注入资本120万元，再由四川省政府拨款80万元，凑足四川省银行开业资本200万元，并委刘航琛为该行总经理，康宝生任协理，周绰任理事长。四川省银行的组建，可以说基本上还是二十一军的原班人马。除此以外，中央财政部部长孔祥熙的亲信谭光，被委以该行常务理事，驻该行参与监督日常行务，省银行的重大决策皆听命于"四大家族"。

　　按规定，地方金融机构可以发行辅币，当时正值国民政府实行币制改革，废除银本位制，改以纸币为本位的法币政策（国家法定货币政策的简称）。经国民政府中央财政部特许，四川省银行可发行法币辅币券一百万元，在四川省银行成立之后即赶印红色竖式、票面有总经理刘航琛签名的四川省银行法币辅币券五角券一种（如图26-11所示）。

---

① 非原大，图片取自沈飞：《四川省银行及其发行的纸币》，《收藏》2014年17期。

图26-11　四川省银行五角券①

　　四川省银行经国民政府财政部核准，曾印就一组四川省银行银元辅币券（如图26-12所示）。目前发现的实物计有：一分券，棕色竖式；五分券，绿色竖式；一角券，蓝色竖式；五角卷，红色竖式。四种辅币券背面的图案皆为1912年四川军政府所铸的四川银币背面"汉"字十八圈的图案，印刷年份为1949年。发现的实物均为未流通的全新票品，实际上到中华人民共和国成立，这组银元辅币券还没有来得及发行。新中国成立后，四川省银行结束其历史使命，该行的债权债务皆被中国人民银行接收，更名为"中国人民银行四川省分行"。

①　图片非原大，取自袁克林：《四川地方银行及四川省银行纸币发行始末》，《东方收藏》2012年第9期。

图26-12　四川省银行五分、五角券①

（九）陪都时期的重庆纸币

全面抗战爆发后，国民政府于1937年11月20日发表移驻重庆宣言，重庆成为陪都。次年，中央银行、中国银行、交通银行、中国农民银行及中央信托局、邮政储金汇业局相继迁往重庆，其他银行亦纷纷内迁，包括著名的"北四行""南四行""小四行"以及各省地方银行。同期还新建了不少银行、钱庄，除了本地资本，也有外地或侨资投入，重庆银行业空前繁荣，逐渐成为中国大后方金融中心，有力地保障了国家经济命脉和抗战的经济基础。据统计，抗日战争结束时，重庆共有金融机构233个，其中总行61个、分行32个、支行6个、处113个、钱庄21个，在此期间出现了大量加盖"重庆"地名的各行纸币。1946年4月30日，国民政府发布命令还都南京，重庆仍为"永久陪都"，蓬勃发展的金融业得以基本保留。

---

① 非原大，图片取自袁克林：《四川地方银行及四川省银行纸币发行始末》，《东方收藏》2012年第9期。

图26-13　中央银行加盖"重庆"的兑换券①

图26-14　中国银行加盖"重庆"的兑换券②

图26-15　交通银行加盖"重庆"的兑换券③

---

①　长16.7厘米，图片取自《四川近现代纸币图录》。
②　长17.0厘米，图片取自《四川近现代纸币图录》。
③　长16.5厘米，图片取自《四川近现代纸币图录》。

（十）其他银行发行的纸币

民国时期，除了官办银行发行的纸币外，还有很多军阀、民间股份开办的银行、钱庄也发行纸币。比较有名的如四川美丰银行、中和银行、富川储蓄银行、平民银行、川盐银行、川康殖业银行、重庆银行、四川建设银行、四川商业银行、北碚农村银行、江津农工银行、裕商银行、裕通银行、裕丰银行等等。本节仅对几家影响较大的银行所发行的纸币做简要的介绍。

大中银行，1919年7月在重庆开业，经理王云松，资本100万元。经北洋政府印制局批准，拥有纸币印制权，以400万元为限。先后在北京、上海、天津、成都、万县等地设分行，发行一元、五元、十元通用银票。业务主要集中在四川，后来经营中心逐渐转到北方。

图26-16　1921年大中银行十元币[①]

---

① 长15.5厘米，宽8.0厘米。图片取自《四川近现代纸币图录》。

川康殖业银行,1930年由时任二十一军军长刘湘和二十四军军长刘文辉以及民营企业家卢作孚官商合办。总经理刘航琛,董事长何北衡,董事卢作孚、刘航琛、汤壶峤、范崇实、张必果、陈学池,监察人甘典夔、王汝舟。1937年兼并了重庆平民银行和四川商业银行后,改为川康平民商业银行。

四川美丰银行,1921年6月6日成立,是重庆第一家中外合资银行。总行设重庆,经理为美方的赫尔德,两位协理则由中方担任,分别是华股方面的出资者邓芝如和促成中美合作的康心如。

裕通银行,由四川省主席、二十四军军长刘文辉批准,于1927年春在成都成立。该行发行一元、五元、十元三种纸币,其发行总额约15万元,1933年停业。

图26-17　裕通银行"叙府"一元[1]

四川西北银行,川军二十九军于1930年10月在四川省三台县设立,资本定额20万元,以该军军款作抵,发行总额为三四十万元。该行在阆中、南部等县设分行,安县设代办处。红四方面军进入川北后,二十九军军事上失利,四川西北银行随之倒闭。

除了大型的银行、商号及各地军阀发行纸币以外,四川各地政府也都

---

① 长12厘米,宽7厘米,图片取自《四川近现代纸币图录》。

发行过纸币。其目的一方面是为了敛财，另外一方面是因为市面上常常出现钱荒，铜元、银元紧缺的状况，市场交易周转困难，纸币能起到一种代用币的作用。

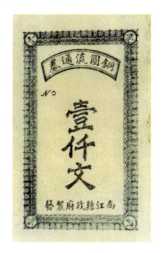

图26-18　南江县政府发行的纸币[①]

图26-19　简阳县政府发行的纸币[②]

---

①　高12.2厘米，图片取自《四川近现代纸币图录》。
②　长13.3厘米，图片取自《四川近现代纸币图录》。

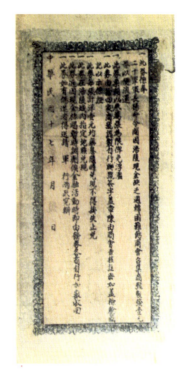

图26-20　涪陵发行的临时兑换券①

　　从整体上来讲，晚清民国时期四川地区纸币的发行是相当混乱的，据粗略估计，这一时期各银行、票号、地方政府所发行的纸币就有几百种之多。金融的混乱导致纸币价值不稳定，严重的通货膨胀影响了正常的经济秩序和民众的日常生活，大量增发无法兑现的纸币、票券都是对四川人民财富的剥削和掠夺。中华人民共和国成立后，党和政府大力整顿西南地区的金融财政，将人民币确定为唯一的法定货币，严禁金银、铜元、非法票券的流通使用，四川的金融方得到真正的统一。

---

① 　长15.5厘米，图片取自《四川近现代纸币图录》。

后 记

　　本编的成书应当首先感谢导师舒大刚先生，没有他的规划、指导、修改和完善，本编是不可能完成的。我本科和硕士在川大就读，跟随舒先生学习经学文献，时至今日都蒙受他的教诲，他对我学术方向和学术理路的指导，让我受益终身！博士生导师曹锦炎先生在考古学、古文字学、出土文献学等方面对我进行指导，他的谆谆教诲使我具备了相应的知识体系，他对学术的挚爱和追求也时刻影响着我。

　　另外，本编的成书还要感谢四川大学出版社的袁捷兄，他为此付出了辛苦的劳动。成都社科院的冯婵老师和李单晶老师也为此忙碌；四川大学古籍整理研究所的汪璐师姐提供了无私的后勤服务；好友吴炫标兄协助校订了部分内容。在此一并表示感谢。

　　蜀地的确是一个引人入胜的地方，既因山河之险，形成一个相对独立的地理单元，又有几大通道与外界联系，从而不至于完全封闭。因此酝酿出了跟得上时代而又别具特色的文化。在钱币文化方面，更是如此。

　　本书力图将蜀地（或者说巴蜀地区）作为一个叙述单元，以时间的发展为主线，来介绍这一地区特色的历史钱币和文化。本书也力图引入历史学、考古学、钱币学、经济学、铸造学以及文字学等各个学科的不同视角和各种不同的材料，来尽可能饱满地叙述巴蜀钱币的历史。当然，因为时间和篇幅的关系，还有很多的内容不能全部展开或者纳入这本小书，譬如巴蜀地区的金银货币、民俗钱币以及钱币学者和相关著作，对于巴蜀钱币研究史的诸多方面，也没有展开叙述。将来如果有机会，还会将这些内容一并完善到这本小书中。

　　我从大学时代就到了成都，一直到硕士毕业，除了到山东大学交换学习的一年，其余的时光都是在那里度过的。巴山蜀水是我熟悉并且深爱着的，这本小书，也算是对那片土地的小小芹献吧。

马明宗

于杭州浙大西溪校区

2020年12月7日